Theresa Lachner

LVSTPRINZIP

Blumenbar

THERESA LACHNER

LVSTPRINZIP

Blumenbar

Für Leo

Like, my goal isn't to be good or normal or accepted. My goal is to be free. (And maybe also to troll society a bit in the process, for good measure.)

KARLEY SCIORTINO

ÜBER ICH

Machen wir uns nichts vor: Dreißig ist ein bisschen früh, um die eigenen Memoiren niederzuschreiben.

Normalerweise sollte man damit wahrscheinlich bis mindestens Anfang siebzig warten, bis man nicht nur aus dem Schaukelstuhl auf irgendeiner hyggeligen Holzveranda am Meer *auf ein bewegtes Leben zurückblicken* kann, sondern die ansonsten dringlichsten Alltagsfragen so was sind wie: Wer moderiert diese Woche eigentlich die *Kulturzeit*? Und was gibt's gerade nochmal bei Kaufland im Sonderangebot?

Selbst für mich, die ohne Pseudonym beruflich über Sex schreibt und dabei permanent predigt, dass diese Welt eine bessere wäre, wenn wir alle mal offener reden würden, fühlt es sich inhärent erst mal ein klein bisschen eklig an, sich so hinzustellen und zu sagen: »Und nun zu einem wirklich spannenden Thema: mir selbst!«

Es hätte da ein paar pragmatische Auswege gegeben: einen Roman über eine gewisse Susi Sexbloggerin zu schreiben, der da mal ein paar echt kuriose Dinge passiert sind. Meine Geschichte wie eine brave Journalistin mit Statistiken zu unterfüttern, um ihr dieses Flair von gesamtgesellschaftlicher Relevanz zu verleihen. Oder aus so einer »Freunde, ich hab's voll verstanden«-Überwundenheitslogik heraus zu erzählen, damit sich das alles ein bisschen mehr nach Bedienungsanleitung anfühlt. Ganz ehrlich? Was für ein Scheiß.

Als wäre das Leben Malen nach Zahlen und nicht eigentlich doch eher so Topfschlagen.

Inzwischen hätte ich sogar das psychotherapeutische Fachvokabular, mit dem ich ein paar meiner Zustände und Verletzungen wesentlich konkreter in die Außenwelt übersetzen könnte.

Mehr ego-ethnologische Theoriekonstrukte, die mich und die geneigten Leser*innen begreifen lassen könnten, an welchen Stellen meine Gefühle und Gedankengänge zwangsläufig ein Kind ihrer Zeit waren.

Aber darum geht's nicht. Ich habe noch nie geschrieben, weil ich alles verstanden habe, sondern immer, weil ich etwas herausfinden wollte.

In den zehn Jahren, in denen ich über Sex schreibe, habe ich gelernt, dass man anderen Menschen zwar eine Stimme geben kann, aber nie für sie sprechen darf. Konstruktivismus und so: Jeder hat seine eigene Wirklichkeit.

Deswegen bleibe ich hier mit voller Absicht so subjektiv, wie es nur irgendwie geht.

Auch wenn sich das zwischendurch von innen manchmal anfühlt wie eine Folge *Homeland*, in der man gleichzeitig angespannter Zuschauer, sadistischer Regisseur und uglycrying Carrie ist. »Geh da nicht rein, verdammt, da sind TERRORISTEN!«, möchte man laut schreien, während eine trocken-sonore Stimme aus dem Off kommentiert: »Komm schon, Mädchen. Du weißt, dass es sein muss.«

Das Leben kann wirklich immer nur vorwärts gelebt und rückwärts verstanden werden. Und um meins verstehen zu können, musste ich alles noch mal fühlen: the good, the bad and the ugly.

Konsequent so schreiben, wie ich zum jeweiligen Zeitpunkt gedacht oder gefühlt habe; mir noch mal selbst dabei zusehen, wie ich immer wieder gegen dieselben Wände renne. Mich und meine eigenen Widersprüchlichkeiten komplett zerlegen und zu einer neuen, kohärenten Storyline zusammenbasteln.

Meine Monster unterm Bett hervorlocken, ihnen die Staubflusen, vollgeschnäuzten Tempos und aufgerissenen Kondomverpackungen aus dem Zottelfell bürsten, bis sie wieder so halbwegs tageslichttauglich waren, und sie dann mit einem Schleifchen im Haar in die Kirschholz-Einbauschrankwand stellen, wo jeder sie sehen kann.

Ich hatte nie den Anspruch an mich, ein Vorbild für andere zu sein. Influencer*in ist kein zertifizierter Ausbildungsberuf. Man wird dazu gemacht.

Und dann muss man sich halt irgendwann überlegen, ob man mit der eigenen Reichweite nicht vielleicht auch noch was Sinnvolleres anstellen kann, als Teenagermädchen Detox-Tee zu verkaufen.

Freiheit ist das Recht, nicht zu lügen, hat Camus mal gesagt.

Für mich ist Schreiben die beste Art, diese Freiheit auszuleben. Und deswegen liebe ich es auch, über Sex zu schreiben. Das ist nämlich ein Thema, das meiner Meinung nach noch extrem viel Wahrheit vertragen kann.

»Endlich mal jemand, mit dem man normal drüber reden kann«, höre ich oft, als wäre Sex nicht die allernormalste Sache der Welt. »Krass, und ich dachte, das geht nur mir so«, ist noch so ein Satz, der häufiger fällt. Genau das passiert nämlich, wenn man von seiner Freiheit, nicht zu lügen, Gebrauch macht: Ehrlichkeit multipliziert sich.

Me too, me too, me too.

Ich bin eine Art Sozialarbeiterin mit größerem Impact, nebenberuflich emotionales Nacktmodell, Projektionsfläche für anderer Menschen Befindlichkeiten. Ein Kratzbaum für Frustrationen und unerfüllte Sehnsüchte.

Ich wurde schon höchstpersönlich für die gesamtgesellschaftliche Zunahme an erektilen Dysfunktionsstörungen und das Hotelsterben im Bayerischen Wald verantwortlich gemacht. All das passiert fast zwangsläufig, sobald man sich erdreistet, im Internet öffentlich Sachen zu sagen.

Das ist oft nervig, aber irgendwie auch sehr menschlich.

Wir machen Selfies von unseren guten Momenten und arbeiten uns in den schlechten an anderen ab, vergleichen uns mit ihren Highlight Reels und finden das Gras auf der anderen Seite grüner, die Poren kleiner, die Falten und Unsicherheiten weggephotoshoppt.

Wir konsumieren, was Influencer*innen uns an wohlkuratierten Realitäts- und Identitätsfragmenten zum Fraß vorwerfen, auch wenn es meistens nur irgendein Produkt ist, das die Kluft zwischen uns und dem propagierten Idealzustand verkleinern soll. Wir sehen diese Fragmente, vergleichen uns und schneiden dabei natürlich fast zwangsläufig schlechter ab.

Und wir halten uns selbst grundsätzlich für die komplexesten, coolsten, schlimmsten oder seltsamsten Menschen der Welt.

Je mehr ich über solche Dinge schreibe und mit anderen darüber spreche, umso mehr merke ich: Jeder denkt das. Zumindest, bis er sich in den Hirnwindungen von jemand anderem wiederfinden kann.

Ich schreibe, weil ich dieses Wiederfinden mag. Und das Wiedergefundenwerden.

Ich schreibe, um die Geschichten zu erzählen, die noch nirgendwo anders stehen. Ich schreibe für diesen Ort in mir, an dem es dann ruhig wird, zumindest zwischendurch mal, für einen kurzen Moment. Ich schreibe, weil ich nicht weiß, wie Nicht-Schreiben geht.

Wenn wir, wie Max Frisch sagt, auf Reisen einem Film gleichen, der entwickelt und dann von der Erinnerung belichtet wird, ist dieses Buch das ehrliche Selfie von den Momenten zwischen den Highlight Reels. Es handelt von meinen Zwanzigern, der Zeit, in der ich kein Zuhause hatte und keins wollte. Es ist die Geschichte meines Körpers in vielen Ländern, mit vielen Partnern und unter vielen Deutungshoheiten, die Geschichte meiner Verletzungen und meiner Lieblingsorte.

In manchen Punkten ist diese Geschichte ungewöhnlich – und dann auch wieder nicht. Dafür gibt es leider genügend Statistiken.

Sie aufzuschreiben war ein stellenweise schmerzhafter, skurriler, gleichzeitig aber auch ziemlich subversiver Prozess. Man erkennt wesentlich besser, welchen Narrativen man sich unterworfen hat, wenn man sie einfach mal neu schreibt.

In ein paar Jahren werde ich sowieso wieder alles noch viel besser wissen. Und das ist okay.

Denn, machen wir uns nichts vor, es kann sowieso keiner wissen, wer 2056 die *Kulturzeit* moderieren wird. Aber ich bin mir ziemlich sicher, dass ich mir in meinem Schaukelstuhl am Meer mit dem Kaufland-Prospekt die Klimaerwärmung – an der ich jetzt wirklich nicht unbeteiligt war – aus dem runzligen Gesicht fächeln und mir denken werde: Klug war's jetzt nicht immer. Aber dafür schon auch ganz schön geil.

And now please sit back, relax, fasten your seatbelt and enjoy your flight with us today. Es wird Turbulenzen geben.

> **Die eigene Katastrophe auszustellen, hat etwas Aufdringliches; es aber nicht auszusprechen, ist noch verquerer, wenn man ohnehin schon einmal bei den Konsequenzen angelangt ist.**
>
> THOMAS MELLE

WER ALLES LOSLÄSST, HAT BEIDE HÄNDE FREI

Ich finde, Wut ist ein unterschätztes Gefühl.

Wenn die Depression, wie Jung sagt, einer Dame in Schwarz gleicht, die man als Gast zu Tisch bitten soll, um sich anzuhören, was sie zu sagen hat, ist die Wut ihre angetrunkene Teenagerschwester. Sie knallt das Dosenbier so energisch auf den Tisch, dass es überschwappt und schreit: »Was soll eigentlich diese ganze Scheiße hier, verdammt?«

Der Wut ist Etikette egal. Sie verschafft sich Gehör, egal, ob man sie höflich dazu einlädt oder eben nicht. Wut fragt nie, ob sie sein darf. Wut ist.

Ich mag die Wut, weil sie so unbestechlich und archaisch ist. »Authentisch«, wie meine Werbekunden sagen würden.

Die Wut und ich haben eins gemeinsam: Wir sehen die Welt zwischendurch ganz gerne auch mal brennen. Auf konstruktive, gewaltfrei kommunizierte Ich-Botschaften verzichten wir zugunsten des ein oder anderen gepflegten kleinen Ausrasters.

Und das ist okay.

Über Leute, die immer beherrscht sind und alles im Leben richtig machen, werden keine Netflix-Serien geschrieben. *Früher war ich oft müde. Dann habe ich angefangen, mich ketovegan zu ernähren*, ist eben einfach ein bisschen dünn für 'nen Plot.

Ich mag die Wut, denn die Wut macht mich wach. Wut setzt Energie frei. Sie bringt mich dazu, Dinge in Bewegung zu bringen.

Und mich. Immer wieder mich.

»Mama, kann sein, dass ich nach Ho-Chi-Minh-Stadt ziehe«, erkläre ich Mama in Schlafanzughose und der Rohseidenbluse, die ich mir eben für das Skype-Interview in ihrem Arbeitszimmer übergeworfen habe. »Das ist Saigon, oder?«, fragt sie.

Kann sein, keine Ahnung. Egal auch, irgendwie.

Sie können in drei Wochen anfangen, steht in der E-Mail, die ich drei Tage später im Autobahnraststättenklo auf dem Weg zur Diplomprüfung bekomme.

»Ich geh nach Saigon«, rotze ich also auch meinem Diplomprüfer entgegen, der mich dafür prompt mit Auszeichnung entlässt, obwohl mir während der mündlichen Klausur siedend heiß einfällt, dass ich die *Lolita* in echt nie zu Ende gelesen habe.

Das Glück gehört denen, die keine Ahnung haben.

Krieg und Nudelsuppe. Das ist alles, was ich über Vietnam weiß. Und das reicht mir auch völlig, weil: Nudelsuppe mag ich, und Krieg ist in mir.

Er hat das doch nicht so gemeint. Er ist eben einfach sehr ungeschickt. Über was regst du dich überhaupt immer so auf?

Nach Vietnam zu ziehen ist eine der leichtesten Entscheidungen meines Lebens. Ich bin bereit für diese sogenannte große weite Welt, weil sie mir so viel sicherer erscheint als das, was ich gerade hinter mir lasse. Wer alles loslässt, hat beide Hände frei.

Es ist doch schließlich dein Freund. Er liebt dich und schreibt dir lange Briefe mit selbst gemalten Bildern drin, und ihr lacht zusammen, wie du noch nie mit jemandem gelacht hast.

Wir bitten Sie nun, Ihre Sicherheitsgurte anzulegen und geschlossen zu halten, bis die Anschnallzeichen über Ihren Köpfen erloschen sind. Im unwahrscheinlichen Fall eines Druckverlusts fallen automatisch Sauerstoffmasken aus der Kabinendecke. Ziehen Sie die Maske ganz zu sich heran und drücken Sie sie fest auf Mund und Nase. Bitte legen Sie erst ihre eigene Sauerstoffmaske an, bevor Sie mitreisenden Passagieren helfen.

Druckverlust, ja. Atmen. Ja, Atmen ist immer eine hervorragende Idee.

Als du endlich gegangen bist, warst du erst mal grob zwei Wochen hauptberuflich mit Atmen beschäftigt. Das wusstest du gar nicht, dass es so was wie Augenringe aus Hornhaut gibt, wenn man so viel weint. Wieder was gelernt.

Atmen, Kaugummi, The XX im iPod. Drei Plastikbecher lauwarmer australischer Sauvignon Blanc. Was genau mache ich hier eigentlich?

Als wir uns sechzehn Stunden später im Landeanflug befinden, weiß ich es: Saigon glitzert. Ein Meer aus Wellblechdächern und Wolkenkratzern, in das ich mich schlagartig und rettungslos verliebe.

Es ist eine Liebe, die ich seitdem gründlich auseinanderklamüsert habe, wie ich das eben immer so tue mit der Liebe: Sie möglichst schonungslos sezieren, um sie kleinreden zu können, zu ironisieren und endlich dingfest zu machen.

Für Saigon gibt es genau zwei Gefühle: Liebe und Hass. Ich bin noch nie jemandem begegnet, dem dieser Ort egal ist. Und als ich jetzt zum ersten von sehr vielen Malen meinen Kopf schüttle über die hochvirtuose Choreographie namens Straßenverkehr, die sich da draußen vor der Windschutzscheibe des Taxis abspielt, wundere ich mich, dass niemand stirbt. Nicht das tief schlafende Baby mit dem Gesicht im Kissen auf dem Roller-Tacho, nicht die Sekretärin im Bleistiftrock, die mit leger übereinandergeschlagenen Beinen hinten auf einem Xé Om, einem

Umarmungstaxi, sitzt, sich nur mit einer Hand an ihrem Chauffeur festhält und mit der anderen auf ein altes Nokia eintippt.

Und anscheinend auch wir nicht, weil unser Taxifahrer wirklich verdammt laut hupen kann.

Ob ich denn einen guten Flug gehabt hätte? Ich glaube, ich höre die höfliche Small-Talk-Frage meiner neuen spanischen Managerin Marina erst beim dritten Mal, und es ist auch egal, wie mein Flug war, weil jetzt bin ich ja hier.

Und es ist so sehr jetzt, wie es nur jetzt sein kann, wenn endlich das Leben passiert, das immer schon in einem drin war und endlich rausdarf.

»Wow, wie rosa du bist!«, ruft Tutu, die eigentlich nur Tu heißt, weil Vornamen mit mehr als einer Silbe im Sozialismus als übertriebene Dekadenz gelten. Sie war mir über Craigslist zugeflogen. Hundertsiebzig Euro für ein WG-Zimmer in einem heruntergekommenen Kolonialbau direkt am großen Markt, inklusive Putzfrau zweimal die Woche. Es hatte so dermaßen gut geklungen, viel zu gut, um wahr zu sein, dass ich schulterzuckend das tat, was eigentlich nur eine sehr dumme Person tun würde: einer komplett Fremden nach zehn Minuten wackeligem Skype drei Monatsmieten Kaution auf ein vietnamesisches Konto zu überweisen. Ich habe Tutu erfolgreich mit dem Versprechen auf MAC-Lippenstift der Nuance *Ruby Woo* und Lindt-Schokolade mit 70% Kakaoanteil bestochen. Beides Dinge, die im Sozialismus eigentlich ebenso wenig vorkommen wie die zweite Silbe in ihrem Vornamen.

Tu ist Kaffeehändlerin und »une petite gourmandise«, wie sie von sich selbst sagt – immer nur mit dem Allerbesten zufrieden. Nach der Arbeit sitzt sie meist laut singend in unserem Wohnzimmer und näht selbst entworfene, wild geschnittene Turniertanzkleider. Und sie fällt mir ab sofort jeden Tag zur Begrüßung um den Hals und drückt mich, so fest sie kann, egal wie verschwitzt ich von der Arbeit heimkomme.

Ich lerne, dass unsere Dusche eigentlich mehr so ein lauwarm tröpfelndes Rinnsal aus einem Schlauch in der Wand ist; dass es Badezimmerflipflops gibt, Wohnungsflipflops und Draußenflipflops und dass die grundsätzlich mit allen geteilt werden, was erst mal eklig ist, allerdings immer noch weit weniger ekelhaft, als barfuß den Boden zu berühren.

Ich lerne, auch die übrigen Mitbewohner in Ekligkeitsrankings einzuteilen. Kakerlaken sind beispielsweise in Wirklichkeit auch nur unterschätzte Käfer, die außerdem fliegen können. Sie umzubringen lohnt sich weder mittelfristig karmisch, weil sie uns schlussendlich doch überleben werden, noch kurzfristig pragmatisch, weil vom Putzaufwand her – viel zu viel Matsch. Ameisen sind okay, solange sie nicht ins Bett kommen. Den Ratten aber bitte nur im Treppenhaus Hallo sagen, deswegen den Müll besser immer sehr schnell runterbringen.

Wohnzimmer, Küche und Bad haben keine Fensterscheiben, sondern nur Gitter, weil es hier ohnehin nie unter Raumtemperatur abkühlt. Unsere Putzfrau ist erzkatholisch und kommt am liebsten direkt sonntagmorgens nach der 5-Uhr-Messe, wenn es in meinem Kopf noch viel zu laut ist vom Zweidollarreisschnaps am Abend vorher. Ich bin sofort verliebt in dieses neue bescheuerte bunte Leben. Nach wenigen Tagen verwerfe ich die Konzepte »Schminke« und »Ausgehkleidung«. Die Hitze schafft Komplexitätsreduktion: Yogaklamotten, Brille und Flipflops statt gebügelten Kleidchen. Mein Parfum ist ein klebriger Film aus Schweiß, Sonnenmilch, Autan Tropical und dem Smog, der mir jeden Morgen wie ein dumpfer Schlag ins Gesicht brettert.

»Ist das eigentlich normal bei dir, dass du beim Sex nicht jedes Mal kommst?«, fragt er, und du merkst, dass schallendes Gelächter und »Ja nö, schon klar« wirklich nicht die richtige Antwort ist auf »Bei meiner Ex war das ja nie ein Problem«. Dafür sorgt er. Also »kommst« du jetzt eben auch jedes Mal beim Sex. Ist doch wirklich nicht so schwierig.

Tutu findet es gut, jetzt eine Sexkolumnistin im Haus zu haben. Sie ist sechsundzwanzig, so wie ich, aber hatte noch nie Sex, weil ihr halt einfach nie einer gefällt. La petite gourmandise behandelt Männer genau wie die Baguettes am Banh-Mi-Stand: Erst mal mit spitzen Fingern reinpiksen, um zu sehen, ob sie überhaupt ihren Ansprüchen genügen können. Wenn sie nicht knusprig genug sind: next!

Schnell lerne ich, dass das auch der mit Abstand denkbar klügste Modus Operandi für den Saigoner Datingpool ist.

In meiner Phantasie waren es scruffy französische Kriegsfotografen mit Dreitagebart, denen ich in einem frisch gebügelten Hemdblusenkleidchen in der Rooftop Bar des Caravelle Hotels in die Arme laufe und die dann so Sachen sagen wie: Was tut eine Frau wie du an einem Ort wie diesem?

In der Realität reicht mein Sechshundertdollareinstiegsgehalt gerade mal für den schwarzgebrannten Rum mit Kumquats, der schräg hinter der ehemaligen GI-Disco Apocalypse Now vor einem dunklen Hauseingang mit Kinderplastikstühlchen verkauft wird. Und die Kriegsfotografen sind in Wirklichkeit Englischlehrer, Papierhändler oder machen irgendwie in Bitcoin, was 2013 noch komplett nach Aluhut klingt. Sie sagen ironiefreie Sachen wie »I'm a citizen of the world, you know?«. Und sie sind definitiv nicht hier, um diesen komplett überzogenen Ansprüchen westlicher Frauen zu genügen. »Hier sind wir alle Latin Lover«, höre ich meinen einen Arbeitskollegen zu einem anderen sagen, und dass diese vietnamesischen Frauen alles mitmachen würden, »einfach *alles*, verstehst du?«.

Meine Freundin My macht derweil mit ihrem Freund Schluss. Sie sind jetzt zwei Jahre miteinander gegangen und haben in dieser Zeit nur Händchen gehalten. Dann hat sie ihn dabei erwischt, wie er mit einer anderen Händchen gehalten hat. »He's such a player!« My ist monatelang am Boden zerstört.

Tutu hat schon vieles auf YouPorn gesehen, aber dann doch noch einige Fragen. Stöhnen Frauen beim Sex echt immer so rum, und wieso? Was soll denn das eigentlich mit diesem Deepthroat? Kriegst du das anatomisch so hin mit der Doppelpenetration?

Die verschwitzten Amerikaner im Club reden sehr laut und langsam mit ihr, als wäre sie ein zurückgebliebenes Kind – eines in einem glitzernden, bauchfreien Turniertanzkleid. Tutu beherrscht das Asienmimikry perfekt. Sie lächelt und nickt und blinzelt wie eine Puppe und zwitschert mir zwischendurch in erlesenstem Französisch gehässige Bemerkungen zu. Wir lachen sehr viel. Die verschwitzten Amerikaner lachen mit.

Der Vietnamkrieg heißt hier übrigens »amerikanischer Krieg«. Alles eine Frage der Perspektive. Auch vier Generationen später sieht man immer noch Menschen mit schweren Agent-Orange-Missbildungen auf der Straße, die Kaugummis, Taschentücher und Lotterielose verkaufen, um irgendwie durchzukommen.

Als ich – *all German Aufarbeitung* – mit meinen vietnamesischen Freunden darüber reden möchte, ernte ich durch die Bank nur Schulterzucken. »Ist vorbei« ist alles, was sie dazu zu sagen haben. Wozu die Geister der Vergangenheit heraufbeschwören?

Am 4. Juli kippen sie vollkommen selbstverständlich Jell-O Shots mit der amerikanischen Expat Community. Meine ostdeutsche Kollegin Anni und ich überlegen beim Barbecue, wie es sich wohl anfühlen würde, in Tel Aviv Reichskristallnacht zu feiern.

Wenn du einen Menschen kennenlernen willst, schau dir seine Wunden an. Wenn du ein Land kennenlernen willst, schau dir an, was es aus seiner Vergangenheit macht. Erst später, nachdem ich ganz Indochina bereist habe, kann ich Vietnam innerhalb dieser sehr unterschiedlichen Entwicklungsstufen ein bisschen besser einordnen. Doch das Gefühl dieses Landes erkenne ich sofort in mir selbst wieder: trotzige Resilienz.

Er hat das nie so gemeint. Er ist eben einfach sehr ungeschickt. Kein Wunder bei seinen langen Gliedmaßen, die du so gerne entknotest. Du magst es, wenn die Menschen, mit denen du schläfst, größer sind als du. Findest Körper luxuriös, die da noch weitergehen, wo deiner schon aufhört. Du fühlst dich gern klein neben ihm. Zerbrechlich. Dann brauchst du dich ja auch nicht zu wundern. Da landet halt schon mal ein Ellenbogen in deinem Gesicht, wenn er sich einen Pulli überzieht. War doch keine Absicht. Auf einmal verstehst du, wie sich das anfühlt im Comic, wenn die Figur plötzlich Sternchen sieht.

Der einzige Mann, der mich anfasst, ist mein sehr katzenhafter Masseur mit dem Fashion-TV-T-Shirt, der mir jedes Mal genau an derselben Stelle, nämlich beim Abnehmen der Gurkenmaske, sagt, dass ich jetzt »bee-aauuutiful! Same-same Lady Gaga« aussehe. Zweimal die Woche, neunzig Minuten, sieben Dollar. Ich war noch nie in meinem Leben so tiefenentspannt. Saigon zwingt mich in Tempo und Lautstärke zu absoluter Präsenz. Das Haus zu verlassen heißt, einen Hindernisparcours zu betreten. In was werden die Flipflopfüße heute wohl treten, einen Holzkohlegrill, einen Hundewelpen? Oder doch wieder auf eine lose Bodenplatte, die einem das nach verfaulten Eiern müffelnde Brackwasser die komplette Wade hochspritzen lässt? Ich lerne, was ein *Saigon Kiss* ist: ein kreisrundes Brandmal an der Wade von einem noch heißen Auspuffrohr. Hier wird ziemlich viel geküsst.

Aber egal in welchem Zustand und zu welcher Tageszeit ich durch diesen abgefuckten 16-Millionen-Moloch stolpere: Mutter Saigon fängt mich auf und umarmt mich. Wie schlafwandlerisch sicher und geborgen ich mich hier fühle, merke ich erst ein Jahr später so richtig, als ich nachts in der Münchner U-Bahn zum wiederholten Mal den Wagen wechsle, um einem aufdringlichen Besoffenen zu entkommen.

Es war keine Absicht. Er entschuldigt sich jedes Mal überschwänglich, dann kann es doch keine Absicht gewesen sein? Dass er dich im Streit den Bordstein hinunterschubst, als du High Heels anhast: ein dummes Versehen. Du ziehst ab sofort eben keine High Heels mehr an. Ganz einfach!

»Das Gute an dir ist ja auch, du hast echt ein dünnes Gesicht. Toll für Selfies!«, findet Tutu. Dass meine Haut so weich und rosa ist, liegt ihrer Meinung nach an meinem Körperfettanteil. Sie benimmt sich wie einer der Expat-Creeps und betatscht mich bei jeder Gelegenheit: »Aaaah. So soft.« Tutu will auch endlich zunehmen, aber sie tanzt so viel, dass nur ihre Waden dick werden. Sie lacht, als sie mir davon erzählt, wie ihre Mitschüler sie früher immer wegen ihrer Stupsnase verarscht haben. »Die ist so flach, durch mein Profil kann man Papierkugeln schmeißen«, sagt sie und grinst dabei breit.

Ein paar Straßen weiter kann man sich für ein paar Tausend Dollar in der koreanischen Klinik einen Nasenhöcker implantieren lassen, um westlicher auszusehen.

Die Marktverkäuferin, mit der ich inbrünstig um ein Kleid von »Channel« feilsche, argumentiert mit: »But it's black! Good to hide the fat!« Ich täusche Entrüstung vor, was mir zwei Dollar Rabatt bringt.

Das ist Teil des vietnamesischen Charmes: Leute erst mal auslachen, vor ihnen auf den Boden rotzen und mit dem Finger auf sie zeigen. Haha, wie komisch du bist. Warum bist du so? Schau mal, ich bin ganz anders als du, voll lustig eigentlich, oder? Zeig doch mal, erzähl doch mal! Wenn man asiatische Augen hat, sieht man dann eigentlich auch nur halb so viel wie Leute mit anderen Augen?

Da, wo ich herkomme, nennt man so etwas *Fatshaming*, *Rassismus* oder *Lookismus*. Hier läuft das unter »unverkrampfter Umgang miteinander«.

»Kommt alle schnell her! Sie sieht aus wie ein riesiges rosa Baby!«, schreit Tutus Mama das halbe Mekong-Dorf zusammen, als wir am Wochenende zu ihrer Familie auf eine Hochzeit fahren. Ich merke, wie viel diebische Freude Tutu das bereitet, wie gut ich in ihr Rebellenleben passe, in dem sie als Single in der großen Stadt wohnt, mit mir witziger Abnormität unter einem Dach.

Ich fühle mich konsequent unproportioniert, merkwürdig und fehl am Platz. Und gleichzeitig zum ersten Mal seit sehr langer Zeit wieder so richtig gesehen und angekommen.

Scherz ist die drittbeste Tarnung.
Die zweitbeste: Sentimentalität.
Aber die beste und sicherste Tarnung
ist immer noch die blanke und
nackte Wahrheit. Komischerweise.
Die glaubt niemand.
MAX FRISCH

GRAUZONEN

Der Vermieter der Ferienwohnung wirft dir nur einen verständnislosen Blick zu, als du ihn fragst, wo denn die Terrasse sei, die in der Internet-Anzeige beschrieben war. Terrasse? Nö, das musst du falsch verstanden haben, bestimmt die Sprachbarriere, so ein Blick, und du überlegst tatsächlich einen Moment lang, ob es dein eigener Fehler war.

Genau, wie du noch Jahre später überlegen wirst, ob du die Gewalt und den Missbrauch, die du in dieser Ferienwohnung erfahren hast, auch eigentlich nur falsch verstanden hast.

Er ist doch dein Freund, er wird schon wissen, was richtig ist für dich. Das sagt er dir ja schließlich auch die ganze Zeit.

Du hast ihn um diesen Urlaub angebettelt, weil du ihn wiedersehen wolltest. Wirklich wiedersehen, nicht nur zwischen Bett, Tür, Angel und Büros. Obwohl ihr das gleiche Arbeitspensum habt, hast du das Gefühl, das Studium, den Job, die Deadlines besser im Griff zu haben als er.

Er ist mehr so der Typ, der sich heroisch damit brüstet, »wieder die ganze Nacht lang durchgearbeitet« zu haben. Du wusstest damals schon, dass das eher ein Zeichen für schlechtes Zeitmanagement ist.

Gekippt ist die ganze Situation erst nach ein paar sehr euphorischen Monaten, als du als freie Journalistin deinen ersten »richtigen« Auftrag bekommen hast.

Zum ersten Mal in deinem Leben verstehst du, wie Menschen vom Schreiben leben können. Drei, vier solcher Features pro Monat, und du musst nie wieder Spaghetti mit Fertigpesto essen.

In ihm löst das genau die Reaktion aus, die du bisher bei allen deinen Männern erlebt hast: Konkurrenzdenken, Ehrgeiz, Kräftemessen.

Männer, die mit dir zusammen sind, verwandeln sich von tiefenentspannten Kiffern mit Bauchansatz in Rennradprofis, von Bürohengsten in Meditationsgurus und von schüchternen Nerds in YouTubestars.

Auch ihm korrigierst du geduldig die Bewerbungen, die trotzdem im Sande verlaufen.

Aber du willst alles, was deiner derzeitigen Vorstellung von »allem« entspricht: geile Karriere, geile Beziehung.

Und du bist bereit zu investieren. Schenkst ihm eine Postkarte, auf der *Mehr Sonntage* steht, und nötigst ihn schließlich, für Ende November einen Billigflieger in die Sonne zu buchen, in der Hoffnung, dort würdet auch ihr beide endlich mal wieder auftauen.

»Mensch, Theresa, wie schön, dass endlich auch du mal einen netten Mann kennengelernt hast«, sagen deine vergebenen Freundinnen.

Nett. Das ist wohl eines der ersten Attribute, das Leuten zu ihm einfällt. Immer schön mit gebügeltem Hemd, grüßt auf der Straße, ist freundlich zu Servicepersonal, kleinen Kindern und Tieren und sagt Sätze wie »Natürlich bin ich Feminist!«.

Deine Singlefreundinnen sagen: »Das mit euch macht mir Mut.«

Dir macht es auch Mut. Auch, weil er dir ja immer wieder unmissverständlich klarmacht, dass du echt großes Glück hast, ihn abbekommen zu haben. Dass er ja immerhin seine Ex für dich verlassen hat, worum du ihn zwar nicht gebeten hast, aber wofür du jetzt natürlich dankbar sein sollst. Und vor allem verständnisvoll dafür, dass er sich weiterhin hinter deinem Rücken mit ihr trifft.

Er wird nicht müde zu betonen, wie super es mit seiner Ex lief, bis du kamst.

Wie du jemals zwischen ihn und diese mysteriöse Über-Ex kommen konntest, ist dir ein einziges riesiges Rätsel.

»Die Vergangenheit ist abgeschlossen und hat mit der Gegenwart nichts zu tun« ist alles, was er dazu sagt. Und dass es keinen Grund für dich gebe, so hysterisch und eifersüchtig zu sein. Er habe sie ja immerhin für dich verlassen.

Er dachte eben, du wärst cool.

Aber das bist du nicht, das bist du echt nicht, er hat sich in dir getäuscht, das macht er dir klar. Ab und zu ertappst du dich dabei, wie du in den Spiegel schaust und dabei überrascht feststellst, dass du doch eigentlich gar nicht so scheiße bist, wie du dich in letzter Zeit komischerweise öfter fühlst.

Aber du warst davor so lange Single, er wird also schon besser wissen, wie das mit diesem »Beziehunghaben« so funktioniert.

»Was willst du denn noch?«, fragt er dich immer wieder. Du willst: nicht permanent hintergangen werden. Nicht kontrolliert werden. Dir nicht länger anhören, wie anstrengend du bist, weil du Sachen einforderst, die für dich eigentlich selbstverständlich sind, so wie Offenheit zum Beispiel.

Du siehst, wie er neben dir im Bett liegt, eine Message bekommt, den Laptop zuklappt und aufspringt, um sie auf dem Handy zu lesen. »Ich hatte keine Lust darauf, dass du schon wieder wegen nichts ausflippst«, ist seine Argumentation, woraufhin du erst recht ausflippst.

Die Terrasse ist in Wirklichkeit der Blick aus dem Fenster nach rechts auf den Balkon der Nachbarn, die behäbig in ihren Sonnenstühlen hängen und jeden Tag pünktlich um achtzehn Uhr anfangen, Brettspiele zu spielen und Dosenbier zu trinken.

Das Doppelbett sind eigentlich zwei billige Einzelbetten aus Draht, die ihr an den Beinen zusammenbindet, um einander näher zu sein – näher als in den vergangenen Wochen zumindest. Stattdessen rutschen die Matratzen in der Mitte auseinander, als er dich hart fickt und deinen Oberkörper nach unten drückt.

Du schreist und siehst das Muster der Bodenfliesen durch den Drahtlattenrost vor deinen Augen verschwimmen und sagst laut: »Stopp, hör auf, das tut weh.«

Und er macht einfach weiter. Du erstarrst. – Schläfst einfach erschöpft ein, als er fertig ist, und zeigst ihm am nächsten Morgen kommentarlos den Blutfleck in deiner Unterhose.

»Oh, das wollte ich nicht!«, sagt er, jetzt sehr erschrocken, ist ganz besonders nett zu dir und besorgt besonders elaboriertes Frühstück, so wie vor ein paar Monaten, am Anfang eurer Beziehung.

Irgendwas kippt danach.

Ab jetzt neigst du wirklich dazu, wegen jeder Kleinigkeit komplett unverhältnismäßig auszuflippen.

Am nächsten Tag, als du immer noch Schmerzen und irgendwie »keine Lust« auf Sex hast, holt er sich unkommentiert neben dir einen runter und sagt »gleich fertig«, als du ihn bittest, dafür doch einfach ins Bad zu gehen. Seine Gewalt wird plötzlich immer offensichtlicher.

Du wünschst dir eine neutrale dritte Person im Raum, die entscheidet, wer von euch beiden eigentlich gerade überreagiert. Aber alle Menschen, denen du vertraust, sind mehrere Tausend Kilometer weit weg.

In einer Netflix-Serie würdest du spätestens an diesem Punkt alle deine Sachen in einen Seesack werfen und kommentarlos davonrennen, während er sich zur Abwechslung mal doch unter der Dusche einen runterholt.

Du würdest an der Strandpromenade einen Typen mit Dreadlocks und Motorrad anhalten, hinten draufspringen und mit ihm in den Sonnenuntergang fahren, in eine ungewisse, aber auf jeden Fall irgendwie bessere Zukunft.

Aber das hier ist dooferweise die Realität. Und in der Realität seid ihr auf einer Insel, von der man nur mit einem Billigflieger einmal die Woche wieder wegkommt, und teilt euch einen Rollkoffer, weil eben: Billigflieger.

Die Realität will das nicht wahrhaben, will, dass das alles einfach ein Missverständnis ist.

In der Realität wirst du erst Wochen, Monate, Jahre später immer mehr einordnen können, was hier eigentlich gerade passiert.

Häusliche Gewalt, was soll das denn überhaupt bedeuten?

Dafür braucht man doch erst mal ein gemeinsames Haus und ist finanziell abhängig voneinander und hat Kinder und schminkt sich die blauen Flecken weg und ein rotes Lächeln auf den Mund und sagt Sachen wie: »Aber welche Ehe ist schon einfach.« Und dann läuft man irgendwann doch endlich weg, in ein Frauenhaus, natürlich.

Das geht nicht in getrennten WGs. Und vor allem auf keinen Fall in einer so aufgeklärten Mittzwanziger-Hipster-Beziehung.

Wenn du all deine Ex-Typen in einem Line-up nebeneinander aufstellen würdest, gibt es mindestens zehn, die Migrationshintergrund haben und Muskeln und Bart und also klischeemäßig viel eher nach Gewalt aussehen. So als würden sie dich gern nachts im Park überfallen, weil du einen viel zu kurzen Rock anhast. Bei ihm denkt man das Gegenteil.

Es hat nie in dein sexuelles Selbstverständnis gepasst, dass Sex etwas ist, das Männer Frauen antun.

Du machst dieses merkwürdige Tauschgeschäft nicht mit. Wenn du Lust hast, hast du Lust. Dich muss man nicht allzu lang bitten.

Dafür hast du das Spiel immer schon viel zu sehr geliebt, dieses süße Ziehen im Unterbauch, wenn einer auf einmal etwas riskiert und es ehrlich wird.

Diesen einen kleinen, mutigen Schritt nach vorn, bei dem noch keiner genau weiß, was kommt, wenn zwei Münder aufeinandertreffen, sich Zungen erst zögerlich begegnen und dann in Zehntelsekunden diese Stammhirnentscheidung fällt: Ja, ja, ja, ich kralle meine Hände jetzt in deine Haare und zieh dich näher an mich ran, ja, ich will mehr davon, ja. Du hast schon so oft in deinem Leben Ja gesagt.

So jemanden wie dich kann man doch gar nicht vergewaltigen, oder?

Du liebst Sex. Du bist verdammt noch mal Sexkolumnistin von Beruf.

Wie kommst du überhaupt darauf, währenddessen deine Meinung zu ändern?

Er ist doch schließlich dein Freund. Er sagt, dass er dich liebt. Und jemanden, den man liebt, vergewaltigt man schließlich nicht, oder?

Es war einfach nur Sex, der aus dem Ruder gelaufen ist. Shit happens.

Ist ja jetzt auch nicht so, als würdest du deswegen jeden Tag weinen oder so was. Du bist kein Vergewaltigungsopfer. Du wurdest nicht vergewaltigt, und vor allem bist du kein Opfer. Und genauso wenig identifizierst du dich mit dem Terminus »Überlebende«.

Hast ja auch nicht fünf Chemotherapien hinter dir. Oder Krieg. Oder so.

»Du siehst erholt aus! Wie war's im Urlaub?«, fragen dich deine Freundinnen, und du bist wieder gefühlt irgendwo ganz anders im Raum, als du dich sagen hörst: »Schön, entspannt, ich glaube, das haben wir beide gebraucht.«

Du schenkst ihm ein Mixtape zu Weihnachten. Ihr lacht wieder mehr miteinander. Vielleicht hast du dir das alles ja auch wirklich nur eingebildet.

Es geht einfach nicht in deinen Kopf hinein, wie jemand so sehr beides sein kann. Wie eins dieser Suchbilder: Blumenvase – zwei Gesichter – Blumenvase – zwei Gesichter. Traumtyp – Gewalttäter – Traumtyp – Gewalttäter.

Erst als du erfährst, dass er wieder mal hinter deinem Rücken Zeit mit seiner Ex-Freundin verbringt, fällt der Groschen endgültig. Also gehst du.

Wobei »gehen« wahrscheinlich das falsche Wort ist: Zwei Wochen wie paralysiert im Bett zu liegen und Vollzeit mit Atmen beschäftigt zu sein und weinend WARUMWARUMWARUMWARUM zu denken, trifft es eher.

Jeden Morgen um halb fünf weckt dich dein eigenes Herzrasen. Atmen, erinnerst du dich selbst. Atmen hilft.

Nach zwei Wochen Atmen fällt dir ein, was auch immer schon geholfen hat: Schreiben. Du schreibst manisch alles auf, was zwischen euch passiert ist. Was es bedeutet hat für dich und was du nicht verstehst.

Du schreibst über das, was er gemacht hat, fragst ihn, warum er nicht vorsichtiger war, warum er dir nicht klarer zeigen konnte, dass du die Einzige für ihn warst. Vielleicht hattest du dich ja einfach nur nicht deutlich genug ausgedrückt?

Die zwanzig Seiten überschreiten die Kapazität deines E-Mail-Programms. Er streitet alles ab. Ignoriert es. Erklärt dich für verrückt.

Und endlich kommt sie und haut auf den Tisch: Hallo, Wut, long time no see.

Ich muss wirklich geistesgestört gewesen sein, acht Monate lang mit dir zusammen zu sein, schreibe ich zurück. *Blaue Flecken sind keine Interpretationssache. Blut in der Unterhose ist keine Interpretationssache. Ich will nie wieder mit dir sprechen.* Daran halte ich mich bis heute.

Es gibt immer genau diesen einen süßen Schmerzpunkt, der Menschen dazu bringt, radikal ihr Leben zu verändern.

Wenn ich heute Menschen für Geld dazu motivieren soll, ihre Sachen in einen Handgepäckrucksack zu werfen und einfach loszuziehen, habe ich ihnen meist wenig Originelles zu sagen: Nicht lang schnacken, Rucksack packen. Fühl einfach endlich deinen verdammten Schmerz.

Denn wirklich jeder, der dieses Leben in vollster Konsequenz führt, hat ihn irgendwo. Und mehrere Tausend Kilometer weit weg von zu Hause, ohne den schützenden Kokon aus Freunden, Familie, Festanstellung und Smart-Casual-Businessoutfit, braucht es eigentlich nie viel, um ihn aus neuen Leuten rauszukitzeln.

Zerbrochene Beziehungen, gestorbene Familienmitglieder, chronische Krankheiten, tiefe Verletzungen. Drink in der Hand, Blick aufs Wasser. »Is that why you left in the first place?« Noch ein Schluck. Schweigen. Atmen. Flatterndes Blinzeln. Treffer, versenkt.

Es dauert ein paar Wochen, bis ich herausfinde, an welchen Orten in mir er noch nicht war und dass es die sind, die ich als Erstes zurückerobern muss.

Schreiben. Atmen. Trinken. Die Flucht planen. Er hat es immer gehasst, dass ich so viel auf Reisen war.

Ich breche den Kontakt zu allen gemeinsamen Freunden ab und sage zu denen, die mir bleiben, nicht allzu viel, außer »war doof«. Wie sollen sie mir etwas glauben, was ich selbst kaum glauben kann?

Ich drücke auf *Ja* bei *Möchten Sie diese Person wirklich blockieren?*, kündige meinen Job und werfe alles weg, was von Erinnerungen an ihn kontaminiert ist. Den Pulli, in dem er mich zuletzt umarmt hat. Die Flasche Wein, die wir noch gemeinsam im Sonderangebot gekauft haben. Seine Zahnbürste, sein Müsli, all seine fucking Geschenke.

Ich bin verdammt noch mal gründlich. Und effizient.

Für meine Diplomarbeit, die ich dann in einem Monat am Stück runterrotze, lese ich sehr viel feministische Literatur.

Ich lerne dabei, was emotionale Arbeit bedeutet. Dass der, der nichts sagt, immer die Macht hat. Die Mechanismen hinter Manipulation und Gaslighting und dass sexualisierte Gewalt tatsächlich ziemlich häufig unter Akademiker*innen vorkommt. Intellekt und Bildung helfen einem da also erst mal nur bedingt weiter.

Ich schütte meinen Kopf mit so viel theoretischem Wissen zu, bis ich glaube, verstehen zu können, was passiert ist, auch wenn da immer noch diese Stimme in mir ist, die schreit: WARUMWARUMWARUM-WARUM.

Warum hast du dir das monatelang gefallen lassen? Warum bist du nicht einfach sofort gegangen? Warum bist du überhaupt an so jemanden geraten? Und warum, verdammt noch mal, hast du nichts gesagt?

Wie konnte es überhaupt so weit kommen, dass du dir selbst so viel vorgemacht hast?

Das ist das Allergruseligste für mich an der ganzen Sache: diese Verdrängung.

Wie sehr ich mein Hausfrauenlächeln über die Dinge gebreitet und so getan habe, als wäre alles toll. Weil ich es so sehr wollte, auch für die anderen, irgendwie.

Nie wieder, schwöre ich mir. Ab jetzt werde ich immer ehrlich sein und Leuten einfach sofort meine Meinung ins Gesicht kotzen.

Freiheit ist das Recht, nicht zu lügen, und von diesem Recht mache ich ab diesem Zeitpunkt sehr ausführlich Gebrauch.

»So richtig konnte ich dich irgendwie noch nie leiden«, erkläre ich meiner Studienkollegin. »Nö, keine Lust«, antworte ich auf die Frage, ob ich noch mit auf die Party will.

Es wird ein sehr trotziges und sehr freies halbes Jahr.

Ein cooler Filmbranchen-Job wird mir angeboten. Ein neuer Mann mag mich. Der neue Mann ist hübscher als der alte und sehr sanft zu mir. Ich liebe unseren Sex und wie er mich ansieht dabei. Als wäre ich ganz. Als wäre ich schön.

Er merkt allerdings auch schnell, dass es wahrscheinlich gerade echt klüger ist, mit seinen Gefühlen für mich hinterm Berg zu halten. Als er subtil anfängt, nach Mittelfristigkeiten zu fragen, mache ich ihm klar, dass das mit uns beiden gerade leider keine besonders gute Idee ist.

Ich verkaufe meine Möbel, bis nur noch meine Matratze übrig ist. Nur raus aus dieser Stadt, in der an jeder Ecke eine Erinnerung lauert, die mich WARUMWARUMWARUMWARUM wimmern lässt. Verbrannte Erde. Es gibt hier nichts mehr zu sehen.

Ich schreibe genau zwei Bewerbungen: Lektorat – für einen Reiseführerverlag in der Schweiz und einen Kunstbuchverlag in Ho-Chi-Minh-Stadt.

Die Zusage aus Ho-Chi-Minh-Stadt kommt zuerst. Ist das Saigon? Mir egal, ich mag Nudelsuppe. Sechshundert Dollar Einstiegsgehalt, im dritten Monat achthundert, nach Ende der dreimonatigen Probezeit tausend, plus Erstattung des Hinflugtickets. Klingt so weit halbwegs logisch und fair.

Und vor allem: schön weit weg von allem.

Aber ist das denn überhaupt ein seriöser Arbeitgeber? Ganz ehrlich? Whatever.

Ich habe keine Angst mehr. Der statistisch gesehen unsicherste Ort für eine Frau ist ihr Zuhause, hat Gloria Steinem gesagt.

Das haben wir noch nie probiert.
Also geht es sicher gut.
ASTRID LINDGREN

GERMAN ALPTRAUM

»Es hat schon einen Grund, dass dieser Verlag hier in Vietnam sitzt«, rollt meine Managerin Marina mit ihren Augen. Copyright – Copywho?

Als ich am siebten Arbeitstag mit einem Teppichmesser aus einem fremden Bildband Kunst ausschneide, um sie in unserem Bildband zu verwenden, stirbt irgendwo tief in mir drin ein Stück Diplomkomparatistin mit Auszeichnung einen schleichenden kleinen Tod. Aber wir sind ja in Asien, dem Kontinent, auf dem auch Mineralwasserflaschen und Taxiunternehmen gefälscht werden. Imitation als höchste Form der Anerkennung, oder so ähnlich.

Und alles ist besser, als Bildunterschriften zu recherchieren: Hängt das Werk tatsächlich in der Hermitage oder doch im Louvre? Ist es Öl auf Leinwand oder Gouache auf Holz? 21 x 80 oder 40 x 60 Zentimeter?

Wie die meisten meiner internationalen Kolleg*innen stelle auch ich relativ schnell fest, dass »Noch leicht einen sitzen haben« ohnehin der beste Geisteszustand ist, um hier mit so wenig Kopfschütteln wie möglich durch den Tag zu kommen.

Oliver aus der E-Book-Abteilung zeigt mir nach ein paar Wochen seinen Lieblingslifehack: den ohnehin dickflüssig-süßen vietnamesischen Kaffee nach der Mittagspause einfach mit Extra-Baileys-Shot bestellen.

Egal wie albern die Arbeit ist: Spätestens um sechs sitzen wir jeden Tag lachend bei Drinks und Streetfood auf Zwergenhockern aus rotem Plastik und lachen uns über unseren bescheuerten französischen Chef Yves kaputt, der im Tropenanzug ins Büro kommt. Kein Teambuilding-

Event dieser Welt ist so effizient wie ein klar definiertes kollektives Hassobjekt als Vorgesetzten.

Mich regt es maßlos auf, wie Yves mit den vietnamesischen Mitarbeiterinnen umspringt. Sie verdienen zweihundert Dollar im Monat, so viel wie ein Parkwächter, und machen die Grafikdesign-Jobs, für die man keine Fremdsprache beherrschen muss.

Wir kommunizieren deshalb in Farbcodes: Text grün markiert heißt *erase*, gelb steht für *change*, rot für *make bold*. Nicht immer ist es ganz einfach, ohne viele Worte zu erklären, warum es »gedruckt in der Türkei« heißt, aber nicht »gedruckt in der Polen«. Weil das naturgemäß mal besser und mal schlechter klappt, sitzen wir nach langen *Excuse me Miss Theresa have question*-Chats mit vielen Emojis meist doch lachend zusammen vor demselben Bildschirm und hangeln uns gemeinsam durch den Text, den nur ich verstehe und den nur Phuong spationieren kann.

»C'est quoi le problème ici?«, bellt Yves dann, in einem Tonfall, der Phuong, die noch viel weniger Französisch als Englisch kann, zusammenzucken lässt, während ich möglichst ruhig und in absichtlich langsamem Englisch antworte, dass die Zusammenarbeit vor einem Bildschirm wesentlich effizienter ist, als wenn wir uns aus unterschiedlichen Räumen Emojis hin- und herschicken.

Effizienz mag Yves. Kontrolle allerdings noch viel lieber. Als er mich eines Nachmittags um fünf vor fünf dabei ertappt, wie ich am Firmenrechner Reisevideos auf YouTube schaue, rastet er komplett aus.

»Ze youtübe will destroy ze compagnie!«, brüllt er durchs ganze Büro.

Ich schaffe es nur mit Mühe, einen Lachanfall zu unterdrücken, während er von »ze virüs« redet, den ich hier mit diesem YouTube herunterladen werde.

Ab diesem Tag ist es vorbei mit der tiefenentspannt-angetrunkenen Lustigkeit im Büro. Für einen Choleriker kann Yves sich wirklich erstaunlich leise von hinten anschleichen, um mich bei einem potenziellen erneuten Vergehen zu ertappen.

Mir wird das Spiel schnell zu doof, und ich wechsle an den leeren Schreibtisch mit Blick zur Bürotür.

Und erkenne allmählich ein Verhalten wieder, vor dem ich gerade erst schreiend davongelaufen bin: Was man nicht kontrollieren kann, das muss man eben bestrafen.

Es macht diesen Typen nervös, dass ich bei firmeninternen Ansprachen die Einzige bin, die nicht höflich über seine wirklich beschissenen Witze kichert.

Bei achthundert Dollar im Monat ist emotionale Arbeit für mich einfach nicht mehr inkludiert.

»Das ist jetzt eine Aufgabe, für die man denken muss, kriegen Sie das hin?«, bellt Yves, als er mir ein riesiges neues Projekt hindrischt.

Ich soll zwei Bildbände zu einem zusammenfügen, eine undankbare, friemelige Fleißarbeit, die sehr viel Präzision und Aufmerksamkeit erfordert. Eigentlich gar nicht mal schlecht so zur Abwechslung, aber anstatt der wie sonst recht laschen Deadlines weht jetzt ein anderer Wind.

»Er will dich raushauen«, meint inzwischen sogar Marina, die sich als Managerin ansonsten meist diplomatisch aus unseren Lästereien raushält. »Das ist seine Masche. Er überhäuft dich einfach so lange mit Arbeit, bis er einen guten Grund hat, dich rauszuwerfen, weil du sie nicht mehr schaffst.«

Ah, Wut! Hallo!

Ich fange an, mit dem Taxi zur Arbeit zu fahren, weil es mir morgens immer schwerer fällt, überhaupt aus dem Bett zu kommen. Irgendwann bleibe ich aus Trotz ganz liegen. Und lese im Bett eine E-Mail aus Deutschland: *Hast du Lust auf ein Feature über Fairtrade Porn?*

Drei Seiten für MIMOSA, eines der größten internationalen Lifestylemagazine. Dafür mehr Geld als für einen Monat bücken bei Yves.

Lust? Are you fucking kidding me?

Ich mache noch ein paar Tage auf krank und trage mein MacBook ins L'Usine. Saigons einziges Hipstercafé, das Tutu gern »your living room« nennt, hat wirklich alles, was mein Herz begehrt: Eiskaffee, Klimaanlage, stabiles WLAN, Poached Eggs on Avo Toast. So also funktioniert das hier mit dem schönen Leben.

Dann ist der dritte Monat rum. »Yves is not happy with you«, teilt Marina mir mit, als ich zurück in den Verlag komme. »Yeah cool, je quitte« ist alles, was mir dazu einfällt. Ein Monat Kündigungsfrist. Bis dahin habe ich bestimmt irgendwie genügend andere Freelancer-Jobs aufgetan, um weiterhin diesem süßen Expat-Leben frönen zu können.

Denke ich. Nur dass ich die Rechnung ohne Yves' Ego gemacht habe.

Um fünf vor fünf werde ich in sein Büro zitiert, wo mir ein haarsträubend schlechtes Arbeitszeugnis ausgehändigt wird. Mit sofortiger Wirkung fristlos entlassen. Natürlich. Einen Mann wie ihn verlässt man nicht einfach so. Sein gekränktes Ego würde meinen Anblick auch keine Sekunde länger ertragen.

Mir wird ein Wisch vor die Nase gehalten, den ich unterschreiben soll. Er ist, wie die meisten offiziellen Dokumente in diesem Verlag, in Yves' krummstem Kindergartenenglisch formuliert.

Ein Absatz ist darin sehr zweideutig formuliert und lässt Spielraum für Auslegungen. Variante eins: Hiermit verzichte ich auf die Rückerstattung meines Hinflugtickets. Variante zwei: Weil ich jetzt gehe und die Klappe halte, bekomme ich nicht nur mein Hinflug-, sondern zusätzlich auch mein Rückflugticket erstattet. Als Juristenkind bin ich geistesgegenwärtig genug, laut »Aber steht doch da!« zu rufen. Und weil mein Englisch dann doch um Welten besser ist als das von Yves und Marina zusammen, habe ich ein paar Tage später siebenhundert Dollar mehr auf dem Konto.

Zunächst bin ich von der fristlosen Kündigung allerdings nur so halb begeistert, weil sie ja auch bedeutet, dass ich mit sofortiger Wirkung nicht mehr krankenversichert bin. Ich frage David, den einzigen anderen Deutschen in Town, der nicht bei Bosch oder als Lehrer arbeitet, sondern irgendwas sehr Undurchsichtiges in diesem Internet macht, wie er das so handhabt.

Er lädt mich in eine geheime Facebookgruppe ein: *Digitale Nomaden*. Ah ja, okay.

Das mit der Krankenversicherung scheint auch hier im Forum ein ganz heißes Thema zu sein. Ich lerne dort, dass man deutsche Reisekrankenversicherungen nur vor dem eigentlichen Reiseantritt abschließen kann und nicht, wenn man schon längst unterwegs ist. Unversichert im Ausland? German Alptraum. Was ist denn dann mit dem gesicherten Rücktransport? Auf gar keinen Fall der Mama sagen!

Meine amerikanischen Arbeitskollegen lachen sich darüber tot, als wir zum letzten gemeinsamen Feierabend auf meine neue Freiheit anstoßen. Erst mal Drinks.

Ein halb nackter, komplett silbern bemalter Jüngling reicht mir unkommentiert lächelnd ein Glas Champagner, als wir im achtundfünfzigsten Stock in der Skybar aus dem Fahrstuhl steigen.

Bis zum nächsten Mittag habe ich dann verkatert und für viel zu viel Geld auf Empfehlung aus dem Forum eine international anerkannte Versicherung gebucht, die seriös genug aussieht, um meine Mutter und das deutsche Gesundheitssystem im Zweifelsfall beruhigen zu können.

Und ein Fünfdollarbusticket zum nächsten Strand.

Die folgenden Tage starre ich abwechselnd aufs Meer und den Pool und werde dabei nur durch Fragen wie »Free Cocktail of the Day, Miiiissss?« vom zuckersüßen Hotelpersonal unterbrochen. Als meine Kollegen am Sonntag wieder zurück in die Stadt müssen, bleibe ich einfach am Pool sitzen. Yes please Miss, one more!

Nach ein paar Tagen Stumm-aufs-Wasser-Starren fällt mir auch der Reiseführerverlag in der Schweiz wieder ein, der ausgesprochen nett auf meine Bewerbung reagiert hatte. Auf die Schweiz habe ich zwar immer noch keine Lust, dafür aber aufs Reisen.

Sie benötigen nicht zufällig noch jemanden für die Recherche von unterwegs?, schreibe ich in einer ausgesucht schweizhöflichen E-Mail. Und tatsächlich.

Wäre es Ihnen vielleicht möglich, eine Mekongkreuzfahrt für uns zu unternehmen? Erst mal ein unbezahlter Probeauftrag – im Gegenwert von ein paar Tausend Euro Spesen. Zehn Tage später sitze ich in einem Bus nach Kambodscha.

Ich nehme an, ich will sagen, dass Kafka begriff,
dass Reisen, Sexualität und Bücher Wege sind,
die nirgendwohin führen, auf die man sich aber
dennoch begeben muss, um sich zu verirren
und wiederzufinden, oder um etwas zu finden,
was auch immer, ein Buch, eine Geste, einen
verlorenen Gegenstand, irgendetwas, vielleicht
eine neue Methode, mit etwas Glück: das Neue,
das, was immer schon da war.

ROBERTO BOLAÑO

GRENZÜBERSCHREITUNGEN

Wie kann das eigentlich sein, dass irgendwer mal beschlossen hat, hier endet Land A und da drüben fängt Land B an – und alle halten sich dran? Hier Vietnam, dahinten Kambodscha. Und dazwischen ein paar Meter Niemandsland mit Fotoverbot. Neutralität, die irgendwie nervös macht.

Grenzbeamten anlächeln, aber nicht zu sehr, nicht dass er denkt, man hätte was zu vertuschen. Grenzbeamte lächeln nie zurück, nie, egal in welchem Land der Welt.

Muss Teil der internationalen Grenzbeamtenverordnung sein: Niemals ein fröhliches Gesicht machen im Niemandsland, die Neutralität bitte morgens mit der Grenzbeamtenuniform anziehen und zuknöpfen. Visumantrag zum Glück anscheinend richtig ausgefüllt, macht dann fünfundzwanzig Dollar, kein Bitte, kein Danke, dafür ein Stempelknallen im Pass, mit dem man auch eine Ratte totschlagen könnte. Mein »Have a beautiful day!« standardmäßig mit einem konsternierten Nicken quittiert, ja okay, Tschüss auch, du Freak, viel Spaß noch.

Immer diese komplett sinnentleerte Euphorie darüber, dass das wieder mal gut geklappt hat, weil, warum sollte es das auch nicht, mit dem weinroten Reisepass-Joker. Dann fünf Schritte weiter den schlagartig komplett neuen Ort inhalieren. Moc Bai wird Bavet. Dort ist es nicht mal ansatzweise pittoresk, sondern rein pragmatisch, so wie Busbahnhöfe, Tankstellen oder die Gepäckabfertigung am Flughafen nun mal so aussehen.

Es riecht anders auf der anderen Seite, nach Tuktuk-Auspuffrohr und Mangos, die schon zu lange in der Sonne liegen. Die Sprachmelodie aus den knarzenden Lautsprechern bildet einen neuen Klangteppich. Khmer klingt wie der Crazy Frog aus der Jamba-Klingeltonwerbung, Brimmdimmdimmdimmbirimmdimmdimm, sehr viel gerolltes R.

Die Gesichtszüge der Menschen sind weicher, ihre Haut ist dunkler. Der dreckige Boden hat eine andere Farbe, rötlicher Sand, der das Licht bricht und macht, dass sämtliche Fotos auch ohne Instagramfilter sanft verwaschen aussehen.

Zurück im Fünfdollarbus wird jetzt das Wi-Fi angeschaltet, dazu Céline Dion in einer Lautstärke, in der ich ihren Weltschmerz in jeder Faser meines Trommelfells mitfühlen kann. Vor dem Fenster ziehen keine nüchternen Sozialismusbauten in DDR-Beige mehr vorbei, sondern melodramatisch Verwittertes mit krachroten Hindi-Akzenten. Statt Agent-Orange-Monokultur wuchert hier unkontrollierbarer Dschungel.

»Cambodia? You'll cry every day«, hatte mir vor meiner Abreise eine kanadische Backpackerin gesagt. Ich spüre schnell, dass sie wahrscheinlich recht behalten wird.

Es fühlt sich alles ein Stück ärmer an hier, verzweifelter, rauer, wilder. Fremd.

Den Takt von Saigon kann ich inzwischen längst mit geschlossenen Augen mittanzen. Bargeld immer im BH, angeekelte Kassiererblicke zuckersüß weglächeln, wenn man den in Unterbrustschweiß getränkten Plastikgeldlappen auf die Ladentheke klatscht. Handy immer ganz tief in die Hosentasche, ja niemals auf der Straße rausholen.

Ich bin das einzige Expat-Girl, dem noch nie die Handtasche geklaut wurde, was wohl auch daran liegt, dass ich nie eine trage. Saigon ist laut und derb und dreckig, und deswegen bin ich es auch.

In Kambodscha fühlen sich meine Beine in abgeschnittenen Levi's 501 plötzlich unangebracht nackt und schlampig an.

Ich lerne das ungeschriebene, aber sehr allgemeingültige Reisegesetz: Je ärmer das Land, umso strenger der Dresscode. Eine Frage des Respekts. Entgegen der Backpacker-Erwartungshaltung, dass man sich möglichst abgeranzt kleiden sollte, um nicht als »reicher weißer Touri« zu gelten, fällt man in Ländern, in denen die meisten Menschen genau ein Set gute Kleidung haben, das sie jeden Abend waschen und bügeln, nämlich echt unangenehm auf.

Auf einem obskuren Markt, von dem ich in meinem Kopf ein Foto mache, um es in meiner inneren Enzyklopädie unter »Beispielbild Schwarzmarkt« abzuspeichern, gibt es alles zu kaufen, was in den umliegenden Fabriken so produziert wird.

Eine meiner Freundinnen arbeitet für Otto und kennt diese Sweatshops von innen. Seit ich weiß, dass Miu Miu im selben Laden produziert wie bonprix, hat sich mein Verhältnis zu Markenkleidung ziemlich entspannt.

Hinter muffigen blauen Plastikplanen und Bergen von Chucks, die nach Primark stinken, kaufe ich eine Leinenhose von H&M. Als ich danach in einer Straßenküche aus Versehen ein Teeglas zerdeppere und die Verkäuferin nur mit Mühe und mehreren Dollarscheinen davon abhalten kann, deswegen in Tränen auszubrechen, bringt mir das neue Land auch ein anderes neues Gefühl bei: Demut.

Mit einem ähnlichen Gefühl checke ich mehrere Tage und rumpelige Fünfdollarbusse später zum ersten Mal in meinem Leben in einem Fünfsternehotel ein.

Das erste Instagram-Bild ist so wie das erste Mal Sex – im Nachhinein betrachtet alles andere als perfekt, vielleicht sogar ein bisschen peinlich, aber den Moment vergisst man nie. *And this is where it gets good @Sofitel Siem Reap*. Ein schweres Whiskey-Kristallglas geeister Earl Grey vor einer glänzenden braunen Chesterfield-Couch. Hashtag *#travelgram* Hashtag *#instapassport* Hashtag *#timeofmylife*.

Was man auch nie vergisst, ist das erste Mal in einer Fünfsternesuite. Bei voll aufgedrehter Klimaanlage kippe ich sämtliche L'Occitane-Produkte, die ich finden kann, in die Badewanne und bleibe so lange darin, bis ich komplett matschig bin und mich so sauber fühle wie seit meiner Abreise aus Deutschland nicht mehr. Währenddessen esse ich den *Welcome Mr. Therasa*-Obstkorb voll haariger Rambutans leer.

Ein paar Tage vorher bin ich noch durch den roten Staub von Phnom Penh gestolpert, über die Killing Fields, Massengräber der Khmer Rouge. Bin zusammengezuckt, als mein verdreckter Flipflop fast auf einen eindeutig menschlichen Kieferknochen getreten wäre.

»Die spült es jedes Mal in der Regenzeit hoch, ist normal!«, ruft mein Guide fröhlich. Ich bleibe lange vor dem großen Baum stehen, der über und über mit Schleifen geschmückt ist. Gegen den haben die Khmer Rouge die Babys gedroschen – die billigste und effizienteste Art, sie zu töten.

Auch in Kambodscha schaut man dem Grauen mit einem Lächeln ins Gesicht. Ich treffe nur junge Menschen, und jeder, mit dem ich rede, ist jemand, der irgendwie überlebt hat. »Meine Eltern sind in zweiter Ehe verheiratet, der erste Mann meiner Mutter und die erste Frau meines Vaters wurden umgebracht!« Warum? Schulterzucken. Er hatte halt eine Brille auf.

Doch anders als in Vietnam sehe ich hier nirgendwo Trotz. Es ist eher so ein »Na ja, war blöd, aber schön, dass wir noch übrig sind, oder?«.

Ein Land, das sein Bestes gibt. Das stolz ist auf das, was da ist, und das, was jetzt kommen kann.

Im ärmsten Land, in dem ich je war, sitze ich jetzt also perverserweise im teuersten Hotel, in dem ich je war, hopse bei siebzehn Grad Raumtemperatur in meinem flauschigen Bademantel auf dem Kingsize-Boxspringbett rum und studiere die Karte vom Room Service. Ein Club Sandwich kostet genau so viel wie eine Happy-Ending-Massage draußen an der Straße. Kurz überlege ich, beides zu bestellen, um in Gesellschaft geeisten Earl Grey trinken zu können.

Dann denke ich aber an die Schweiz und meine hochseriöse Mission hier, werfe mich stattdessen in die obszön weitläufige Poollandschaft und bestelle mir an der Floating Bar einen Papayasmoothie, um für die Kreuzfahrt morgen fit zu sein.

So fühlen sich also Leute, die es geschafft haben.

Und so fühle ich mich jetzt zum ersten Mal in meinem Leben auch – keine Ahnung, was genau eigentlich, aber: geschafft.

Quitting my job to become a pirate worked out way better than expected, poste ich, mit einem Bild vom Mekong-Dampfer in der Vormittagssonne, bevor es ins Wi-Fi-Niemandsland geht.

Die kommenden zehn Tage sind ein Defilee an dekadenten Momenten, in denen ein lüsterner alternder Hollywoodproduzent, der mich »Fräulein Strumpfhose« nennt, ein schwules Zahnärztepaar aus Australien und eine fröhlich trauernde Neuseeländerin tragende Rollen spielen. Natürlich mit passender Weinbegleitung.

»To the Gods!«, rufen wir und kippen unsere All-inclusive-Drinks theatralisch in den Mekong, während neben uns träge die schwimmenden Dörfer vorbeiziehen. Kinder in zerschlissenen Klamotten winken vom Ufer, und wir winken zurück.

Ich kann wirklich nicht sagen, welche Art zu reisen die bessere oder schlechtere – oder Brechreizwort *authentischere* – ist: die runtergeranzte Backpackernummer im Zehndollarbus oder die im maßgeschneiderten Cocktailkleid auf dem Zweitausenddollardampfer. Für die winkenden Kinder macht dieser Zweiklassentourismus keinerlei Unterschied: Jeder, der sich das Flugticket hierher leisten kann, ist schon mal offensichtlich stinkend reich.

Wir sind Fremdkörper hier, aber keine ungern gesehenen. Der Dampfer führt uns an wesentlich abgelegenere Orte als der Backpackertrampelpfad, und überall findet man uns sehr witzig. Die beiden australischen Zahnärzte schenken den bettelnden Kindern Zahnbürsten.

In einer Hafenkneipe zurück in Phnom Penh trinken wir Shots namens *Abortion*. Eine Frau in einem sehr engen Kleid drückt ebenso beruhigend wie offensiv ihr Schambein an meinen Rücken, als mich die Mischung aus Tabasco und Wodka durchschüttelt. To the Gods! Klar, einer geht schon noch.

Travel should take you places steht auf einem abgekauten Hilton-Kugelschreiber, den ich mal irgendwo habe mitgehen lassen. Und das passiert jetzt auch.

Die Folgeaufträge aus der Schweiz führen mich einmal quer durch Südostasien: Thailand, Malaysia, Singapur, Tokio, Peking, Laos. Alles auf Spesenkosten.

In der Schweiz entspräche mein Stundenlohn dem einer studentischen Aushilfskellnerin, hier geht es mir davon wirklich sehr, sehr gut. *Geo Arbitrage* nennen das die Schlaumeier aus dem Digitalnomadenforum: Geld aus reichen Ländern in sehr arme Länder tragen und dort davon leben können wie ein kleiner König.

Mein Job ist eine Mischung aus Schnitzeljagd, Lektorat und Pauschaltourismus:

Mit den PDFs des jeweiligen Reiseführers auf meinem Tablet spaziere ich durch Millionenstädte. Schaue nach, welcher neue Wolkenkratzer seit der letzten Überarbeitung hochgezogen wurde, ob dieses Internetcafé da noch steht (im Zweifelsfall: nein), ob die Suppenküche dort wirklich die beste ist und wie sich das allgemein gerade so anfühlt hier, als alleinreisende Frau.

»O nein, du Arme, dann musst du ja arbeiten!«, sagen die anderen Backpacker oft. »Ist schon okay, ich werd ja fürs Spazierengehen bezahlt«, antworte ich dann und muss lächeln.

Wherever you go, there you are.
MARK MANSON

ZWISCHENLAND

Zwischen den Orten wird mein neuer Lieblingsort. Noch nicht ganz weg, noch längst nicht da.

Die Choreographie am Security Check läuft bei mir inzwischen vollautomatisiert deutsch-effizient, Laptop raus, Tablet raus, Hosentaschen leer, any liquids, Ma'am?

Das Leben im Transit ist komplexitätsreduziert. Alles, was nicht in meinen 44-Liter-Handgepäckrucksack passt, interessiert mich inzwischen nicht mehr.

Es tut gut, sich so klein machen zu können, mein Selbst zu pragmatisieren auf Handgepäckformat. Jedes Mal, wenn es in mir drin sperrig werden könnte, lasse ich einfach wieder Ballast los. Ins Handgepäck passen keine Selbstzweifel. Da ist noch nicht mal Platz für eine zweite Jeans. Ich genieße es, nichts zu brauchen außer meinem Pass, ein paar Shirts, Unterwäsche und Laptop.

Please store your feelings in the overhead compartment or under the seat in front of you.

In einen Flieger zu steigen wird mein liebster Zaubertrick. Er verwandelt Felder in Siebziger-Jahre-Patchworkpullis mit Siedlungsflecken und Wolkenfusseln. Einmal durch die Watte durch, und schon ist die Sonne wieder da. Die ist nämlich nie wirklich weg, sondern eben einfach nur woanders.

Reisen ist das weltbeste Work-out fürs Bauchgefühl. Eine Milliarde kleiner Sinnlos-Entscheidungen ohne weitreichende Konsequenzen täglich. Window or aisle seat? May I see your boarding pass? Chicken or pasta? Tuk-Tuk, Madaaaam, Tuk-Tuk? What you looking for Miiiiisss?

James Blake im Ohr, die Stromkabelsalatmasten vorm Fenster huschen so lange im Takt mit, bis sich der Morgen von schwarzblau nach hellgrau scharf stellt.

Ein Mann, der bittersüßen pastellorangen Tee mit dicker Kondensmilch durch den Nachtzug bringt. Während wir Scheine gegen Tee tauschen, wird in Windeseile mein Bett zum Sitz umgebaut. Screenshot von der Wegbeschreibung zum Airbnb. Here my number, in case you get lost.

Ich geh nie verloren, ich bin es doch schon längst, und ich liebe diese transzendentale Obdachlosigkeit.

Please double-check your belonging steht an der Tür eines vietnamesischen Autobahnraststättenklos auf dem Weg zur Halong Bay. Brauch ich nicht.

Alles Liebe zum Geburtstag, ich wünsche dir Glück, Gesundheit und eine Festanstellung, damit du endlich weißt, wo du hingehörst, schreibt eine Tante mir per Mail.

Danke, sehr lieb, aber das weiß ich doch längst. Genau jetzt, genau hier gehöre ich hin. Ich lasse mich treiben, bin hauptberuflich mit Spazierengehen beschäftigt, mit Schauen, mit Schmecken, mit Staunen.

Das Reisestaunen ist mein neues Lieblingsgefühl. Jeder, der zum ersten Mal am Times Square aus der U-Bahn steigt und sieht, wie die tausendmal gesehene Kinoleinwand gerade dreidimensional wird, weiß, was ich meine. Es ist diese Mischung aus Gänsehaut, Zittern, Verliebtsein und Überwältigung. Dieses: Blinzeln, feststellen, dass da schon wieder was im Auge sein muss. Einatmen – die Abgase, die Kloake, die Welt – und ausatmen. Alles wissen wollen, alles fühlen wollen. Sich fragen: Ist das hier gerade wirklich echt?

Die Shibuya-Kreuzung in Tokio, an der bei jeder Ampelschaltung bis zu zweitausend Menschen gleichzeitig die Straße überqueren, ohne dass sich auch nur zwei von ihnen anrempeln würden. Das Aufklatschen meines Kajak-Paddels im Wasser, das von den Kreidefelsen der ansonsten totenstillen Halong Bay widerhallt. Grillen, so laut wie Kettensägen im laotischen Dschungel. Die mit Säure verätzten, blinden

Bettler, die bei vier Grad mit entblößtem Oberkörper vor der Verbotenen Stadt in Peking dramatische Schlager jaulen. Ehrfurcht. Euphorie. Ungläubig-schockierte Lachanfälle. Demut.

Ich stolpere staunend durch diese Wundertüte von Kontinent. Fühle mich wie ein Kind, das seinen Eltern Geld aus dem Portemonnaie geklaut hat, damit im Restaurant auf erwachsen macht und hofft, dabei nicht ertappt zu werden.

Pineapple Pancake, gebacken in zu alter Margarine, an den Rändern leicht salzig. Plastikstühle. Ein Serviettenspender mit Klopapier gefüllt. Viel zu süßer Nescafé. »Hey, where you from?«, fragt der Nebentisch. Zwanzig Minuten später weiß ich alles, über ihren Liebeskummer, ihren Hund, den sie vermisst, ihre Träume, für die jetzt endlich Platz ist. Instant-Intimität, zumindest für die nächsten achtundvierzig Stunden, bis der nächste Bus oder Flieger geht. Erzähl mir alles, und zwar wirklich *alles*. Weil es ja auch egal ist. Im Zweifelsfall werden wir uns nie wiedersehen und bis ans Ende unserer Tage gegenseitig die Facebook-Updates liken, mal zum Geburtstag gratulieren und schreiben, dass es *jetzt echt schon viel zu lange her* ist und wir uns unbedingt mal wieder sehen müssen.

Dann ruft die Schweiz, und es ist Zeit fürs Backpacker-Bundesverdienstkreuz: Myanmar. 2013 ranken sich noch sehr viele Mythen um dieses Land, das sich gerade erst langsam öffnet. Genau jetzt, da ist man sich auf Tripadvisor einig, ist die letzte gute Zeit, um hinzufahren, wenn man noch ein richtiges Abenteuer erleben will. Na klar wollen wir.

Travelling is like flirting with life.
It's like saying, ›I'd stay and love you,
but I have to go; this is my station‹.
LISA ST AUBIN DE TERÁN

REISEN WIE IN DER GUTEN ALTEN ZEIT

Meine Arbeitskollegin Isabelle, die inzwischen auch den Weg der Weisheit gewählt und Yves ihr fröhlichstes »Je quitte« entgegengeschmettert hat, treffe ich unter großem Hallo in Bangkok wieder. Dort sind wir tagelang damit beschäftigt, Banken und Wechselstuben nach nagelneuen US-Dollar-Noten in kleinerer Stückelung abzugrasen, nachdem auf Tripadvisor nach wie vor wild über die Bankomatsituation vor Ort spekuliert wurde.

Auf dem Visumformular in der burmesischen Botschaft lüge ich zum ersten Mal hochoffiziell eine Behörde an, als ich bei *Occupation Office Worker* schreibe, so wie es der Lonely Planet empfohlen hat.

Als ich merke, wie am Schalter nebenan der New Yorker Videographer mit dem Undercut von den Immigration-Beamten zerlegt wird, obwohl er beteuert, wirklich nur Musikvideos zu produzieren, merke ich, dass das wahrscheinlich tatsächlich eine sehr gute Idee war. Auf Journalisten hat man in diesem Land echt nicht so Bock.

Yes, yes, genau, Office Work, Administration, boring, haha, Kracher. Stempelknallen, danke schön. Versteinert lächeln, weiter Luft anhalten, nur nicht zu offensichtlich freuen.

Draußen vor der Botschaft fallen wir uns hüpfend in die Arme, Zeit für ein triumphales Sonnenbrillenselfie. *Guess they're in desperate need of more blondes in Myanmar. Burmese Visa: check!* Siebenundneunzig Personen gefällt das.

Zwei Tage später sind zwei Blondinen mit vielen glatt gebügelten Dollars in ihren Bauchtaschen – und, Achtung, Megaversteck, zwischen den Seiten des Lonely Planet – in Yangon im Reise-Staunmodus. Schon wieder ist alles ganz anders, die Erde ist dunkler, die Schrift besteht nur aus Kreisen. Der Strom funktioniert stundenweise, das Internet eher so manchmal, Google Maps dafür gar nicht. Es gibt nur wenige Hotellizenzen und somit nur wenige Hotels, und in denen wird man die ganze Zeit einfach irgendwie weitergereicht: Ich hab einen Cousin, der euch hinfahren kann, warte, mein Onkel hat da ein Guesthouse, ach so, Abendessen, nee, schlecht jetzt mit Restaurants, gibt doch schon keinen Strom mehr, aber meine Oma haut euch noch schnell ein paar Instantnudeln in den Gaskocher. Ist das dieses »Reisen wie in der guten alten Zeit«, von dem die Tripadvisorforumsleute geredet haben?

Während die Entwicklung anderer Länder sich irgendwie nachvollziehbar anfühlt, gleicht sie hier einem besoffenen Zickzackkurs. Vor den Tankstellen lange Staus, weil die Regierung das Benzin komplett willkürlich reglementiert. Die Autos uralt, die Smartphones neu. In Touri-Orten gibt es nur zwei Verkehrsmittel zur Auswahl: Pferdekutschen und E-Bikes. Nach zehn asiatischen Ländern spüre ich die unterschiedlichen Entwicklungsabstufungen am deutlichsten an den kleinen Alltagsblödsinnigkeiten. Zahnstocher, die so sind wie bei uns (in Thailand), superhightech mit Kautschuknoppen (natürlich Japan), unpraktische rechteckige kleine Holzscheite, von denen man Zahnfleischbluten bekommt (Vietnam, you had one job) oder einfach nur Spreißel im Mund (Myanmar). Kann man das Leitungswasser trinken? Zumindest Zähneputzen damit? Oder steht groß und in blinkenden Leuchtbuchstaben AMÖBENRUHR drüber? Es sind Kleinigkeiten, die aber auch schnell groß werden können.

»Dürfen sie euch mal streicheln? Sie haben noch nie weiße Haut angefasst«, fragt uns die Lehrerin eines kichernden Rudels rosa gewandeter, kahl geschorener Nonnenschülerinnen. Endlich verstehen wir, was mit guter alter Zeit gemeint ist: das Staunen beruht auf Gegenseitigkeit.

Vor der Shwedagon Pagode quatscht uns ein Mönch an: Ob wir nicht mal in der Schule seines Kumpels vorbeischauen könnten, zum Englischunterricht? Er wedelt aufgeregt mit Tablet und Smartphone, nötigt uns, die Adresse abzuschreiben. »German don't break promise, yes?« Buddhistische emotionale Erpressung, wer könnte da widerstehen.

Also steigen wir wieder in eine Art Taxi von irgendeinem Cousin mit blutig geschlagenen Handknöcheln, lassen uns in dubiose Hinterhöfe kutschieren, vergleichen aufgemalte Kringel mit denen auf einem Schild, folgen dunklen Treppen nach irgendwohin und fragen uns wie so oft in diesem Land, ob das so ist, wie dumme Menschen sterben.

Dann werden wir auf eine Art Bühne gestellt, auf der es tatsächlich ein funktionierendes Mikrofon gibt, ein Lehrer weist uns kurz an, uns vorzustellen und Fragen zu beantworten, und zieht sich dann im hinteren Teil des Klassenzimmers zu einem komplett ungenierten Nickerchen zurück. Ich bin seit jeher großer Fan dieser asiatischen Unverfrorenheit, einfach überall und mit offenem Mund schnarchend Siesta zu halten, ohne dass sich irgendwer daran stört.

Wir unterdrücken ein Grinsen, denn uns starren jetzt dreißig erwachsene Augenpaare mit unverhohlener Neugier an. »Hi, I'm Isabelle, this is Theresa, what's your name?«, fragen wir dreißig Mal, nicken aufmunternd, warten selbst die am aufgeregtesten gestotterte Antwort ab, beantworten lustige Fragen.

»What's your favorite Christmas song?«

»Well, I must say, ›All I want for Christmas is you‹ by Mariah Carey is a classic. You know it?«

Wir singen ein bisschen, wir lachen alle, wieso genau, ist fast egal.

»You look so beautiful, what is your secret?«, wird Isabelle gefragt, und wie jeder vernünftige Promi in jedem Frauenzeitschrifteninterview der Welt flötet sie:

»Lots of sleep, and I drink a lot of water.«

Aufgeregtes Nicken, Notizen. Ob die hier überhaupt schon mal eine Frauenzeitschrift in der Hand hatten?

»And you! You look so ... healthy! What's your secret?«, werde ich gefragt und antworte würdevoll: »Burmesischer Teeblattsalat«, worüber vor allem Isabelle sich totlacht, weil wir das Zeug beide schon gekotzt haben.

»I'm nurse. What is your job?«, fragt das schüchterne Mädchen mit Pagenkopf und Poloshirt aus der zweiten Reihe. »Journaa...«, setze ich wahrheitsgemäß an und bemerke, wie der Polizist hinten links plötzlich aufblickt, » ahm, Office Worker. Administration. Desk Job. Boring!«

Höflich sympathisierendes Haha, boring kennt man hier also auch, über Boring und Weihnachtslieder darf man gemeinsam lachen.

Für vieles andere fehlen die Worte, und das liegt nicht an der Sprachbarriere.

Gedankenfreiheit beginnt mit dem Recht, Fragen zu stellen, sagt Aung San Suu Kyi. Und dass die meisten Burmesen dieses Recht schon so lange nicht haben, dass viele nicht mal mehr wissen, wie Fragen gestellt werden.

Ihr Foto wird uns unterwegs immer wieder stumm unter die Nase gehalten, wir nicken und lächeln, we see you, we feel you.

Betelnussrote Münder, wie mit Blut verschmiert, das haben hier viele. Überall sind rote Flecken in den Dreck gerotzt, es sieht ständig aus, als hätte gerade eine Schlägerei stattgefunden. Betel macht dizzy, leicht doof in der Birne. Und dass der Hunger weggeht, alles ein bisschen egal wird und man keine Fragen mehr stellt.

Mönche sind die Einzigen, die irgendwie über dem Maulkorb dieser Regierung zu stehen scheinen und zwischendurch auch mal ganz unbuddhistisch schimpfen.

So romantisch und magisch wie der Lonely Planet es beschreibt, finde ich dieses Land wirklich überhaupt nicht. Isabelle und ich passen uns schnell den einheimischen Gepflogenheiten an: Wir kotzen viel.

Die Burmesen, die das schaukelige, beengte Busfahren nicht gewohnt sind, schmatzen konsequent Nüsschen und pickled Chilimangos aus der Tüte, kotzen in eine andere Tüte und essen dann einfach weiter. Nachdem wir schon bei der Einreise beschlossen hatten, wegen der nicht existenten Kühlkette und genereller Ekligkeit Teilzeitveganer zu werden, haut uns das ungewohnt salzig-saure Essen hier auch die an sich wohltrainierten Asien-Mägen zusammen.

»Schon wieder am Detoxen«, konstatieren wir, wenn eine von uns mal wieder nach längerer Zeit vom Klo zurückgekrochen kommt.

Ebenfalls eher unromantisch: terroristische Anschläge.

Es fängt in Yangon an. Während wir uns bei einem Iced Latte auf dem Dach über dem Bogyoke Market eine kurze Europäer-Auszeit von allem gönnen, geht nebenan im Traders Hotel im Zimmer einer Amerikanerin eine Rohrbombe hoch. Nachrichtenwerttheorie, zweites Semester, Proximität: Waren denn Ausländer unter den Opfern? Die Terroristen scheinen dieses Memo ebenfalls bekommen zu haben, denn egal, wo wir hinkommen, kracht es maximal einen Tag zeitversetzt.

Das liegt auch daran, dass die Auswahl in Myanmar nicht sehr groß ist: Die grob geschätzt fünf Orte auf der Landkarte, die manikürt genug sind, dass wir Ausländer sie sehen und dafür zehn Dollar Eintritt bezahlen dürfen, kann man auf zwei Arten bereisen, im Uhrzeigersinn oder gegen den Uhrzeigersinn.

Die Terroristen nehmen unsere Route: gegen den Uhrzeigersinn.

Der Nachbartisch des chinesischen Restaurants, in dem wir am Vorabend essen waren, ist jetzt ein verschmorter Haufen. Es ist nicht leicht, an neue Informationen zu kommen, die einheimische Presse untersteht selbstredend der Zensur der Militärdiktatur und macht auf happy-shiny, und für internationale Verhältnisse sind die Dinge, die hier passieren, doch eher Peanuts.

Nach dem dritten Anschlag ist dann klar, dass es wohl um die ASEAN-Konferenz geht, die im darauffolgenden Jahr zum ersten Mal in Myanmar abgehalten werden soll. Offenbar möchte das jemand verhindern, Angst schüren, zeigen, dass Myanmar eben doch längst noch kein sicheres Land ist, das international mithalten kann.

Während wir einerseits versuchen, über sehr rudimentäres Internet und den Backpacker-Flurfunk an jedes Fitzelchen Information zu kommen, hoffen wir gleichzeitig, dass unsere Eltern nichts aus der *Tagesschau* erfahren und sich mehr Sorgen machen als wir.

Schließlich landen wir in einem verlassenen Strandkaff. Ich nutze die drei Stunden täglichen Strom am frühen Morgen, um mein Netbook aufzuladen, während Isabelle noch ihre letzte Runde Detox ausschläft.

Während ich einen haarsträubend süßen Nescafé 3in1 runterwürge, bitte ich die nette Herbergsmutti, doch kurz das WLAN einzuschalten, damit ich rauskriegen kann, wo die Terroristen schon waren, damit wir da als Nächstes hinreisen können.

Die einzige E-Mail, die ich in den letzten Tagen bekommen habe, ist von daheim.

Als ich instinktiv schon deeskalierende »Keine Sorge, uns geht's gut, alles halb so wild hier«-Statements im Kopf vorformuliere, verschwimmen auf einmal die Worte vor mir auf dem Bildschirm: *Tut mir sehr leid, dir sagen zu müssen ... Kein Grund zur Beunruhigung, musst jetzt nicht extra heimfliegen ... sehr gute Ärzte, die kriegen das hier schon in den Griff.*

Erwachsenwerden hatte ich mir immer ganz anders vorgestellt.

Wie das feierliche, aber doch sehr unaufgeregte Überreichen einer Urkunde mit Handschlag von einer Autoritätsperson mit grau meliertem Anzug und grau melierten Schläfen. Christoph Waltz oder so. Willkommen im Club. Ab jetzt bitte den Cholesterinwert beachten und draußen nur Kännchen. Über Rückenschmerzen schimpfen und darüber, dass Musik früher wirklich noch was anderes war. »Klassiker« loben, den Kopf schütteln über Menschen, die immer noch Eier aus Käfighaltung kaufen. Saturiert, gediegen und mit mehr Taille, als mir lieb ist, aber schon so lange verheiratet, dass das auch egal ist. Ruhig, irgendwie. Endlich keine Sehnsüchte mehr, außer nach früher halt.

Jetzt verstehe ich, warum Peter Pan fliegen kann: Erwachsenwerden heißt nämlich, dass einem der Boden unter den Füßen weggezogen wird. Einen Teil der eigenen Identität wegbrechen zu sehen und keine Ahnung zu haben, womit man diese klaffende Lücke füllen soll. Auf einmal sehe ich, wie ich mich monatelang so entspannt durch zwölf Länder treiben lassen konnte: Mein Fundament hat sich einfach immer verdammt stabil angefühlt. Und jetzt bröckelt es.

Isabelle findet mich schließlich komplett versteinert vor meinem kalt gewordenen Nescafé. Wir lachen geschockt über den Grundpragmatismus meiner Familie und beschließen, auf unsere alten Rückflugtickets zu scheißen und dieses räudige Land schnellstmöglich zu verlassen. Erst im Rumpelbus zurück in die Großstadt, als der Nebel bei Sonnenaufgang ausnahmsweise wirklich so postkartentauglich in den Hügeln hängt, wie man sich das für Myanmar immer vorgestellt hatte, fange ich an zu heulen.

Ich sehe ein großes schwarzes Loch vor mir größer werden, da, wo ein Mensch hingehört, den ich mein komplettes Leben immer für selbstverständlich genommen habe. Schemenhafte Bilder von meiner Hochzeit, bei der jemand fehlt. Enkelkinder mit unvollständigem Großelternset.

Hä, was, ich will Kinder? Na klar willst du mal Kinder, sagt jetzt eine sehr ruhige Erwachsenenstimme in mir.

Gut, wär das also auch geklärt. Eine Frage, die andere ihre kompletten Dreißiger prokrastinieren, in einer Zehntelsekunde abgehakt und danach nie, wirklich nie wieder infrage gestellt. Ganz schön archaisch. Einmal »Hallo, Tod« denken und danach direkt: »Du musst dich jetzt aber reproduzieren!«

Es ist das erste Mal, dass ich feststelle, dass so ein Flirt mit dem Tod immer auch viel Klarheit mit sich bringt.

Ein paar Tage später sitze ich im Flieger nach Deutschland.

If the shoe doesn't fit,
must we change the foot?
GLORIA STEINEM

MILLIONEN MÄDCHEN WÜRDEN TÖTEN FÜR DIESEN JOB

Nach einem halben Jahr asiatischer Straßenküchen-Anarchie fühlt sich Deutschland an einem Sonntagmorgen um acht so ausgestorben an, als wäre ich in einer Zombieapokalypse gelandet. Es überfordert mich, wieder alles verstehen zu können, was die Menschen neben mir auf der Straße reden, ihre Parfums in der kalten klaren Luft zu riechen, wieder eine Winterjacke zu tragen. Meine Flipflopfüße haben vergessen, wie Stiefel sich anfühlen, und bekommen sofort lauter Blasen. Wäre die Lage zu Hause nicht ohnehin ernst genug, wüsste ich spätestens beim Anblick der vollgestapelten Supermarktwarenregale: Jetzt ist aber echt Schluss mit lustig. Passend dazu wird mir ein Job angeboten, der nach Karriere riecht.

Nachdem ich schon von unterwegs einige Texte für die MIMOSA geliefert habe, ist dort nun eine Schwangerschaftsvertretung frei. Ein halbes Jahr Reise- und Sexressort. Dank meines neu akquirierten Verhandlungsgeschicks so gut bezahlt, dass ich davon auch danach noch eine ganze Zeit lang gut reisen kann. Und, der für mich mit Abstand wichtigste Faktor: der Job ist in der Nähe meiner Familie. Auf einmal bin ich eine Sexkolumnistin, die mit siebenundzwanzig wieder zu Hause wohnt. Und ich arbeite für eine Frauenzeitschrift. Ist das jetzt eigentlich gut oder schlecht?

Meine innige Hassliebe zu Frauenzeitschriften kann auf eine lange Tradition zurückblicken.

Ich glaube, sie beginnt ungefähr mit zwölf im Italienurlaub, in dem ich mich an der Schwelle zur Pubertät zu Tode langweile. Meine Freundinnen, mit denen ich sonst über Stunden die Telefonleitung blockiere, sind auf einmal sehr weit weg. Und weil sie die einzigen Menschen sind, die mich in dieser krass abgefuckten Welt wirklich verstehen, brauche ich dringend Ersatz.

Den finde ich im Hafen-Tabacchi: Amica. JOY. Mädchen. Bravo Girl.

Sie sind das Gespräch, das ich mit meinen Eltern nicht führen will. Eine glamouröse neue Welt, in der ich endlich erfahre, *was Männer wirklich denken* und wie wir uns für sie schminken sollen (dezent! Sie hassen es, wenn wir aussehen wie in einen Farbtopf gefallen! Aber auf keinen Fall ungepflegt. Man soll schon sehen, dass wir uns ein bisschen für sie bemüht haben, sonst ist es ganz schnell vorbei mit der wilden Leidenschaft). Wie ich mich in meinem Traumjob gegen *den mürrischen Boss* durchsetzen (mit viel Charme natürlich und *einem lässigen Augenzwinkern*) und Hautunreinheiten und kleine Problemzonen *easy* kaschieren kann.

Ich lerne die Trendfarben für den kommenden Herbst (*Aubergine! Wie meine Schaumtönung von Elvital*) und fühle mich optimal auf die siebte Klasse vorbereitet.

Eltern kommen in dieser aufregenden neuen Welt ebenso wenig vor wie Unsicherheiten, Neid auf Babsis sportlichen Körper, der schon alle Jungs hinterherschauen, oder die Tatsache, dass mein Taschengeld noch nicht mal für den Teebaumöl-Pickelstift reicht, geschweige denn für den coolen zotteligen InScene-Sweater auf Seite dreiundfünfzig.

Ich bin trotzdem wie gebannt davon, wie unfassbar *machbar* auf einmal alles scheint.

Dass Girl Power die Welt regiert und Männer uns gar nichts zu sagen haben, rappen mir Tic Tac Toe und Schwester S täglich auf meinem Walkman vor. Ich bin natürlich Ginger Spice, inklusive Zickzackscheitel und Plateausandaletten von Deichmann. Frauenzeitschriften machen mich gefühlt unbesiegbar, weil sie mich mit ihren tollen Tipps vor den *No-Gos* und Peinlichkeiten des Erwachsenwerdens bewahren. Also, rein theoretisch zumindest.

Und dann kommt Carrie.

Noch lange bevor ich selbst zum ersten Mal einen Boy zu »mehr« als nur knutschen verführt habe (*Denn das erste Mal sollte etwas ganz, ganz Besonderes sein! Du wirst dich dein Leben lang daran erinnern, also auf keinen Fall für jemand x-Beliebigen hergeben! Es wird erst mal wehtun, wenn dein Jungfernhäutchen reißt, aber das ist total normal! BeDees Unterwäsche wirkt unschuldig und sexy zugleich*), sehe ich Carrie auf ProSieben dabei zu. Wie sie beim Sex mit Mr Big den BH anlässt, danach ketterauchend vor ihrem Macbook sinniert, bis schließlich eine Tageszeitungskolumne zu hochphilosophischen Fragen wie »I couldn't help but wonder: Sind eigentlich alle Männer Freaks?« dabei rauskommt. Ich weiß sofort: Genau so ein Leben will ich auch.

Und auch als mir irgendwann langsam dämmert, dass sich von einer popeligen Zeitungskolumne pro Woche keine Upper-East-Side-Butze voller High Heels finanzieren lässt, und ich in meinem ersten unbezahlten Frauenzeitschriftenpraktikum primär damit beschäftigt bin, die Online-Rezeptdatenbank zu sortieren, bin ich komplett fasziniert von dieser bescheuerten, aber irgendwie geilen Welt, in der es die ganze Zeit Kuchen, Prosecco und teure Schminke umsonst gibt.

Eine klitzekleine Trübung erfährt meine Liebe, als ich in meiner Bachelorarbeit *Stereotype Schönheitsideale in Frauenzeitschriften am Beispiel von Diät-Tipps* erforsche und Supereasy-Frauenzeitschriften-Figur-Tricks mit den Gesetzen eines Pro-Anorexie-Blogs vergleiche.

Wenig überraschende Erkenntnis: Inhaltlich sind die deckungsgleich.

Lediglich im Wording gibt's feine Unterschiede. Statt »Trink mehr Leitungswasser, du fettes Schwein, dann hört dein Magen auch auf zu knurren« heißt es im Frauenzeitschriftenjargon halt: *Für die optimale Fettverbrennung ist es superwichtig, hydriert zu bleiben.*

Mit zweiundzwanzig will ich unbedingt nach Berlin. Irgendwas mit Medien, der Rest ist mir eigentlich egal, ich will sowieso primär mit zutätowierten Spaniern auf Konzerten rumknutschen. Praktikum bei einem erotischen Kulturmagazin für Frauen und Paare? Na ja, warum nicht, Sex mag ja schließlich irgendwie jeder.

Dank Carrie habe ich nicht nur keinerlei Berührungsängste, sondern zum ersten Mal überhaupt richtig Spaß bei der Arbeit. Man kann nämlich nicht über Sex schreiben, ohne dabei ständig in pubertären Pfadfinderhumor zu verfallen, auch wenn das Heft für meinen Geschmack stellenweise einen Ticken zu betulich ist. Ich bin einfach noch keine zwanzig Jahre verheiratet und muss jetzt versuchen, meine Lust neu zu entfachen, indem ich sinnliche Orchideengemälde von Georgia O'Keefe anschmachte. Und ich entwickle einen lebenslänglichen Hass auf die Wörter *frivol* und *erotisch*.

Ansonsten ist 2009 eine ganz gute Zeit, um eine Frau zu sein, die gerne Orgasmen hat. Die ersten frauenfreundlichen Sexshops eröffnen, in denen man keine diskreten braunen Plastiktüten voll riesiger geäderter, nach Schlauchboot stinkender, fleischfarbener Gummischwengel mehr bekommt, sondern schwedisches Hightech-Design, das an Apple-Produkte erinnert. Seit man Toys so entwirft, wie Frauen sie haben wollen, und nicht, wie Männer denken, dass Frauen Toys haben wollen, sind sie nicht mehr armdick, sondern klitorisschmeichelnd klein. Und weniger krebserregend: statt Billigjelly aus China, das in Kinderspielzeug seit Jahrzehnten verboten ist, gibt es auf einmal auch Silikon, Glas, Gold. Luxusobjekte, die wir uns als Frau von Welt jetzt *gönnen* sollen, genau wie die teure Unterwäsche, die wir ja wirklich auch nur für uns kaufen und nicht für die Männer, die sie uns vom Leib reißen. Schon klar.

Leisten kann ich mir den Luxuskram allerdings sowieso nicht: Mein Praktikantengehalt ist mein Monatsticket für die BVG, und der Rest meines Studentinnentaschengelds geht komplett fürs Feiern drauf. Ich fühle mich arm, aber sehr, sehr sexy, gehe jeden Abend tanzen und lache mich jeden Tag verkatert in der Arbeit kaputt.

Im White Trash lerne ich Jens aus Marzahn kennen, der es mir so gut besorgt, dass ich denke, ihn trotz seiner schiefen Zähne und seines Arbeitslosenstatus dringend heiraten zu müssen.

Der Archetyp der Berlin-Affäre, deren Dynamik ich seitdem so oft erlebt habe, dass ich die Level rückwärts im Schlaf runterbeten kann.

Erster Akt: Im Club schnoddrig ineinanderrauschen. Er steht neben mir an der Bar und – »Wart mal, du hast da was« – korrigiert mir erst mal komplett schmerzbefreit mit seinem abgeleckten Daumen die verlaufene Wimperntusche. »Igitt«, denke ich. Und dann: »Geil, was ein Tier.«

Zweiter Akt: Beim Tanzen gegenseitig anschwitzen und wild zu knutschen anfangen.

Dritter Akt: Sex, bei dem einem Hören und Sehen vergeht, in dem man all seine vorsichtshalber wegrationalisierten Gefühle ausdrückt, denn wer weiß, wann er wiederkommt, der Sex, bald ist schließlich Winter.

Vierter Akt: »Wir hören, ne?« Zittern vor dem Klapphandy. (Seit ein paar Jahren verschärfte Tropfenfolter durch graue und blaue WhatsApp-Häkchen.)

Fünfter Akt: Nach ziemlich viel nervigem Hin und Her und Bier in einer egalen Bar noch mehr Sex. Noch geiler, weil Aphrodisiakum Verzweiflung. Man fängt irgendwie an, sich zu mögen, aber die Abreise rückt immer näher.

The end: Wir schreiben noch circa drei Nachrichten, dann lässt Jens aus Marzahn mich unkommentiert fallen und stalkt mir seitdem alle paar Jahre immer mal wieder auf unterschiedlichen Social-Media-Plattformen hinterher. *Wann bist'n mal wieder in Town, würd mich echt freun, dich mal wiederzusehn ... Drinks?*

Er ist die Abschiedslektion Berlins, an der ich ein paar Wochen lang knabbere.

Doch gleichzeitig macht sie mich frei im Kopf: Entgegen aller Erwartungen merke ich, wie gut Sex ist – und zwar einfach nur so, einfach, weil Sex an sich total Spaß macht. Ich merke, dass das auch geht, ohne total zukunftsorientiert verknallt zu sein. Vielleicht sogar noch besser.

Nach Ende meines Praktikums wird mir die ehrenvolle Aufgabe zuteil, den Blog des Magazins zu übernehmen. Einen Hunderter im Monat, dafür kann ich quasi machen, was und wie viel ich will. Endlich bin ich Carrie.

Tatsächlich gibt es im deutschsprachigen Raum gar nicht mal allzu viele Journalist*innen, die gerne und gut über das Thema Sex schreiben, weshalb schließlich ein Frauenmagazin auf meine Bloggerei aufmerksam wird.

Als ich etwas später meinen ersten Autorenrahmenvertrag in den Händen halte, verstehe ich ein bisschen besser, wie Carrie so ihre Manolos finanziert. Mein Name und mein Foto stehen endlich im Editorial einer Frauenzeitschrift, die ich triumphal kreischend meinem Zeitschriftenhändler unter die Nase halte.

Mein damaliger Freund packt das nicht so gut. Als ich plötzlich sechsmal so viel verdiene wie er, kippt irgendwas zwischen uns und er wird aggressiv. Ich schreibe also *Sex für Fortgeschrittene – Lustspiele, die nicht nur IHN super scharfmachen*, während ich feierabends versuche, ein angeknackstes männliches Ego zu beruhigen.

Wie ironisch das alles ist, kapiere ich erst, als ich drei Jahre später bei MIMOSA anfange und dieses »Blind Leading the Blind«-Prinzip aus nächster Nähe miterlebe.

Es ist erst mal kein hart erbitterter Zickenkrieg hier, im Gegenteil: Alle sind wirklich nett.

Meine Chefin ist Anfang dreißig, meist barfuß, ungeschminkt und sehr kumpelhaft. Dazu sehr hübsch und sehr schlank, natürlich. Sie gilt als Geheimwaffe der Medienbranche, die wirklich alles auf jung, frisch und auflagensteigernd pimpen kann. Sie hat richtig Bock. Und ich auch.

»Ich schreib hier so fix keinen Blowjobguide«, kündige ich feierlich bei der Vertragsunterzeichnung an. Wir lachen beide. Zeit für was Neues. Deswegen hat sie mich, diese alternative Blogger-Uschi, ja eingestellt. Das Wort »Feminismus« fühlt sich im Mund zwar immer noch etwas alt-eingestaubt an, nach Uni und Alice, aber auf »Girl Power« können wir uns auf jeden Fall schon mal einigen. Und ich plane, der MIMOSA-Leserin davon eine gehörige Portion unterzujubeln. Rosa gewaschen halt, und natürlich *mit einem Augenzwinkern*.

Denn auch wenn ich inzwischen genügend Gender-Proseminare besucht habe, um zu kapieren, was an Frauenzeitschriften alles so richtig beschissen ist, habe ich eben auch noch mein zwölfjähriges Ich vor Augen, das dringend eine Freundin braucht, die ihr sagt, wo's im Leben so langgeht. Für sie will ich meine Sache so gut wie möglich machen, zumindest auf drei von hundertsechzig Seiten pro Monat.

Und für sie werfe ich mich jetzt in jeder Redaktionskonferenz in die Bresche:

»Ihr findet das eine gute Idee, unserer Leserin zu sagen, dass sie in der Missionarsstellung die Ellenbogen anwinkeln soll, damit ihre Brüste nicht seitlich wegkippen? Echt jetzt?« – »Wieso, ist doch witzig« – heißt es dann. Und: »Komm mal runter, das nimmt doch eh keiner ernst.«

Ich denke an die minutiös ausgerissenen Zeitungsartikel mit *Tricks, mit denen Sie IHN um den Verstand bringen* in meinem Tagebuch von 1998 und antworte: »Sei dir da mal nicht zu sicher.«

Es scheint alles so machbar hier: ein geiles easy Life, bei dem die MIMOSA-Frau stets die Zügel in der *greige* manikürten Hand behält. Den perfekten Beachbody ganz nebenbei (*flacher Bauch ohne Stress!*), Bodycondresses, in denen sie *sowohl im Meeting als auch beim After-Work-Clubbing* eine gute Figur macht. Danach multiple, *mind-blowing* Orgasmen.

So zumindest stellt sich unsere Anzeigenabteilung die MIMOSA-Frau vor. Mitte bis Ende zwanzig, überdurchschnittlich gebildet, ein toughes, erfolgreiches Ellenbogenweib in Aquazzura Strappy Heels, das sich nimmt, was es will – *im Job, im Leben, im Bett*. Wer nicht spurt, wird weitergeschickt, schließlich gibt's echt genug geile Toys und der

Martin aus dem Controlling kann seinen Blick auch schon seit Wochen kaum von ihrem Dekolleté wenden. Na ja, hahaha, Männer eben! Wir können nicht mit ihnen, aber ohne sie wird es halt auch so schnell boring.

Am Reißbrett der Marketingabteilung hält Miss MIMOSA super dafür her, wenn es darum geht, Guess und Liu Jo Anzeigenplätze zu verchecken.

Es heißt nur eben nicht umsonst *ideale* Zielperson. Denn die Realität sieht ein klein bisschen anders aus.

Bei MIMOSA ist sie Anfang zwanzig bis Mitte dreißig, Zahnarzthelferin oder Sekretärin – ein okayer Job eben, von dem sie aber auch gerne mal Feierabend macht, ihre Keilabsatz-Sandaletten in die Ecke schmeißt, die Füße auf dem Kunstledersofa hochlegt und sich 'ne Packung Giotto gönnt. Berlin-Mitte kennt sie, klar, aus GZSZ und von ihrem letzten Fernbus-Wochenendtrip mit dem Thomas, da waren sie auch bei Vapiano. Den Thomas hat sie vor ein paar Jahren über Parship kennengelernt, und es läuft immer noch erstaunlich okay, an diesen Persönlichkeitsalgorithmen muss also wohl doch irgendwas dran sein. Nur dass er inzwischen immer öfter daheim vor der Xbox versackt, anstatt mit ihr Salsa tanzen zu gehen, geht ihr halt schon irgendwie auf die Nerven.

MIMOSA ist ihre süße kleine Realitätsflucht, wenn in der Praxis zur Abwechslung mal wenig los ist. Für drei Euro am Kiosk erinnern wir sie daran, dass es okay ist, mehr zu wollen, die hohen Schuhe von Dior anzuschauen, auch wenn ihr Gehalt meist doch nur für Goertz 17 reicht. Aber man wird ja wohl bitte noch träumen dürfen.

Wann immer ich eine von ihnen morgens eifrig blätternd im Pendlerzug beobachte, im Naketano-Hoodie vergraben, noch ungeschminkt, mit einem lauwarmen Yorma's Latte macchiato, überschwappt mich eine so große Empathiewelle, dass ich mir fast auf die Finger schlagen muss, um sie nicht eben mal fest in den Arm zu nehmen und so was zu sagen wie: Du bist wirklich total okay, Franzi! Genau so wie du bist!

High Heels sind sowieso scheißunbequem! Wirklich alle Brüste über 75A ohne Silikon kippen so ein bisschen zur Seite weg, wenn man auf dem Rücken liegt. Nö, diese arschteure Creme von La Mer würde deine häufigsten Zeichen der Hautalterung auch nicht über Nacht verschwinden lassen, aber schau halt einfach, dass du nicht allzu oft einen Sonnenbrand kriegst. Ja, vaginale Orgasmen sind möglich. Auch für dich. Gut, vielleicht nicht unbedingt mit dem Thomas, aber ich kann dir ein gutes Toy empfehlen. Lass dich nicht stressen!

Es gibt noch eine dritte Komponente, mit der wir als Redakteurinnen zwischen Franzi und der Ellenbogenbraut hin und her jonglieren müssen: die MaFo.

»Klingt geil, geben wir mal in die MaFo!« ist das Urbi et orbi in der Themenkonferenz, wenn meiner Chefin ein Pitch gefällt. Die Marktforschungsabteilung, liebevoll-sexistisch *Hausfrauentest* genannt, ist der endgültige Todesstoß für jeglichen Funken von neuer Idee. Wer sich am Kiosk jedes Mal kopfschüttelnd fragt, warum in Frauenzeitschriften eigentlich immer genau dieselbe Scheiße drinsteht: Vier Buchstaben, möchte lösen: MaFo.

Ich bin nicht ganz sicher, ab welchem Level an Basicness man offiziell dafür qualifiziert ist, für MIMOSA an Marktforschungsumfragen teilzunehmen.

Ich glaube, es sind dieselben Frauen, für die Heidi Klum praktische Lidl-Kollektionen entwirft. Sie sitzen daheim vor dem Bildschirm und verdienen sich mit *Welche Headline spricht Sie mehr an?*-Klicks ein paar Cent dazu. Sie wollen den flachen Bauch ohne Stress. Sie wollen ihren Manfred endlich mal wieder um den Verstand bringen, damit der sich das nicht doch woanders holt. Sie wollen den verdammten Blowjobguide.

Sie wollen nicht: ihren eigenen Körper ein bisschen besser kennenlernen, um sich vielleicht auch einfach mal selbst um den Verstand bringen zu können. *Easy-gute-Laune-Lifehacks, die nichts kosten* ranken da wesentlich besser.

Sie wollen: wirklich jede einzelne Ausgabe genau dasselbe. Nur eben ein bisschen umformuliert.

Die MaFo-Frau wirkt wie das schwächste Glied einer sehr langen Entscheidungskette. Eines, das neben der Heidi-Klum-Jeggings wahrscheinlich nicht mal genügend Haushaltsgeld übrig hätte, um auch noch die neue MIMOSA mit aufs Lidl-Band zu schmeißen. Geschweige denn, die Marc-Cain-Kollektion aus der Werbeanzeige zu shoppen. Und trotzdem hat sie sehr, sehr viel Macht.

Das merke ich spätestens, als mir eine Kollegin eine Anekdote von einem anderen Magazin erzählt.

Dieses, sagen wir mal, eher trutschigere, sehr viel ältere Magazin treibt das Konzept *Hausfrauentest* auf die Spitze. Es gibt nämlich genau zwei Themen, mit denen sich das Best-Ager-Blatt verkauft wie geschnitten Brot: Diäten und, Achtung, Rezepte mit Hack. »Dreimal darfst du raten, welche Ausgabe die meistverkaufte aller Zeiten war!« Ja, ganz genau. *DIE HACK-DIÄT.*

Nach ein paar Wochen habe ich dieses Spiel durchschaut und sehe meinen ursprünglich ganz guten Ideen dabei zu, wie sie diese verschiedenen Instanzen durchlaufen und dabei peu à peu systematisch verblöden.

»Wie wär's denn mal, wenn wir versuchen würden, Frauen beizubringen, besser auf ihren Körper und ihre Bedürfnisse zu hören, anstatt immer nur *ihn* um den Verstand bringen zu wollen?«, pitche ich vorsichtig in der Themenkonferenz.

»Ja, geil, machen wir 'nen Psychotest draus!«, nickt meine Chefin.

Wecken Sie Ihre innere Lustgöttin! klickt auch bei der MaFo ganz gut. Also bastle ich einen Psychotest, der, man hätte es sich fast schon denken können, in echt genauso wenig von Gelehrten mit weißem Rauschebart ausgetüftelt wird wie Horoskope von einer weisen Frau mit 'ner Wahrsagerkugel.

Natürlich bemühe ich mich trotzdem redlich, noch ein paar bestärkende Gedanken mit unterzubringen.

Doch da hat die Textchefin noch ein Wörtchen mitzureden. Die kommt eigentlich aus der Mode und gilt allgemein als – Eyeroll-Emoji – *speziell.*

Als ich im Heft die neue Headline *Checken Sie Ihr sexuelles Über-Ich* sehe, bin ich einfach nur angepisst. Pseudowissenschaftlich Freud zitieren: bisschen peinlich. Pseudowissenschaftlich Freud falsch zitieren und meinen Namen drunterdrucken: I can't even. Zu diesem Zeitpunkt schäme ich mich zum ersten Mal für meinen Beruf.

Wir haben ja auch keinen bestimmten Männergeschmack oder so was. Wir wollen einfach einen, der sich für uns die Gedärme rausreißen lassen würde, so wie bei Braveheart.
DANIELA KATZENBERGER

DIESE NEUE APP

Dafür sind meine Feierabende so weit relativ unterhaltsam. Es gibt da jetzt nämlich diese neue App.

Jahre nachdem ich mir Grindr habe erklären lassen und bewundernd festgestellt habe, wie wahnsinnig, ja, *effizient* sich schwule Männer zum Sex verabreden können – allerdings in der felsenfesten Überzeugung, dass das bei Heterosexuellen niemals so einfach funktionieren würde –, erobert Tinder den Markt in Rekordzeit.

Im Gegensatz zu anderen Datingwebsites fühlt sich das Ganze sehr viel niederschwelliger an. Spontaner, lässiger, weniger peinlich. Ich soll für die MIMOSA einen Artikel darüber schreiben und haue mich voll rein. Natürlich ausschließlich aus Recherchegründen.

Wir flirten, als gäbe es kein Morgen, schreibe ich.

Und warum das etwas Gutes ist und all die Hater, die behaupten, dass wir dadurch emotional abstumpfen, Spießer sind. *Wer Tindern als richtiges Hobby ansieht, kann es locker auf fünf Typen die Woche bringen*, da bin ich ganz auf Ellenbogenweib-Blattlinie, und gebe praktische Tipps zum Sortieren der Telefonbuchkontakte: Statt unter *Flo Meier* lieber unter *Flo Vollbart Grafikdesigner Tinder* speichern! Ich Fuchs.

Ein viel beschäftigter Fuchs, denn: *250 Männer warten gerade in meinem Handy auf Bespaßung. Sie sind wie Tamagotchis und for-*

dern meine volle Aufmerksamkeit. Aufmerksamkeit, die mir nach meiner größtenteils eher sexlosen Asientour ehrlich gesagt gerade recht kommt. Nach verkorksten Expats und rückenverpickelten Backpackern in Bier-Tanktops sind hier einfach mal wieder ganz normale Männer. Allerdings auch mit ganz normalen Unsicherheiten.

Ein Dokumentarfilmer hat es mir besonders angetan. Seine Stirnküsse schmecken nach Angekommensein. Ich sehe uns schon auf gemeinsamen Recherchereisen in Outdoorklamotten in den Sonnenuntergang reiten. Bin überrascht, wie man sich vom Dokumentarfilmen mit siebenunddreißig diese wahnsinnig weitläufige Junggesellenbutze voll Kunst leisten kann. Würdige angemessen, wie gut Chilly Gonzales in seinem Dolby-Surround-System klingt, und beginne in einem Buch auf dem Couchtisch zu blättern, während er kurz auf dem Klo ist, wahrscheinlich, um seinen Penis neu zu sortieren.

Aus dem Max-Goldt-Bändchen fällt mir ein Lesezeichen entgegen: sehr cool, ein Stück US-Immigration-Formular von seinem letzten Trip nach San Francisco. Ach, wahnsinnig schön, würde ich auch gerne mal hin, von mir aus kann er gerne dort meine Stirn küssen, während ich eine Reisereportage ... Moment mal! 1971? Ich wäre zwar fast durchs Matheabitur geflogen, aber wenn jemand sich gleich mal geschmeidige sechs Jahre jünger lügt, fällt sogar mir das auf.

Das erklärt auch diese Bude: uralter Mietvertrag. Und seinen Bauchansatz, den ich schon vorgefühlt hatte beim Knutschen. Der fühlte sich anders an als die bisherigen Bauchansätze, elastischer irgendwie. Ü40-Fleisch also.

Das finde ich wesentlich weniger schlimm als die Tatsache, dass er mir wochenlang etwas vorgeschwindelt hat. Noch immer reagiere ich extrem allergisch, wenn mich jemand anlügt. Als er vom Klo zurückkommt, erwartet ihn eine saftige Predigt – mit anschreien, doch noch mal melodramatisch knutschen, losreißen und aus der Bude stürmen.

Jeder GZSZ-Drehbuchautor hätte mir dafür High Fives gegeben, aber Herr Dokumentarfilmer findet meinen Auftritt anscheinend noch weniger witzig als ich seine Rechtfertigungslügengeschichte, von wegen »ich wollte Facebook meine Daten nicht geben und habe deshalb mein Geburtsjahr geändert«. Äh ja, genau.

Next! Christoph hat *Feminist* in seinem Profil stehen, außerdem ein markantes Kinn, macht Start-up-Kram in Berlin, und er schreibt sehr lustig. Match!

Ich bestelle ihn auf die Terrasse der Bar, in die ich mit einer Gruppe bekiffter Künstler nach einer Vernissage einfalle. Der Kontrast könnte harscher kaum sein: Christoph trägt ein hellblaues Hemd und fragt Sachen wie »Hast du denn Auslandserfahrung?«. Ja, aber nein. Irgendwie bekomme ich aus ihm heraus, dass ich bereits sein einundfünfzigstes Tinder-Date bin. Und ich dachte, ich wäre sportlich! Doch während ich ja in edler Recherchemission unterwegs bin, macht er das einfach nur zum Spaß. Auch wenn sich dieser Spaß gerade eher nach Vorstellungsgespräch anfühlt.

»Pah, nicht mit mir! Next!«, denke ich, lasse ihn relativ unkommentiert stehen und verschwinde wieder zu meinen Freunden ins Innere der Bar.

Schade, dass es nicht geklappt hat, schreibt er, als ich betrunken im Taxi nach Hause sitze. Irgendwie ganz süß für ’nen Player. *Die Nummer 52 wird’s bestimmt!*, tippe ich – *super lässig, mit einem Augenzwinkern* – zurück.

Im Nachhinein fühlt sich diese Anfangszeit auf Tinder ein bisschen so an wie ein erster Minidiscplayer oder Videorekorder, der auf den Markt kommt. Natürlich eine echt krasse Innovation, aber als Basismodell noch nicht sonderlich ausgeklügelt.

Mit welchen Erwartungshorizonten kracht man bei so einem Date denn jeweils auf- und ineinander? Je mehr Menschen ich frage, umso undurchsichtiger wird es.

Viele Männer in meinem Umfeld tindern zwar wie die Irren, nehmen die Frauen, die sie so kennenlernen, dafür aber von vorneherein nicht ernst. *So eine Tinderella halt,* millennialdeutsch für Schlampe.

Total logisch. Gleichzeitig hat fast jeder von uns diesen einen urbanen Tinder-Mythos im Bekanntenkreis, der zwei Jahre später schwerst verliebt vorm Traualtar endet.

Tindern ändert den Blick auf die Umwelt.

Ich ertappe mich dabei, wie ich nachts im Club die Gesichter auch am liebsten weiterswipen würde. Wie absolut okay ich es plötzlich finde, jemanden mit einem Schulterzucken einfach stehenzulassen. Wie mich die ganze Daterei so abgebrüht macht, dass ich mich plötzlich auch in der Realität einfach traue, jemandem in einer Bar meine Nummer zuzustecken. Es wird alles so wunderbar egal.

Schopenhauer-Style: Weil es bei dem zwischenmenschlich anscheinend nicht allzu sehr flowte, hielt er sich sein Leben lang Hunde, schwarze Pudel. Jedes Mal, wenn einer starb, also im Schnitt alle zehn Jahre, kaufte sich Schopenhauer einfach dasselbe Modell noch mal. Und er gab jedem seiner schwarzen Pudel immer wieder genau denselben Namen: *Atman*, Sanskrit für Lebenshauch, Atem, Essenz des Selbst. Die Einzelseele als Teil der Weltseele. Für Schopenhauer enthielt also jeder Pudel im Kern einen anderen, quasi allgemeingültigen Pudel – und so wurden die einzelnen Pudel austauschbar. Irgendwas sagt mir, dass Schopenhauer ganz gut im Tindern gewesen wäre. Also theoretisch jetzt zumindest. Ich für meinen Teil sehe bald den Wald vor lauter Bäumen nicht mehr. Sind das sehr viele Männer – oder im Kern einfach nur immer wieder genau derselbe?

An den Abenden, an denen ich nicht auf der Suche nach der männlichen Seele und ihren Abgründen bin, betreibe ich den Lifestyleredakteurinnen-Volkssport »Werbegeschenke auf Presseveranstaltungen abgreifen«. Mein liebster Moment ist immer der, wenn das jeweils zuständige PR-Perlhuhn – standardmäßig im bayerischen Umland auf der Stange herangezüchtet, mit 80-Euro-Foliensträhnchen und einer Michael-Kors-Tasche in der Stadt ausgesetzt und auf Journalist*innen losgelassen – mich erst mal abschätzig vom krisseligen Haaransatz bis zu den Nikes hinunter mustert.

Dass ich hier nicht hingehöre, ist uns beiden klar.

Bis ihr das jeweilige Praktikantenperlhuhn im Zara-Jerseyblazer meinen Namen und meine Position zutuschelt und ihr Gesicht sich begeistert verzieht. »Ach, *Sie* sind das von MIMOSA, toll, dass Sie's einrichten konnten!« Lifestyle, Alter.

Champagner? Klar! Gibt's eigentlich auch 'ne Goodiebag?

Gerade im Reiseressort wird alles mitgenommen, was nicht niet- und nagelfest ist. Ich lerne, dass nur ein besoffener, vollgefressener Journalist ein glücklicher Journalist ist. Dass auf Pressetrips nie gegeizt wird. Und dass auf wirklich jeder Yacht dieser Welt Beyoncé läuft.

Was ich noch lerne, ist, dass auch bei Pressereisen die Hölle immer die anderen sind. »Der Rod Stewart hat ja zum Beispiel eine ganz eine ausgeprägte Skorpion-Energie«, schwäbelt die freie Mitarbeiterin des Braut & Bräutigam-Magazins beim Sundowner mit Blick auf die Bucht von Dubrovnik. Marielle vom Shoppingsender nickt heftig. Sie designt Kraftschmuck und Portemonnaies in der »Powerfarbe« Rot, die das Geld magisch anziehen sollen. Ihre eigene Prada Cross Body Bag sieht trotzdem verdächtig nach Made in China aus. Danach diskutieren sie ausgiebig darüber, ob man seinem Glas Leitungswasser gut zureden sollte, bevor man es austrinkt. »Wegen der Energien.«

Schon schade, dass man Ohren nicht so von innen zumachen kann wie Augen, denke ich mir an diesem sehr langen Wochenende sehr oft und sage nie Nein, wenn der charmante livrierte Mann diskret mein Champagnerglas nachfüllen kommt.

Beim Dinner in der Sechstausend-Dollar-pro-Nacht-Villa bin ich die Einzige, die die rosa Entenbrust bestellt.

Schon während ich mich auf dem Marmorboden in der Zweit-Toilette meiner Suite vor der Kloschüssel zusammenkrampfe, muss ich fast wieder lachen: Monatelang unbehelligt in Straßenküchen Dreck gegessen, und jetzt bringt mir mein persönlicher Butler Kamillentee ans Kingsize-Bett.

Man wird erst wissen, was die Frauen sind, wenn ihnen nicht mehr vorgeschrieben wird, was sie sein sollen.
ROSA MAYREDER

SCHRIPPE

Auch bei meinen anderen Recherchen gehe ich körperlich jetzt aufs Ganze.

Weil ich noch immer der Meinung bin, dass Frauen ihr sexuelles Über-Ich schleunigst loswerden sollten, und es mich außerdem selbst interessiert, buche ich einen Privatworkshop bei einer Expertin für weibliche Ejakulation in Berlin.

Nachdem Männer für mich in diesem Sommer ja mehr oder weniger austauschbar geworden sind, fühle ich mich jetzt bereit, für Sexarbeit zu bezahlen. Beziehungsweise, und der Teil gefällt mir noch besser, meinen knausrigen Verlag dafür blechen zu lassen. Squirting auf Spesen. Schöne neue Arbeitswelt.

So nervös war ich vor keinem Date in diesen Sommer. Es fühlt sich auf der Bauchgrummelskala an wie irgendwas zwischen Zahnarztbesuch, Waxingtermin und Sex-Mutprobe.

Die Squirting-Expertin beruhigt also erst mal mit einer Tasse Tee und einem Anatomie-Grundkurs. Sie ist eher so Teil der alteingesessenen Genderproseminar-Handspiegel-Feminismus-Riege, aber ich kann bei vielem von dem, was sie sagt, mitgehen.

Klar weiß ich, wo mein G-Punkt liegt! Aber warum nennen wir den überhaupt so? Weil ihn ein alter weißer Mann namens Gräfenberg vor Jahrzehnten »entdeckt« haben will?

Diese Kolonialisierung des weiblichen Körpers muss aufhören, finden wir beide. Abgesehen von der politischen Dimension ist die Bezeichnung *G-Punkt* außerdem extrem vage: Es handelt sich nämlich nicht um einen Punkt, sondern um eine geriffelte Fläche, die sich mit einer »Komm, komm«-Bewegung des eingeführten Zeigefingers in Richtung Bauchdecke erspüren lässt.

Die Squirting-Expertin tauft sie in »Genuss-Fläche« um. Na, von mir aus.

Das Bett im Nebenzimmer ist mit einem Latexlaken und einem Handtuch präpariert. Schluck. Unterhosen runter. Auch die Expertin zieht sich freundlicherweise die Yogaleggings aus, damit das Halbnacktsein für mich allein weniger komisch ist, und kniet nun in Hotpants vor mir.

»Da is ja die Schrippe!«, sagt sie, was lustig sein und die Situation entkrampfen soll, aber nur dafür sorgt, dass ich ab diesem Zeitpunkt nie wieder einen Berliner Backshop betreten kann, ohne zu schaudern. Mein heiliger Tempel der Lust möchte von niemandem kartographiert werden. Weder von alten weißen Männern noch von alten weißen Frauen.

Deren geschickte, geduldige Finger in Latexhandschuhen sorgen jetzt dafür, dass ich mich tatsächlich ganz aufs Körperliche einlasse – bei einer Person, zu der ich mich sonst sexuell wirklich null hingezogen fühle. Die stimuliert jetzt von außen meine Vaginalwand und reizt so mein Harnröhrenschwellgewebe. Doziert dabei: »Die weibliche Prostata.« Okay. Die Skene-Drüsen, die rund um die Harnröhrenöffnung sitzen, produzieren nun eine Flüssigkeit, die die gesamte Vulva von innen anschwellen lässt. Und auf die Blase drücken, was sich ein bisschen nach Aufs-Klo-Müssen anfühlt. Das allerdings sei allein schon anatomisch unmöglich, weil die Harnröhre gerade zugeschwollen sei. Okay.

Ich schließe also die Augen, blende dieses absurde Szenario aus und konzentriere mich ganz auf die Bewegungen. Hand ist Hand. Weltseele und so.

Doch als ich gerade so langsam warm werde, lässt die Expertin mit einer rabiaten Bewegung ihre Finger aus mir herausploppen. »So, und jetzt probier du mal selbst!« Öh, okay. Wenn ich eins hasse, dann, mittendrin unterbrochen zu werden, egal bei was. Als die Expertin mich dazu auffordert, mich hinzuknien und ihre Plopp-Bewegungen an mir selbst nachzumachen, reagiere ich eher ungehalten.

»Lass los! Du kannst hier alles vollspritzen!«, cheerleadet sie aus dem Off.

Wenn ich etwas noch mehr hasse, als mittendrin unterbrochen zu werden, dann, zum Orgasmus angefeuert zu werden. Kann das irgendwer jemals, auf Kommando kommen?

An dieser Stelle wird es mir endgültig entschieden zu blöd, und ich breche das Experiment ab. Den kleinen Fleck auf dem Handtuch, der meiner Meinung nach alles Mögliche sein könnte, zum Beispiel Gleitgel, sieht die Expertin als »Beweis« meiner Ejakulationsfähigkeit. Na, also ich weiß ja nicht.

»Das war jetzt grad irgendwie ... nicht so gut für mich«, resümiere ich anschließend beim Gratis-Gin-Tonic mit einer Autorenkollegin auf einer Fashionweek-Rooftop-Party.

Auf dem Weg zum Flughafenbus hole ich mir angetrunken ein Mettbrötchen aus dem Backshop. Hackdiät halt. Es wird Monate dauern, bis ich überhaupt wieder an Sex denken mag.

Zurück in München regt mich inzwischen alles auf.

Die PR-Perlhühner, aber noch viel mehr: die Haidhausener Gwyneth Paltrows. Das sind die mit den makrobiotisch-veganen Yogilates-Körpern im lässigen 300-Euro-Boho-Kleidchen und mit Bottega-Veneta-Kalbsleder-Taschen. Die, deren *bouncy Balayage* für den alterslosen, sunkissed Look stets so gut geföhnt ist, als würden sie direkt vom Friseur kommen. Sie wirken exakt so *effortless*, wie MIMOSA uns gerne hätte.

»Sagen: ›Geld ist nicht alles‹ – das ist Geld«, rappen K.I.Z in meinen iPod-Kopfhörern. Du gehörst hier nicht her, sagt das gebleachte, leicht mitleidige Lächeln der Gwyneth Paltrows. Egal, wie frisch ich geduscht bin: so antiseptisch sauber wie sie werde ich niemals sein.

Meine Haare sind nicht *bouncy*, im Gegenteil: Sie fallen mir vor lauter Stress inzwischen büschelweise aus. Während sich die gesundheitliche Situation bei mir zu Hause langsam entspannt, geht es mit meiner eigenen zusehends bergab. Ich pendle jeden Tag drei Stunden, bis ich vom Haus meiner Eltern im Großraumbüro und zurück bin, und pushe mich mit Kleinigkeiten durch den nervigen MIMOSA-Alltag. Hier ein Stück Cheesecake, da schnell ein neues Kleidchen ... Es ist der ewige Kreislauf aus gut verdienen, wenig Freizeit haben und sich dafür *dann wenigstens zwischendurch mal was gönnen* müssen.

Auch meinen Kolleginnen geht meine Unlockerheit in den Redaktionssitzungen immer mehr auf die Nerven.

Mein einziger Partner in Crime ist Sandra, die Assistenz der Chefredaktion. Sie ist die gute Seele hier, der bodenständigen In-echt-Leserin hundertmal näher als dem Ellenbogenweib der Marketingabteilung.

Eines Morgens erwische ich sie vor dem Büro dabei, wie sie eine Schnecke vom Gehweg rettet und ins Gebüsch evakuiert. Den restlichen Weg sinniert sie darüber, ob das jetzt überhaupt die Richtung war, in die die Schnecke gewollt hatte.

Wir fangen an, unsere Mittagspausen bei Starbucks zu verbringen und uns dabei vorzustellen, dass dieser Starbucks in einem Flughafenterminal ist und wir gleich irgendwohin fliegen. Egal wohin, Hauptsache weg. Wir umarmen uns viel.

Ich lege ab und an unkommentiert meinen verkaterten Kopf in ihrem Dekolleté ab. *In 5 min in der Küche. Brauche dringend Busenschläfchen*, steht in unseren Geschäfts-E-Mails aneinander.

»Ein bisschen bi schadet nie«, pitche ich, davon inspiriert, meiner Chefin.

»Geiles Thema, aber halt leider viel zu nah an homo«, findet sie. »Da springt uns Chanel sonst als Anzeigenkunde ab.« Tss, ausgerechnet Chanel.

Für eine mehrteilige Geschichte mit dem Titel *Mein erstes Mal ...*

soll ich dann doch über meine sexuellen Erfahrungen mit einer Frau schreiben. Na bitte.

»Unrealistisch« lautet das Fazit meiner Kolleginnen in der Themenkonferenz. »Hast du dich währenddessen denn nicht mal gefragt: Woah, fuck – was, wenn ich doch lesbisch bin?«

Ich habe keine Lust mehr auf einen Genderproseminarexkurs über Fluidität und die Kinsey-Skala und kann nur noch passiv-aggressiv den Kopf schütteln.

»Da müssen noch ein paar Selbstzweifel rein. Sonst kann unsere Leserin sich damit nicht identifizieren.«

An diesem Punkt beginne ich zum ersten Mal, ein Pseudonym zu benutzen.

Nicht, weil ich mich für meinen ersten Sex mit einer Frau schäme, sondern für das, was MIMOSA meint, daraus machen zu müssen.

Trotz allem stehen die Chancen, dass mich der Verlag nach Ende der Schwangerschaftsvertretung übernimmt, gar nicht schlecht. Und da ist ja immer noch das Reiseressort, zum Glück.

Während ich Sandra und ihre beruhigenden Brüste bei Starbucks zurücklassen muss, lädt der Tourismusverband Trinidad und Tobago zum fröhlichen Inselhopping ein. Jeansshorts, Kokosnuss in der Hand, Füße im Sand. Blick auf einen der *Top Ten Beaches of the World* laut Lonely Planet. Einatmen, ausatmen. Wie sehr man das Gefühl für sich selbst verlieren kann, weiß man manchmal erst, wenn es vorsichtig wieder aus einem hervorgekrochen kommt.

»Weißt du, eigentlich ist mein Leben echt ziemlich geil«, erkläre ich meinem Kollegen, der für ein großes Nachrichtenmagazin schreibt. »Bis auf die Tatsache, dass ich in München wohne halt. Und dass ich bei MIMOSA bin.«

Wir seufzen und sehen weiter den Graureihern beim Fischefangen zu. Hier am anderen Ende der Welt klingt das alles wahnsinnig logisch und einfach.

Und auf einmal ist es das dann auch. MIMOSA macht mir ein Übernahmeangebot, das so mies ist, dass ich mit Handkuss ablehne.

Ich gehe erst mal in Jogginghosen zu Lidl und kaufe mir eine Tiefkühl-Thunfischpizza und eine ketchuprote Haartönung für das, was der Stress auf meinem Kopf noch übrig gelassen hat. Fick dich, Gwyneth Paltrow.

Dann fliege ich nach Berlin und meinem Lieblings-Ex Daniel unter lautem »EXI!«-Gebrüll auf einer Party in die Arme.

Wir hatten mit Anfang zwanzig eine höchst melodramatische Onoff-Geschichte. Auf die Frage: »Und, wie lang wart ihr so zusammen?«, antworten wir inzwischen standardmäßig mit: »Brutto oder netto?«, und finden uns immer sehr witzig dabei. »Müssen demnächst dringend mal wieder Beziehungsrelaunch starten«, sagt dann einer. Prost.

Während wir jetzt von der Bar Richtung Tanzfläche stolpern, bleiben auf einmal mein Herz und die Zeit gleichzeitig stehen: rosmaringrüne Augen, schwarzgrau melierte Locken, sehr teure zerlöcherte schwedische Kleidung, überall Ecken und Kanten. »Daniel, Alter, wenn ich den heute Nacht nicht noch ficke, dann sterb ich!«, sage ich, anscheinend mal gar nicht so leise, wie Andrej mir später an der Bar grinsend unter die Nase reiben wird.

Mein bester Ex schnorrt ihn um eine Kippe an, sagt: »Ach ja: Theresa!«, und ist weg.

»Ein weiblicher Hank Moody, na, da schau an«, sagt Andrej, der natürlich Model ist, nach dem obligatorischen *Und was machst du so*, während wir unsere Mateflaschen abtrinken, damit der Wodka hineinpasst. Cheers! Tiefer Blick. Ein Schluck. Er nimmt mein Gesicht in beide Hände und küsst mich, zerwühlt meine Tomatenhaare. »Du Göttin!« Ich muss mich sehr konzentrieren, um meine Knie vom Wegknicken abzuhalten.

Im Kinderzimmer der Freunde, bei denen ich übernachte, schält Andrej mich unter weiteren Euphoriebekundungen aus meiner Latzhose.

Wie jedes Model will auch er für mehr als sein schönes Äußeres geliebt werden und beginnt jetzt halb nackt, mir auf seinem iPhone ein

Lied vorzuspielen, das er über seinen Vater komponiert hat. »Vater, ich liiieb und hasse dihiiich«, singt er.

Ich versuche, ein neutrales Journalistinnen-Pokerface aufzusetzen.

»Und so was fällt mir dann zwischendurch einfach so ein, weißt du? Kommt einfach aus mir heraus!« Ich nicke und küsse ihn leidenschaftlich, damit er nicht weiterreden kann.

Irgendwann scheint auch ihm das chemische Ungleichgewicht zwischen uns aufzufallen, und er bietet mir galant etwas von seinem Kokain an.

»Wie, noch nie? Dann will ich auch nicht der Erste sein, der's dir gibt.«

Mutter Berlin, ich bin bereit, deine Lehren zu empfangen, denke ich, grinse ihn mit einem herausfordernden »Ach, komm schon« an, bis er seufzend mit den Schultern zuckt und tut, was ein Mann in so einer Situation anscheinend tun muss: Er rotzt mir unkommentiert eine Line in den Arsch.

Boom. Schleimhäute und so.

Ich bekomme erst mal einen Lachanfall. Mein blödes Drogenanfänger-Gelaber – »Wirkt das schon? Woran merkt man das denn jetzt, wenn das wirkt?« – scheint wiederum er weniger gut zu packen und bringt mich mit seiner Zunge zum Schweigen. Und dann zu einem Orgasmus, für den ich anstelle der Nachbarn die Polizei wegen Lärmbelästigung gerufen hätte. Er dauert gefühlt mindestens fünfeinhalb Minuten.

Ich bin immer noch ein bisschen heiser, als ich Sandra zwei Tage später in der Mittagspause bei Kaufland davon erzähle, während wir den Prosecco für meine Abschiedskonferenz bei MIMOSA einkaufen. »Gott, ist mein Leben langweilig«, lacht sie.

Andrej sehe ich überraschend wieder: auf einem Fünf-mal-zehn-Meter-Plakat, in der Abflughalle des Frankfurter Flughafens. *Zusammenkommen für neue Synergien*, der Claim passt.

Wer sich nicht bewegt,
spürt seine Fesseln nicht.
ROSA LUXEMBURG

MÜSSEN NUR WOLLEN

Der Gedanke an diesen Orgasmus lässt mich auch Tage später noch selig strahlen, als ich, ganz in Weiß gehüllt, in einem singhalesischen Tempel vor einer Buddhastatue ein Gebet in Pali chante. *Om Namo Tassa Bhagavato Arahato Sama Sambudhassana*, ich habe diese Worte schon so oft runtergebetet, dass sie mich inzwischen schlagartig in konzentrierte Entspannung versetzen.

Wer jahrelang durch Asien tingelt, hat irgendwann jeden Wasserfall gesehen, jeden Kochkurs gemacht, vielleicht sogar eine Thai-Massage-Ausbildung. Bis irgendwann das Einzige, was man noch entdecken könnte, man selbst ist.

Schon im Jahr zuvor war ich für ein Meditationsretreat in einem Tempel im Norden Thailands hängengeblieben.

Hatte mich dem rigiden Mönchs-Tagesablauf unterworfen, von vier Uhr morgens bis zehn Uhr abends meditiert, ohne feste Nahrung nach zwölf Uhr mittags, auf einer Bastmatte am Boden gepennt, alles schweigend und in weißen Tempelklamotten. No beautyfication of the body, just purification of the mind.

Und die natürlich härteste Regel überhaupt: keine Smartphones.

Ein Tag ohne Handy hat mindestens fünfzig Stunden. Und auch wenn meine Gedanken beim Meditieren größtenteils dahin abgedriftet waren, was ich gerade am liebsten essen würde, hatte sich mein Gehirn danach wie frisch gewaschen angefühlt. Ein Zustand, den ich jetzt dringend zurück möchte.

In diesem Tempel wird Metta-Meditation gelehrt, das Mitgefühl mit allen Lebewesen. *May I be free from revenge, may I be free from anger, may I be free from anxiety, may I be free from suffering. May I be happy, may I live long, may I attain Nirvana*, bete ich also brav und stumm vor mich hin.

Danach soll ich diesen Wunsch für sämtliche meiner Familienmitglieder aufsagen. Sämtliche meiner Freunde. Sämtliche meiner Feinde. *Häh, was, spinnst du?*, kommentiert mein Ellenbogen-Ego aus dem Off. Ich meditiere darüber. Auf jemanden wütend sein ist wie Gift trinken und hoffen, dass jemand anderes davon stirbt. Also gehe ich den Weg des geringstmöglichen Widerstands und wünsche allen dummen Leuten relativ halbherzig viel Glück. Allen, außer meinem gewalttätigen Ex-Freund. Gibt ja gerade auch wirklich genügend andere Menschen, auf die ich noch wütend bin.

Inzwischen fühlt es sich für mich nicht mehr komisch an, mich vor einer Buddhastatue theatralisch dreimal zum Gebet auf den Boden zu werfen. Bei einer Vollmondzeremonie um vier Uhr ist außer mir das komplette Dorf da, und ich spüre: Das ist kein Verbeugen, was wir hier tun. Wir lassen uns einfach in alles reinfallen in der Hoffnung, dass es schon irgendwie halten wird.

Jeden Tag Morgenmeditation, danach in Kardamom und Akazienhonig sautierte Ananas und Reisbrei. Nescafé 3in1. Mit dem Mönch ein Schwätzchen halten. Die Eisenbahn beobachten, die jeden Tag um Punkt elf Uhr siebzehn am gegenüberliegenden Bergpass vorbeituckert. Nachmittags gurkt dann der Eismann unter lautem LILÜLILÜ zur Melodie von »Santa Clause is coming to town« durchs Tal.

Den Affen dabei zusehen, wie sie sich gegenseitig durch die Baumkronen der Banyan-Bäume jagen. Über das eigene Monkey Mind nachdenken.

»Erkenntnisse sind wie wilde Tiere«, sagt mein Mönch. »Die trauen sich erst raus, wenn man ganz, ganz still sitzt.«

Ich übe das mit den ortsansässigen Streifenhörnchen so lange, bis es klappt.

Nach elf Tagen in dieser Routine fühlen sich meine frommen Wünsche – frei zu sein von Rachegefühlen, Wut, Angst und Leid – zumindest ein gutes Stück greifbarer an. Ich falle Isabelle wieder in die Arme, und wir erleben hier endlich das pittoreske Reiseträumchen, das uns in Myanmar verwehrt geblieben ist.

Sri Lanka ist genauso groß wie Bayern, sieht aber an jeder Ecke anders aus. Und überall wie eine National-Geographic-Fotostrecke.

Wir lassen unsere Flipflopfüße aus offenen Zügen baumeln, schäkern mit Tuk-Tuk-Fahrern und ihren Cousins, stecken uns Orchideen ins Haar und posten Selfies. *You can take the girls out of Asia, but you can't take Asia out of the girls*. Like Like Like Like Like.

Am Strand von Mirissa hängen wir tagelang faul in der Sonne rum.

Das Leben ist echt zu kurz, um nicht dem eigenen Lustprinzip zu folgen. Lustprinzip – eigentlich ein ganz geiles Wort, müsste man mal was mit machen, finde ich und krakle es bei einem Mango-Büffelquark-Shake in mein Notizbuch.

Es ist eine Frage, die so basic klingt, dass ich die letzten Monate komplett vergessen habe, richtig über sie nachzudenken: Worauf habe ich denn eigentlich *Lust*? Also so wirklich Lust, ohne das übliche Wenn und Aber?

Wir können alles schaffen, genau wie die tollen dressierten Affen, wir müssen nur wollen. Genauso wie Judith Holofernes das singt, bin ich mir die vergangenen Monate vorgekommen: Wie ein dressierter Affe mit rasierten Armen, den man in ein Versace-Kleid gesteckt hat. Von der Ferne aus überzeugend genug, aber bei genauerem Hinsehen dann doch grotesk.

Mir wird zum ersten Mal richtig bewusst, wie profund mir bei MIMOSA die Lust aufs Schreiben vergangen ist.

Das versteht man so nicht. Das kannst du nicht bringen. Da meckert die Anzeigenabteilung. Kriegen wir so sicher nicht durch die MaFo. Nachdem mir jahrelang an der Uni eingetrichtert worden war, wie wichtig

Ethik und Haltung im Journalismus doch sind, wurden sie mir hier bei der erstbesten Gelegenheit abdressiert.

Worauf ich jetzt Lust habe, weiß ich noch nicht.

Aber ich weiß, was ich sicher nicht mehr will: manikürt durch Reifen springen und Männchen machen. Da bin ich doch lieber wieder ein behaartes wildes Tier. Mit genug MIMOSA-Blutgeld auf der hohen Kante, um meinem Fell noch ein Weilchen beim Wiedernachwachsen zusehen zu können.

Während Isabelle knatschig in den Flieger zurück nach München zu ihrem hippen Marketingjob steigt, nehme ich die Overnight Thai Airways nach Bangkok.

Bangkok geht wirklich immer. Seit ich hier vor zwei Jahren nach meiner traumatischen Trennung zum ersten Mal aufgeschlagen bin, bin ich wieder und wieder hergekommen.

Bangkok ist wie eine angesoffene Teenagergöre in viel zu hohen Plastik-High-Heels, mit verschmiertem Lippenstift und dem dreckigsten Lachen überhaupt, so dass einem wirklich nichts anderes übrig bleibt, als einfach mitzulachen.

Als ich mich unter ohrenbetäubendem Vogelgezwitscher gemeinsam mit den anderthalb Meter langen, trägen Riesenwaranen in der Morgensonne des Lumbini Parks räkle, finde ich nichts, aber auch wirklich *gar nichts* an dieser Welt mehr verkehrt.

Schnell verfalle ich in meine klassische Bangkok-Routine: Morgens bei Pineapple Pancake die Bangkok Post studieren, mittags mit Kokosnuss am Pool abhängen, nach Sonnenuntergang über Straßenmärkte spazieren oder in arktisch klimatisierten Luxuskinos Käsepopcorn inhalieren.

Nach ein paar Tagen aber lässt sich die Oberlehrertantenstimme in meinem Kopf nicht mal mehr mit krachlautem K-Pop übertönen: *Was würdest du denn jetzt eigentlich gern als Nächstes so von Beruf machen, Theresa? Eine Festanstellung vielleicht, damit du endlich auch mal weißt, wo du hingehörst?* Puh, Moment, lass mich kurz darüber nachdenken. How about ... nö.

Aber die Stimme sorgt immerhin dafür, dass ich zum ersten Mal seit Wochen wieder das MacBook aufklappe und eine höfliche E-Mail in Richtung Schweiz entsende. Als Antwort erhalte ich postwendend ein PDF. Die Philippinen? Warum halt auch eigentlich nicht.

Trust your intuition and the universe will guide you.

INSCHRIFT AUF EINER ZUCKERPACKUNG IN EINEM BANGKOKER COFFEESHOP

DIE TEUERSTE NUDELSUPPE DER WELT

Vielleicht liegt's an mir.

Vielleicht habe ich ja einfach eine Art Intoleranz gegenüber Orten mit M: Nach Myanmar und München steht auch Manila von vorneherein unter keinem besonders guten Stern. Schon im Jahr zuvor hatte ich geplant, von Mandalay Richtung Philippinen weiterzureisen, als plötzlich sehr viel anderes Leben mit Krankenhaus-E-Mails dazwischenkam.

Mein Bauchgefühl ist erinnerungsbedingt also eher so lala. Aber man soll ja unvoreingenommen bleiben. Auch wenn meine Reiseführermission diesmal deutlich morbider ist als sonst. Während ich im Jahr zuvor von Mandalay nach München anstatt nach Manila geflogen bin, um bei meiner Familie zu sein, wurden die Philippinen von Hayan plattgemacht. Supertaifun Stärke fünf, mehr als sechstausend Tote, ganze Landstriche komplett zerstört. Statt des üblichen »Gibt's dieses Internetcafé da noch?« heißt mein Auftrag dieses Mal: »Was wurde denn eigentlich aus dieser Inselgruppe?«

Die Fähigkeit der Filipinos, Umstürze, Naturkatastrophen und wirtschaftliche Härtezeiten zu überstehen, wird mitunter auf die typisch philippinische Lebenseinstellung zurückgeführt, die sich im Sprichwort bahala na, *übersetzt »Es kommt, wie es kommt«, widerspiegelt. Im Zentrum dieser Einstellung steht die Überzeugung, dass man auch aus üblen Dingen das Beste machen und das Leben, das man hat, so genießen sollte, wie es kommt,* textet meine Reiseführer-Korrekturfahne dazu.

»May we remind you to enjoy your time on board with us today«, zwitschert altklug die Air-Philippines-Chefstewardess, während ihre Kollegin die Filipino-FAZ austeilt.

Ich friemle gerade meine iPodstöpsel wieder ins Ohr, um ihre Sicherheitsanweisungen erfolgreich ignorieren zu können, als mein Blick auf die Titelschlagzeile fällt. *BIG TYPHOON HEADING OUR WAY.* Wieder Stärke fünf. *Is this the next Hayan?* Puh.

Aber, hey: bahala na, es kommt, wie es kommt.

Mit »Hiiiiii, Mom!« fällt meine Freundin Trang mir am Flughafen in die Arme. Wann genau das angefangen hat, dass sie mich als ihre Mama bezeichnet, weiß keiner mehr so genau. Das Saigoner Büro hat uns zusammengeschweißt. Deswegen nehme ich es ihr auch nicht übel, dass sie mich »Big Mom« nennt – mit ihren nicht mal eins fünfzig geht sie mir schließlich wirklich nur knapp bis zur Unterbrustkante.

Trang datet inzwischen David, meinen deutschen Digitalnomadenkumpel, der sie – hoffentlich solide reiseversichert – mit nach Manila genommen hat.

»Und, wie gefällt's euch hier?«, frage ich sie im Taxi.

Ach, sagen sie, geht so. Ziemlich gefährlich. Drogen. Nutten. Gewalt. Man höre so Geschichten. Von Taxifahrern, die ihre Fahrgäste mit Gas betäuben und dann ausrauben und vergewaltigen und auf der Müllkippe ausladen.

Vor unserem Taxifenster wird gerade die Weihnachtsdekoration von den Palmen genommen, die Äste werden abgeschnitten, die Fensterfront eines SevenEleven mit Brettern zugenagelt. »Wegen des Taifuns!«, nickt Trang. Schon jetzt werden die ersten Inlandsflüge gecancelt. Auf der Taifunvorhersage-Facebookpage postet man fleißig Gebete.

»Wanna go get some food, mom?« Klar, was gibt's denn? Trang seufzt. »Rice and Chicken.« Oder auch: Chicken and Rice.

»Neulich beim Vietnamesen hat sie fast zu weinen angefangen vor Heimweh«, raunt David mir zu. Darauf jetzt also erst mal ein frittiertes Hühnerbein.

Manila ist schnell abspaziert.

Ein versmogter, erzkatholischer Moloch, der sich wesentlich mehr wie Lateinamerika als Südostasien anfühlt. Überall Polizeisirenen und Pappaufsteller des frisch gekürten Papst Franziskus. Vor den Kirchen bettelnde Kinder auf Krückstöcken, die mich um »Money for Christmas« anschnorren und Sekunden später wundergeheilt und quietschvergnügt über die Straße hopsen. *Be more like Jesus* steht als Motivationsspruch über dem Spiegel einer öffentlichen Toilette. Das Motto der Weihnachtsdekoration in der Mall ist »Christmas at the Vatican«. Sich mit Santa Claus, der Schweizer Garde und ein paar Weihnachtsengeln, die eher nach Victoria's Secret als nach Sixtinischer Kapelle aussehen, im geliehenen Winter-Anorak vor einer Petersdom-Fototapete fotografieren lassen: ab einem Einkaufswert von tausend Pesos gratis.

Genau wie Trang bekomme ich schnell heftiges Heimweh nach Saigons schwitziger Umarmung und einer Riesenschüssel Pho mit Limette.

Die kafkaeske Philippine-Airlines-Hotline interessiert das ebenso wenig wie die höhere Gewalt dieses Taifuns, der in drei Tagen das Festland erreichen soll. Also beschließe ich kurzerhand, auf das Rückflugticket nach Bangkok zu scheißen, und buche einen neuen Flug nach Saigon. Allerdings habe ich nicht damit gerechnet, dass da gerade Feiertag ist, also das Konsulat für mein Visum geschlossen hat. Ich muss also tricksen. Super-Urgent-Express-Visum? In Asien kann Geld ja wirklich alles regeln.

Zweihundertfünfundsechzig Dollar »Airport Fee« für einen Service, der mit normaler Vorlaufzeit um die dreißig Dollar kostet. Deutlich mehr als ein vietnamesischer Durchschnittsmonatslohn. Genug, damit der Beamte am Immigrations Counter meinen mies gephotoshoppten *Visa on Arrival Letter* schluckt und mir den verdammten Stempel in den Pass drückt. Hoffentlich.

The heart wants what the heart wants: die teuerste Nudelsuppe der Welt.

Am Flughafen Manila ist es gespenstisch still, Ruhe vor dem Sturm, literally.

Ich schwitze trotz Klimaanlage und versuche mich in der Schlange vorm Abflugschalter absichtlich unauffällig zu verhalten. Die Frau neben mir scheint das zu riechen und fragt mich, ob ich ein Paket für sie mitnehmen könnte. Zwei Kilo »Excess Luggage«, ich hätte doch eh nur so einen kleinen Rucksack. Echt jetzt?

Ich bin fast gerührt davon, dass es diesen urbanen Drogenschmuggelmythos, vor dem ich seit meiner ersten Sprachreise mit fünfzehn gewarnt werde, wirklich gibt. Normalerweise würde ich die Frau jetzt laut auslachen und dann dem Sicherheitspersonal melden, aber ich muss mich ja gerade selbst unauffällig verhalten. »May I see your invitation letter?«, fragt mich die Bodenstewardess.

Ich befehle meinen Händen, nicht zu zittern, als ich ihr das papierne Photoshop-Desaster überreiche. Mein dritter Vorname ist falsch geschrieben. Sie liest sich das Ganze sehr ausführlich durch. Ich versuche, möglichst unauffällig tief einzuatmen und mich heimlich am Schalter festzuhalten. Während mir langsam schon leicht schwarz vor Augen wird, kommt eine Sicherheitsdurchsage: Der Flug nach Ghangzhou, der zehn Minuten nach meinem rausgehen soll, wurde gerade gecancelt. Die chinesische Großfamilie hinter mir rastet komplett aus. Man winkt mich durch, damit ich beim Deeskalieren nicht im Weg bin.

So schnell bin ich noch nie eine Gangway hinuntergewetzt.

Am windigen Rollfeld steht der Flieger dann noch eine Dreiviertelstunde doof rum und hebt erst ab, als auch ich kurz davor bin, den Herrn Jesus um Erbarmen zu bitten.

In Saigon nimmt mich ein gelangweilter Dude mit spitzen Schuhen in Empfang, wedelt mich mit »Wait here« barsch auf die am weitesten vom Schalter entfernte Bank und unterhält sich lange mit dem Einreisebeamten. Ich fixiere einen unbestimmten Punkt in der Ferne und atme, bis er mir schließlich meinen Pass wiedergibt. Sieht aus wie ein

Visum, ist ein Visum! »Xin Chao!«, schmettere ich dem Immigrations-Officer begeistert entgegen. Indigniertes Stempelknallen, tschüssi. Noch nie sah die sozialistischbeige Ankunftshalle des Than Son Nhat International Airport so schön aus wie jetzt.

Saigon umarmt mich, so wie immer.

»You change hair«, kommentiert ungerührt die Kellnerin meines Lieblingscafés, als wäre es keine anderthalb Jahre her, dass wir uns das letzte Mal gesehen haben, sondern erst drei Tage. Avocado Toast, Poached Eggs, Iced Coffee, Milk Pomelo Smoothie, no Sugar please, alles wie immer.

L'Usine ist nicht nur mein Lieblingscafé, sondern auch das von Tim. Tim ist ein Freund von David und, wie ich erst sehr viel später feststelle, der Gründer der Digitalnomaden-Facebookgruppe, in der ich gelernt habe, wie das mit dem Auslandskrankenversichern geht. Außerdem erklärt Tim berufsmäßig Leuten, wie man ortsunabhängig arbeiten kann, indem man sein Geld im Internet verdient.

Und es braucht genau drei Schluck geeisten Ca Phe, bis er auch mich an seinem Wissen teilhaben lässt.

Als Journalistin hat es mir nie eingeleuchtet, warum ich bloggen und damit meine Arbeit quasi umsonst hergeben sollte. Wäre ja schön blöd! Blogger, das sind die, auf die wir in den Redaktionen so ein bisschen herablächeln. Die, von deren Inhalten wir uns großzügig inspirieren lassen, ohne dafür extra zahlen zu müssen. Keine Ahnung, warum die das eigentlich machen – Geltungsbedürfnis? Kein richtiger Job?

Das Schimpfwort »Influencer« hat es zu diesem Zeitpunkt – Ende 2014 – längst noch nicht in den deutschen Sprachgebrauch geschafft. Instagram ist das, womit man seine Blumen- und Sonnenuntergangsfotos bunter machen kann, und auf Facebook spielen wir *Welche Pizza entspricht deiner Persönlichkeit*-Quiz.

Nabelschau und Zeitvertreib, kein Business. Bis Tim mich aufklärt.

»Hast du schon mal bei Reisebloggern diese Packlisten gesehen? Da steckt echt Kohle drin.« Affiliatelinks. Empfehlungsmarketing. Wenn ich beispielsweise den Rucksack aus der Reiseblogger-Packliste anklicke, schickt mich ein speziell generierter Link zu Amazon, von dem der Blogger wiederum Provision bekommt, wenn ich den Rucksack auf seine Empfehlung hin kaufe.

Schlaue Reiseblogger sind gut im Suchmaschinenoptimieren. Das heißt, dass, wenn ich als verplanter Tourist *Packliste Südostasien* google und der Blogartikel von Reiseblogger XY ganz oben im Ranking auftaucht, die Wahrscheinlichkeit groß ist, dass ich meinen Rucksack auf seine Empfehlung hin kaufe. Und mein schnell trocknendes Mikrofaserhandtuch. Und meine Wanderschuhe. Und meine Klappzahnbürste. Und den ganzen anderen unnützen Shit, den man nur für essenziell hält, wenn man noch nie wirklich länger unterwegs war.

Was der schlaue Reiseblogger außerdem für mich bereithält, ist ein selbst geschriebenes E-Book. *Die 10 besten Tipps für Südostasien*, *Backpacken für Anfänger*, you name it. Diese E-Books kosten im Normalfall wenige Euro, sind mit ein paar Klicks auf Amazon hochgeladen, man braucht keinen Verlag und kassiert den Gewinn komplett selbst. Das läppert sich schnell, sagt Tim.

Passives Einkommen, die heilige Kuh eines jeden digitalen Nomaden, heraufbeschworen von einem anderen Tim – Tim Ferriss. Dessen Bestseller *The Four Hour Work Week* gilt in Digitalnomadenkreisen als Bibel und beschreibt auf höchst dubiosen amerikanischen Wegen, wie man nur noch vier Stunden pro Woche arbeiten muss, um die restliche Zeit mit sehr viel Selbstverbesserung – mehr dazu im Nachfolgewerk *The Four Hour Body* – verbringen zu können.

»Willst du nicht auch mal was Eigenes machen?«, fragt mich jetzt der deutsche Tim. Klingt fast ein bisschen Evelyn-Hamann-Loriot-mäßig.

»So einen richtig guten deutschen Sexblog gibt's irgendwie auch noch nicht«, werfe ich mal in den Raum.

Nachdem ich vier Jahre lang den Erotikmagazin-Blog bespielt habe, kenne ich die Szene gut genug, und die ist, gelinde gesagt, überschaubar. Außer PornHub gibt es gerade mal ein paar vereinzelte, krumm formulierte anonyme Sextagebücher à la *meingeheimessexydoppelleben.blogspot.com*, ein paar ebenso anonyme Toytester-Websites und ab und an kürzere Sexkolumnen, wenn ein Qualitätsmedium mal was wagen will, die dann aber immer schnell wieder eingestellt werden. Dazu natürlich die obligatorischen Frauenzeitschriften-Blowjobguides und ihre Männermagazin-Waschbrettbauch-Sexgott-Ratgeber-Pendants. Plus ein paar ultragruselige Datingcoaches.

Seit meinem Ausstieg beim Erotikmagazin vor gut zwei Jahren hat sich so gut wie nichts in der Szene getan. Alles, was ich selbst gerne lese, stammt aus dem englischsprachigen Raum.

»Sag mal, wie findest du eigentlich Lustprinzip, so als Name?«, frage ich Tim.

**Und es kam der Tag, da das Risiko,
in der Knospe zu verharren, schmerzlicher
wurde als das Risiko zu blühen.**
ANAÏS NIN

NAHOSTKONFLIKT

Alle glücklich Verliebten denken, sie hätten die Liebe erfunden.

Alle unglücklich Verliebten werden zu Detektiven, die minutiös Spuren und Beweise sichern, laut denen es irgendwie doch noch was werden könnte. Bis sie beschließen, es nicht mehr zu tun.

So wie ich jetzt, am südlichsten Punkt Europas, in Tarifa, im Frühling. Links Gibraltar und das Mittelmeer, rechts der Atlantik, vor mir Afrika. Ich hätte das nicht gedacht, aber man kann tatsächlich genau die Stelle sehen, an der die beiden Meere aufeinandertreffen. Unterschiedliche Blautöne, unterschiedliche Strömungen, sogar unterschiedlicher Salzgehalt. Ein Scheitelpunkt.

Auf meinem Bildschirm erscheint ein graues Häkchen. Dann zwei. Dann zwei blaue. Das grüne *schreibt ...*, minutenlang. *Schreibt* – Pause – *schreibt* – Pause.

Virtuelles Um-Worte-Ringen, wo es in Wirklichkeit doch einfach nichts Neues mehr zu sagen gibt. Also schreibe ich: *Wenn ich dich nicht umarmen kann, dann muss ich dich jetzt loslassen. Pass auf dich auf.*

Pause.

Schreibt nichts mehr.

And ... cut! In einer Produktion mit mehr Budget würde ich mein Samsung an dieser Stelle theatralisch ins Meer schmeißen, aber auf meinem Steuerzettel steht halt immer noch »Kleinunternehmerregelung«.

Also tippe ich stattdessen *Tapas, anyone?* in den *Tarifa Tribe*-Gruppenchat und sitze eine halbe Stunde später mit meinen Bromads beim Sundowner. Achtzehn Jungs auf drei Frauen, eine normale Digitalnomaden-Geschlechterquote im Jahr 2015, wo alle sehr oft »Mensch, toll, wie du dich das traust, so allein zu reisen als Frau« sagen. Meine Boys sagen das nicht, denn ich bin einer von ihnen. Sie sagen »Und, produktiv gewesen heute?«, so wie jeden Tag, und ich denke »Alter, du hast ja so was von keine Ahnung«.

Ich bin froh, hier zu sein, froh, noch mal davongekommen zu sein, froh, nicht mehr so viel reden zu müssen, und vor allem: nicht mehr so viel zu fühlen.

Sicher, dass du diese Person blockieren möchtest?

Ach komm, was ist denn schon jemals wirklich sicher in diesem Life.

Person blockiert. Es tut uns leid, dass du diese Erfahrung machen musstest.

Danke, Mark Zuckerberg, wenigstens einem tut's leid.

Meine Brudis sind in der Zwischenzeit beim echt deepen Thema »Morgenroutinen« angekommen. Meine Morgenroutine bestand die letzten Wochen aus: im Halbschlaf panisch am Handy nachschauen, ob ich vielleicht doch eine neue Nachricht von ihm bekommen habe. Weil das so gar nicht befriedigend war, habe ich sie wegrationalisiert und mache stattdessen morgens mein Bett.

Irgend so ein Lifestyleguru hat nämlich behauptet, dass der erste Schritt zur Weltveränderung darin besteht, morgens das eigene Bett zu machen, weil einem das angeblich sofort dieses geile Gefühl von Selbstwirksamkeit gibt. Whatever works.

»Macht ihr auch alle immer schön euer Bett?«, frage ich die Brudis. Alle lachen, Nein sagt keiner.

Wir haben uns hier in Tarifa zu einer *Workation* zusammengerottet, einem Hybrid aus Work und Vacation, überfallen im Pulk mit unseren MacBooks die Cafés dieser Stadt, teilen uns brüderlich WLAN und

Steckdosen und abends die andalusischen Tapas. Wir sind ein Haufen Nerds. Webentwickler, Grafiker, Onlinehändler, Marketingmenschen, ein Filmemacher, eine Dolmetscherin.

Alle gerade sozial integrierbar genug, dass wir es zumindest theoretisch in den Käffern aushalten würden, aus denen wir kommen. Nicht komplett unerfolgreich in dem, was wir jeweils so tun, aber getrieben von dem Gedanken, dass da doch noch mehr sein muss als Weihnachtsgeld und Reihenhaus. Ohne klar umreißen zu können, wie dieses »mehr« eigentlich genau auszusehen hat.

Aber das *9to5-slaven* kann's irgendwie nicht sein, das haben wir popkulturell mit der Muttermilch aufgesogen.

Meine Lieblingsfilme als Teenager waren *American Beauty* und *Fight Club*.

Männer, die eines Tages aufwachen und feststellen, dass heute der erste Tag vom Rest ihres Lebens ist. Dass das Leben, so wie es bisher war, einfach irgendwie hart nervt. Ich habe von ihnen gelernt, dass es okay ist, zu gehen, und dass es woanders viel besser sein kann. Oder man sich zumindest einen Sportwagen kaufen, von einem Cheerleader phantasieren oder eine terroristische Untergrundorganisation gründen kann.

Der Grundgedanke ist: Da geht noch was. Choose life halt, oder wie wir hier alle sagen: »Einfach mal machen!«

Diese kollektive Trial-and-Error-Wurschtigkeit ist genau das, was ich jetzt brauche. Vor allem, wenn sie mit Cold Pressed Juice und Meerblick kommt. Tarifa befriedigt sämtliche Digitalnomadenbedürfnisse: stabiles WLAN, gutes Wetter, geiles billiges Essen, Yoga/Crossfit/Kitesurfen, abends Mojitos mit der Crew. Mango Peaches and Lime, Sweet Life.

Ich arbeite am *Lvstprinzip*. Mit v statt u, weil Vulva, Vagina und weil natürlich Domain nicht mehr frei. Ein Stolperstein für jede*n einzelne*n Radiomoderator*in seitdem, das erst mal erklären und buchstabieren zu müssen.

Auch wenn mich dieses Stolpern oft nervt, steht es doch programmatisch für das, was das Lvstprinzip ausmachen soll: Es ist eben nicht immer alles einfach. Und das soll und muss es auch gar nicht sein. Menschen sind vielschichtig und kommen nicht mit Bedienungsanleitung, ihre Ecken und Kanten zu feiern ist viel interessanter als zu versuchen, sie glatt zu bügeln.

Dass das sowieso nicht klappt, habe ich ja bei MIMOSA gemerkt. Blowjobratgeberfreie Zone: Anstatt mich in eine Schublade quetschen zu lassen, zimmere ich lieber eine eigene. Und die soll richtig gut aussehen.

»Denk an weiße Hotelzimmerbettlaken!«, briefe ich meine Grafikdesignerin Laura. Es muss eine Seite sein, die man auch im Büro geöffnet haben kann, ohne zusammenzuzucken, wenn jemand an einem vorbeigeht. Bitte schön unpeinlich und normal.

Ich habe keinen besonders ausgeklügelten Businessplan für das, was ich da tue, nur dieses Bauchgefühl, dass es wichtig ist, es zu tun. Weil es das ist, was mir selbst fehlt. Und das, was ich gerade am interessantesten finde.

Ich denke mir, dass es praktisch wäre, wenn es meine sämtlichen Texte an einem Ort gäbe. So eine Art Internet-Visitenkarte. Ich habe noch nie eingesehen, warum ich über Sex unter Pseudonym schreiben sollte. Es würde für mich und mein Verständnis davon, dass Sex etwas sehr normales, alltägliches, teilweise banales und hoffentlich oft sehr Schönes ist, tatsächlich einfach überhaupt keinen Sinn ergeben.

Lvstprinzip soll der Ort werden, an dem Sexualität so sein kann, wie sie ist. Frei von moralischer Konvention, pseudospiritueller Überhöhung, unrealistischen Pornostandards, boulevardesker Ausbeutung, absurden Körperbildern, realitätsfremden Ratschlägen.

»Wo bleibt denn da der Servicecharakter?«, hieß es bei MIMOSA in der Themenkonferenz, wenn ich eine Geschichte erzählen wollte. So wurde aus *Ich hatte irgendwie komischen Sex* ganz schnell *10 Sexgöttinnen-Tricks, mit denen Sie IHN um den Verstand bringen*. Und von denen waren dann halt meistens mindestens siebeneinhalb Bullshit.

Ich behaupte nämlich jetzt einfach mal: Jemandem einen Blowjob mit einer Handvoll gefrorener Weintrauben im Mund zu geben, hat noch keine einzige eingeschlafene Beziehung jemals gerettet. Außer vielleicht, weil man dabei einen gemeinsamen Lachanfall bekommt oder sich einer dabei verschluckt und stirbt.

Ich will realistischere Geschichten erzählen.

Über die Awkwardness, über Trial and Error, darüber, wie man etwas in sich selbst findet, von dem man keine Ahnung hatte. Ich glaube nämlich, diese Geschichten einfach zu erzählen, ohne sie bewerten oder optimieren zu müssen, das ist in Wirklichkeit der wahre Servicecharakter: Zu sich und dem eigenen Blödsinn zu stehen, den eigenen Bedürfnissen und Unsicherheiten.

Und dabei festzustellen, dass es fast immer jemanden gibt, dem es genauso geht. The Magic of the Internet: Zusammen ist man weniger allein.

Wenn aus Unsicherheit Ehrlichkeit wird und aus Ehrlichkeit Intimität.

Von ihm bekomme ich alles davon: Unsicherheit, Ehrlichkeit, Intimität. Vor allem aber die Unsicherheit.

Es fing – drei Monate vor Tarifa – so an wie die meisten meiner Tinder-Dates: egal. Er: bisschen öko halt, aber echt breite Schultern. Und natürlich überzeugt mich die Zahl in der Tagline: 1,96 cm. Herzchen. It's a match!

Wir verabreden uns sehr spontan, und ich finde ihn sofort hot, auf so eine Bohemien-Räuber-Hotzenplotz-Art-und-Weise. Ecken, Kanten. Hi.

Ich setze mich zu ihm auf die Bank, wir beide einander gegenüber im Schneidersitz, verstohlenes Lächeln darüber, dass wir dieselben Sneakers tragen. Es ist vom ersten Moment an alles komplett selbstverständlich zwischen uns.

»Ich hol dann den Nächsten, okay?«, sage ich und nippe an seinem Rotweinglas.

Haben Sie denn gut hergefunden?, fragt mein Herz. Es rastet einfach irgendwas ein, und es ist, was es ist, und zwar sofort.

»Du bist aber nicht von hier, oder?«, frage ich.

»Wieso, weil ich nicht ausseh, als würd ich Lederhosen tragen?«

Seine Entrüstung ist gut gespielt.

»Nö, weil ich sonst schon vor zehn Jahren versucht hätte, dich auf 'ner Party abzuschleppen.«

Er erzählt mit der Routine eines Menschen mit Migrationshintergrund von seinem Migrationshintergrund, vom Überall-halb-Sein, halb von hier, halb von da. Nie irgendwo richtig und ganz.

»Es war dreckig, aber es war mein Dreck«, sagt er über das Da, in der knappen Poesie von jemandem, der trilingual aufgewachsen ist. Perfektes Deutsch mit ein paar staksigen Formulierungen und Schattierungen mittendrin.

Ich erzähle von meinem Lieblingsdreck Saigon, davon, wie ich gerade Dokumentenfälschung begangen habe, um ihn wiederzusehen, vom Weihnachtsvatikan in Manila und von zerstörten Inselgruppen. Er fängt meine gestikulierenden Hände in der Luft ein, zieht mich an ihnen zu sich heran und küsst mich, mitten im Satz, und ich falle. Ich falle in diesen Kuss, Zweigelt und Bleu de Chanel, mittenrein in seine schöne, viel zu komplizierte Welt.

Der Ausdruck »falling in love« war mir immer merkwürdig passiv vorgekommen, aber jetzt verstehe ich ihn auf einmal, denn ich habe noch genau so viel freien Willen wie eine Babykatze, die man im Nackenfell packt.

Was er natürlich tut, intuitiv, ohne jeglichen Zweifel, während ich den Schneidersitz entknote und meine Beine um ihn rumwickle, weil alles andere ja auch wirklich absurd wäre, jetzt, wo wir uns schon über eine halbe Stunde lang kennen und ganz offensichtlich unser komplettes Leben auf genau diesen Moment gewartet haben. Der Griff, mit dem er mich packt, ist einfach so: keine weiteren Fragen. Dieser Griff steht auf Wikipedia unter *Was Frauen wollen*, illustriert mit einem Groschenromancover. Ungestüm, impulsiv, unausweichlich. Mein

Körper vertraut seinem Körper intuitiv und sofort. Auch das ist mir neu.

Ab diesem Zeitpunkt gilt für uns: einfach mal machen. Und vor allem auch: sehr viel rummachen. Wir sind offiziell die beiden einzigen Menschen auf diesem Planeten, und noch dazu die schönsten, und das muss gefeiert werden, weil: so jung kommen wir nicht mehr zusammen.

Gäbe es einen Reiseführer für meine Heimatstadt, müsste ich jetzt ein paar neue Sehenswürdigkeiten hineinkorrigieren. Sehen Sie nun zu Ihrer Linken ein Loch in der Hecke, da hatte er mich reingeworfen und niedergeknutscht, dass die so leicht nachgibt, hätte ja auch keiner ahnen können.

Das hier ist der historische Bahnhofs-McDonald's, in dem sich das junge Glück vor einer Pegida-Demonstration stärkte. Hier zeigten sie besorgten Bürgern, warum anständige deutsche Frauen mit Ausländern durchbrennen: leider halt einfach echt wirklich mal wesentlich besser im Bett. In diesem vietnamesischen Restaurant erklärte sie ihm ihre Welt, auf diesem Sofa fing er an, von Kindern zu reden, sehen Sie hier: der Bordstein, an dem er außen ging. Wie an jedem Bordstein, immer, überall.

»Das hat noch nie eine Frau mit mir gemacht«, sagt er über diesen Sex, bei dem wir beide neue Farben sehen, weil man eben auch nur fällt, wenn man sich fallenlassen kann.

Bis er den Satz sagt.

Den einen Scheißstandardsatz, der uns schlagartig zurück in die Vorabendserien-Langweilerwelt katapultiert: »Ich will dir nicht wehtun.«

Jeder, der diesen Satz schon mal gehört hat, weiß: Ganz egal was jetzt kommt, es wird so was von hundertprozentig wehtun.

Und bitte: »Ich bin noch nicht über meine Ex hinweg. Du bist toll, und ich genieß jede Sekunde mit dir, aber ich kann mich gerade echt auf noch nix einlassen.«

Klirr.

Falling feels like flying until you hit the ground.

Das gute Riedel-Glas zerdeppert und die Scherben im Hals stecken geblieben. Schnell einen Schluck Riesling gegen das Kratzen, das da die Nebenhöhlen hochkriecht.

»Ich bin halt einfach so ein Hundertprozenttyp«, sagt er. »Und gerade kann ich einfach noch keine hundert Prozent geben, dafür ist die Wunde noch zu frisch. Ich will dir nur nicht wehtun.«

Okay. Lieber erst mal noch einen Schluck. Komisch, auf einmal ist da doch wieder eine Kneipe mit anderen Menschen um uns herum.

»Und jetzt?« Wilde Verzweiflung in seinem Blick. »Keine Ahnung, du bist so toll, und ich will nicht, dass das aufhört zwischen uns.«

Ja, das kann wirklich keiner wollen, der halbwegs bei Trost ist.

Neurotiker wittern einander, hat Schnitzler gesagt.

Das ist auch die einzig rationale Erklärung dafür, warum dieser Korb uns einander jetzt näherbringt, anstatt das zu tun, was Körbe normalerweise tun sollten, nämlich dafür sorgen, dass man seine Selbstachtung vom Kneipenboden aufkratzt und dann einfach schnell schreiend wegrennt.

Das, was hier gerade passiert, ist das emotionale Pendant zu *Hiermit erkenne ich die Nutzungsbedingungen von Facebook nicht an* auf Facebook zu posten und es dann trotzdem weiter zu nutzen. Und ich like den Schwachsinn auch noch.

Mit dem nächsten Kuss unterzeichne ich seine emotionale Reiserücktrittsversicherung.

Wenigstens unsere Körper wissen, was zu tun ist, reflexhaft. Mein Daumen an seiner Unterlippe, sein Bart kratzt in meiner Schlüsselbeinkuhle, Hände in Haaren, warum haben wir eigentlich Pullis an, ach ja, Winter, komm, schnell heim.

Tausche Stolz gegen Intimität. Mit dem Anklicken dieses Häkchens bestätige ich, die AGB gelesen zu haben. Als ob.

Danach nuschelt er etwas auf Arabisch in mein Ohr. Was das heißt? »Allah hat dich mir gefaxt.« Postkoitale Lachanfälle, beste Lachanfälle.

»Ich weiß das ja eigentlich. Dass du die Frau bist, die ich heiraten und mit der ich Kinder machen will«, sagt er.

Halt nur nicht jetzt. Schon klar, hab's verstanden.

Er redet von Paris im Sommer: »Komm doch mit.«

Als ich dann frage, wann wir uns wiedersehen, rudert er dagegen ganz schnell zurück. Puh, also das hinge von so vielen verschiedenen Faktoren ab, da müssten wir echt erst mal schauen. »Bist du jetzt grantig?«, fragt er noch.

Ein ungewöhnlich bairischer Ausdruck für sein Sprachenmosaik. Und einer, auf den man – wenn man sich keine Blöße geben und vor allem nicht uncool wirken will – nichts anderes sagen kann als: Na ja. Nö. Aber.

Grantig, nö, grantig nicht. Unsicher, aufgewühlt, total kirre schon eher.

Ein bisschen wie das Gif, das meine Grafikdesignerin Laura und ich uns ständig hin- und herschicken. Ein Otter, der von einer Zoowärterin Plastikbecher zugeworfen bekommt, die er routiniert ineinandersteckt. Bis sie die Reihenfolge variiert, nichts mehr passt und er sie vorwurfsvoll anschaut. Bildunterschrift: *What is this shit? Unstackable cups?*

Egal, in welche Richtung ich alles drehe und wende, ich bekomme die verschiedenen Teile einfach nicht richtig sortiert. Laura geht es ähnlich. Sie steckt im selben Film wie ich, nur mit argentinischer Zweitbesetzung. Laura und ich kennen uns nur über Facebook. Auch mit ihr ist – nur übers Schreiben – sofort irgendwas eingerastet, und wir sind sofort beste Freundinnen. Die zwei Fragezeichen, auf der Suche nach dem magischen Code, mit dem wir die mehr als diffusen Signale unserer Typen knacken können.

Wir nennen das Co-Loving und sollten das eigentlich demnächst mal patentieren lassen. Geteilt leidend schicken wir uns pseudowissenschaftlich fundierte Fachartikel, die der Facebook-Algorithmus für uns auftut, ein ausgezeichnetes Rabbit Hole für unsere diffusen Ängste: *10 signs he can't handle a deep woman. The real reason he's not texting you back. 10 reasons why he won't commit.*

SIEHST DU? SIEHST DU?, schreiben wir und füllen damit schwesterlich die Leere an den Tagen, an denen dreiundzwanzig Menschen unser Selfie gefällt, aber ihm nicht.

Patentieren lassen könnten wir uns auch die Namen, die wir unseren jeweiligen Problemen geben: Latino-Boy und der Nahostkonflikt.

Der flammt einfach ständig wieder auf und lässt mich nicht in Ruhe. Überschüttet mich abwechselnd mit Nachrichten, um sich dann wieder tagelang in beleidigtes Schweigen zu hüllen. Wirft mir exakt jedes Mal genau an dem Punkt, wenn ich mir »Fuck this shit« denke, doch wieder einen Knochen hin. Und sorgt so dafür, dass sich jede unserer Begegnungen wahnsinnig schicksalhaft und intensiv anfühlt.

Warum müssen Bekloppte eigentlich immer so viel besser im Bett sein?, schreibe ich Laura. Schulterzuck-Gif.

Natürlich funktioniert dieses beknackte Tänzchen nur, weil wir beide in sämtliche Richtungen mittanzen. Das Ringen um jeden Quadratzentimeter Nähe, die große Offenbarung, das Zurückrudern, das Wegschubsen, das dann Wiederankommen.

Auch mein Berufsleben ist gerade mal wieder eher kafkaesk. Um meine durch den verkackten Philippinentrip empfindlich dezimierte Reisekasse aufzubessern, habe ich einen Texterjob für eine Digitalagentur angenommen. Beschreibungstexte für die neue Website eines Kosmetikherstellers, der so groß ist, dass jede*r von uns mindestens drei Produkte von ihm zu Hause rumstehen hat. Servicecharakter hoch zehn also. Und, was noch schlimmer ist, suchmaschinenoptimiert.

Google essen Seele auf. Wer sich schon mal über krude, repetitiv geschriebene Internet-Texte gewundert hat, in denen ständig dieselben Überschriften vorkommen: das Zauberwort heißt SEO. Search Engine Optimization.

Für jedes Problem eine Lösung und für jeden pickeligen Teenager, der in sein Suchfeld *Fettige Haut T-Zone* eingibt, einen von mir minutiös komponierten Text, in dem genau dieser Suchbegriff, also das Keyword, möglichst häufig vorkommt. Und natürlich auch gleich die entsprechenden Produkte, die seinem Leid ein Ende bereiten können. Umso höher die Keyworddichte in meinem Text ist, umso weiter oben rankt die Website dann später in den Suchmaschinenanfragen.

Das liest sich dann ungefähr so: *Schon mal fettige Haut in der T-Zone gehabt? Fettige Haut T-Zone: Das kannst du tun! Fettige Haut in der T-Zone betrifft im Lauf ihres Lebens rund 56% aller Deutschen. Solltest du einer der Menschen sein, dessen T-Zone unter fettiger Haut leidet, findest du hier alle Tipps rund um das Problem fettige Haut T-Zone.*

Schreiben für die Suchmaschine ist eine eigene Kunstform. Ich entwickle eine Art perverses Vergnügen daran, sie zu beherrschen, auch wenn mein Hirn jeden Abend kommentarlos zu Brei zerfällt. Das, was ich hier produziere, ist kein Text. Das ist CONTENT, richtig dreckiger Content.

Glaube, langsam verstehe ich, warum Werbemenschen immer so viel koksen müssen, schreibe ich Laura.

Und ich bemerke in der S-Bahn, wie sich meine selektive Wahrnehmung ändert. Wenn ich über Sex schreibe, sehe ich überall Gelüste und Phantasien. Jetzt sind es Hautunreinheiten. Fettige Haut Stirn, fettige Haut Kinn, Mitesser T-Zone, Pigmentflecken Gesicht, Ekzem Nase. Mein Hirn keywordet munter weiter vor sich hin, während ich selbst vor lauter Stress Ausschlag bekomme.

»Komm mir nicht zu nah«, schreit meine Haut, und der Rest ruft: »Doch, bitte, tu's endlich!« Als ich bei Nahostkonflikt auf der Couch rumhänge, plingt eine E-Mail von einer Headhunterin auf. Ob ich an einem Job in Düsseldorf interessiert wäre, der Kunde sei ein sehr renommierter Kosmetikkonzern, gerne telefonisch weitere Details. »Düsseldorf«, sagt er, »wie cool. Komm ich dich besuchen. Gibt gutes Sushi da.« Sushi und meinen besten Freund, der da wohnt. Und potenziell eine ganze Menge Kohle. Challenge accepted.

Ich bullshitte mich erfolgreich durch mehrere Interviewrunden, diskrete persönliche Kennenlernen im Bayerischen Hof, hochgekrempelte Hemdblusenärmel, verbindlicher Händedruck, tolle Kontakte in der Medienbranche, *na klar, mit Ihrem Background …*

Es geht wieder nicht darum, dass ich Lust darauf habe, sondern um das perverse Vergnügen, es halt einfach zu können. Zumindest die nächsten ein, zwei Jahre, bis ich mich mit sehr viel dreckigem Schminkegeld auf eine einsame kleine Insel absetzen kann.

Warum also nicht mal zur Abwechslung gediegen ein bisschen vom Geld ficken lassen? Zu viele schwarze Designerklamotten shoppen, eine zu große Wohnung haben, Freitagabend Gästeliste, samstags auf den Wochenmarkt, Sonntag Kino.

Ein potenziell ziemlich okay klingendes Leben – zumindest so lange, bis ich weiß, was das mit diesem Typen ist, der ja schon irgendwie signalisiert, dass er es deutlich besser fände, wenn ich mal an einem konkreten Ort wäre, anstatt die ganze Zeit so wenig greifbar durch die Weltgeschichte zu gurken.

Ich warte in diesem Monat eigentlich konsequent fast die ganze Zeit auf irgendwas: einen Rückruf von meiner Headhunterin, eine Nachricht vom Nahostkonflikt, einen neuen Website-Designentwurf von Laura, Feedback auf meine Hautproblemtexte.

»Trauen Sie sich diesen Job denn auch zu?«, fragt mich die Personalerin schließlich im Gespräch mit meiner potenziellen neuen Chefin.

»Ich mach ihn doch schon die ganze Zeit«, gebe ich smooth zurück.

»Würden Sie ihre journalistische Karriere denn dafür ad acta legen?«, will sie wissen, »Für diesen Betrag will Sie der Kunde schon ganz.«

»Na ja, ich gründe da gerade diesen Blog, aber das ist ja so weit mein Privatvergnügen, das Ihnen eigentlich auch nur zugutekommen wird. Mehr Kontakt in die Bloggerszene, das ist ja für Kooperationen auch wertvoll. Ich muss sowieso erst mal schauen, wie sich das weiterentwickelt.«

some people
when they hear
your story.
contract.
others
upon hearing
your story.
expand.
and
this is how
you
know.

NAYYIRAH WAHEED

MATCH POINT

Und dann ist da dieser Moment, in dem der Ball in beide Richtungen kippen kann. Nur dass ich gerade null sicher bin, welche davon überhaupt für »Gewinnen« steht. Jeder selbstständig arbeitende Mensch, mit dem ich je geredet habe, hat so einen Plan-B-Lebensentwurf in der Hinterhand.

Diese eine stinklangweilige Festanstellung, an die man on a rainy day denkt, wenn wieder mal die Quartalsabrechnung ansteht und das Quartal eher mies war. »Wenn ich den Scheiß hauptberuflich mache, muss ich in meiner Freizeit im Tierheim aushelfen gehen oder so«, sage ich zu meiner Mutter.

Am nächsten Tag ruft mich die Headhunterin zurück. Sie berichtet, man sei begeistert von mir gewesen, aber die Personalerin habe auch ihre Bedenken geäußert, dass ich doch noch zu viele eigene Interessen neben dem Job habe. »Nicht, dass Sie das jetzt ein Jahr machen und uns dann wieder abspringen.« Ähm, ups, ertappt? Ich bin selbst ein bisschen überrascht davon, wie erleichtert ich bin, dass sich das auf diese Weise erledigt.

Auch privat vergeht mir die Lust auf die Warteschleife auf einmal schlagartig.

In der nächsten Runde »Ich würd ja so gern, aber ich kann halt nicht« beschließe ich auszusteigen. *Ja, aber was willst du denn eigentlich?*, schreibe ich. *Es hat dich ja schließlich echt keiner zu irgendwas gezwungen. Das waren doch alles Entscheidungen. Ich hab das entschieden und du ja auch.*

Verantwortungsdiffusion ist keine Einbahnstraße, und jetzt, wo ich mich selbst nicht mehr ganz so willkürlich ins Universum geworfen fühle, regt mich auch sein Grundfatalismus plötzlich extrem auf.

Ich weiß nicht, was ich sagen soll. Ich weiß, dass ich nichts weiß.

Okay, Danke und Tschüss dann, räuspert sich jetzt doch endlich auch mal meine Selbstachtung aus dem Off.

Kannst dich ja melden, wenn du mal deine Eier wiedergefunden hast.

Schreibt ... Schreibt ... Schreibt ...

Ich habe keine Eier, ich habe nur ein Herz. Und das ist groß.

Screenshot. Senden.

ICH HABE KEINE EIER, ICH HABE NUR EIN HERZ, UND DAS IST GROSS, WHAT IS THIS SHIT? Unstackable Cups.

Mund abwischen, weitermachen. Nichts ist so produktiv wie Selbstunsicherheit. Wir haben hier schließlich einen Blog zu gründen!

Und in den stecke ich nun meine sämtliche frei gewordene Energie. Jetzt, wo der Ball Richtung Selbstständigkeitshustle gekippt ist, in Richtung meiner eigentlichen Werte, die weniger mit dekorativer Kosmetik, sondern mehr mit dem unter der Oberfläche zu tun haben, bin ich extrem motiviert, genau meins zu machen. Auch wenn mir das gleichzeitig wahnsinnig viel Respekt einflößt.

Es ist das erste Mal, dass ich niemanden dazwischengeschaltet habe. Kein anderes Medium, keine Zeitschrift, keinen Herausgeber, die mir dieses Gefühl der Validierung, der Seriosität und des Kuratiertseins geben könnten. Nicht »unsere Autorin«, sondern just me myself and I. Und das, was ich eben so über Sex und das Leben zu wissen meine – was, gemessen am durchschlagenden Erfolg meiner eigenen Intimbeziehungen, irgendwie auch ein kleines bisschen ironisch ist.

Ich finde das aber okay, weil ich im Gegensatz zu MIMOSA ja gar nicht den Anspruch an mich selbst stelle, es so wahnsinnig viel besser zu wissen als meine Leser*innen. Ich sehe mich null als Coach oder Guru, sondern als jemanden, der Geschichten erzählt. Augenhöhe und so. Fühlt sich für mich realer an als *10 Tricks für den ultimativen Blowjob*.

Nur nackt halt. Nackt in einem Raum voller angezogener Leute, ohne Souffleuse und Teleprompter, ohne Pseudonym, ohne Puffer. Es ist eine Mutprobe.

Karfreitag 2015 klicke ich auf *Blog veröffentlichen* und fange direkt an mich zu wundern. »Papa, schau mal, wer sind diese ganzen Leute?« Jedes Mal, wenn ich die Zickzackkurve von Google Analytics aufmache, von der ich bis vor einer Woche noch nicht wusste, dass es sie gibt, sind es wieder tausend Seitenaufrufe mehr.

Wo kommen die alle her? Sie schreiben *Wow, danke* und *endlich*. Es sind so viele, dass ich aus dem Kopfschütteln gar nicht mehr rauskomme.

Spätestens als ich meine Mutter beim Kaffeeklatsch mit ihren Oberstudienratsfreundinnen vor dem Laptop mit meiner geöffneten Website sehe, merke ich: Mein Plan geht auf. Keine Ahnung, was genau ich hier eigentlich mache, aber irgendwie scheint es echt gut zu funktionieren.

Nachdem ich bei MIMOSA monatelang »Das versteht unsere Leserin sonst nicht« gehört habe, verstehen mich auf einmal schlagartig eben doch ausgesprochen viele Leute. Hi, süße Genugtuung. Gibt es was Besseres, als sich nackt auszuziehen, und alle klatschen?

Hey, wollte dir nur gratulieren. Hoffe, es ist alles so geworden, wie du es dir vorgestellt hast.

Nahostkonflikte heißen eben so, weil sie einfach immer und immer wieder aufflammen.

Danke.

Zwei Schritte vor, einmal wegschubsen. Die Choreographie sitzt. Zweiter Schritt: *Können wir uns sehen? Ich muss dir was sagen.*

WARUUUUUUUUM!?, schreit meine Selbstachtung aus der Ecke, aber der Rest von mir ist natürlich neugierig genug, um *Äh, okay?* zurückzutippen.

Insanity is doing the same stuff over and over again expecting different results.

Bleu de Chanel und Unsicherheit. Aha, Manschettenknöpfe, sehr offiziell alles, ich auch, dunkelblaues Kleid, Dresscode-Memo mal wieder bekommen. Wir sehen beide viel zu förmlich aus für die ranzige Kneipe, in der wir sitzen.

»Es tut mir leid. Ich steh mir selbst im Weg.«

»Nicht nur dir.«

Schritt, Schritt. Schubs. Schritt.

»Das mit dir war so nah und intensiv, ich hab einfach Angst bekommen.«

No shit, Sherlock.

Und dann erzählt er. Steigt mit mir gemeinsam in den dreckigen Gerümpelkeller, wühlt in der dunkelsten Ecke nach den hässlichsten Monstern, zerrt sie, so wie sie sind, ans Tageslicht, auf den Kneipentisch und sagt: »Darum bin ich übrigens so, wie ich bin. Deal with it.«

Seine Erinnerungen are not mine to tell here, aber ihr Level an Grausamkeit übersteigt deutlich mein Vorstellungsvermögen davon, was ein Mensch meiner Meinung nach durchschnittlich so wegstecken kann oder können sollte.

Er weint beim Erzählen, Jahrzehnte später, einfach so, mitten in der Kneipe, und ich klettere instinktiv auf ihn drauf, beschütze ihn vor den Blicken, indem ich so tue, als würden wir wild rumknutschen. Uns ist beiden klar, dass das weit weniger unangebracht wirkt als ein großer, schöner, mitten in der Öffentlichkeit Rotz und Wasser heulender Mann.

Die grausamsten Erinnerungen zu teilen, ist das größte Geschenk und die größte Bürde gleichzeitig. »Das ist zu viel für einen Menschen. Du musst das nicht allein tragen können. Das muss niemand allein tragen können«, sage ich und zeige ihm meine Monster, erzähle, was mir geholfen hat, bis wir beide heulen und irgendwann natürlich tatsächlich knutschen, die Tarnung funktioniert wirklich super.

Jetzt hat keiner mehr eine Ausrede. Unmittelbarer kann man sich nicht begegnen. »Du bist einfach so echt«, sagt er. Und irgendwann später: »Deine Mauern haben mich nie interessiert. Ich bin im Krieg aufgewachsen. Ich weiß, dass es in Wirklichkeit gar keine Mauern gibt.«

Die Axt für das gefrorene Meer in uns muss eben anscheinend aber auch wirklich immer so eine gottverdammte Axt sein, die macht, dass es kracht und splittert und alles tut weh.

Natürlich landen wir wieder im Bett, und natürlich funktioniert jetzt überhaupt nichts mehr, so ohne jegliche Barriere zwischen uns. Too little, too late und dann gleichzeitig wieder viel zu viel. Mein Körper hat sich einfach schon zu sehr darauf eingestellt, dass er danach sowieso wieder abhaut. Emotionales Schleudertrauma. Wir heulen beide.

10 gute Gründe, warum wir beide in Wirklichkeit viel zu kaputt sind für diese Welt.

Keiner von uns beiden kann das, obwohl wir es beide wollen.

Der beschissenste Trennungsgrund aller Zeiten: es geht halt einfach nicht. Genauso beschissen: Sachen, die sich so groß anfühlen, auf so einen kleinen Satz zu reduzieren.

Drei Tage später geht endlich mein Flieger nach Spanien. Luftveränderung.

Gelobt sei die Reise-Komplexitätsreduktion. Das Meer hier ist nicht gefroren, und auch mir wird im andalusischen Frühling langsam endlich wieder ein bisschen wärmer. Ich bin von einem Haufen Jungs umgeben, mit denen mal nicht alles messy und scheiße ist, sondern einfach nur sehr nett und unkompliziert. »Und, heute produktiv gewesen?« Auf jedsten.

Ich arbeite zehn, fünfzehn Stunden am Tag, schließlich textet sich die Pickelwebsite auch leider immer noch nicht von allein, während meine komisch vielen neuen Leser ständig mehr wollen.

Auch wenn es auf Instagram alles nach Urlaub aussieht, klotzen die meisten von uns eher fünfzig Stunden pro Woche ran statt der von Digitalnomadenguru Tim Ferriss heraufbeschworenen vier. Aber das ist okay, weil die Sonne scheint und der Café con Leche nur einen Euro vierzig kostet.

»Weißt du zufällig, wie das geht, mit diesen Affiliatelinks?«, frage ich einen von meinen Brudis. Er zeigt es mir mit drei Klicks, und als wir uns am nächsten Tag wieder in das Programm einloggen, habe ich auf einmal hundertachtzig Euro mehr auf dem Konto. Ich renne gröhlend durch den Coworkingspace und hole mir eine Runde High Fives ab. Heldin des Tages. An diesem Abend zahle ich keinen einzigen meiner Drinks selbst.

Am nächsten Morgen kündige ich verkatert den Pickelwebsitejob. Keine Ahnung, was genau als Nächstes kommt, aber irgendwas scheint zu kommen.

Mein Freund Tim sagt immer: Wer mehr als zweitausend Euro auf dem Girokonto hat, hat eigentlich keinen Grund, sich über irgendwas zu beschweren.

Ich würde noch mal um achttausend erhöhen. Zehn. Zehn ist eine gute, solide Zahl für den Fuck-it-Fund. Der Betrag, den ich immer auf meinem Konto rumfliegen haben muss, um jederzeit und zu so ziemlich allem »Fuck it« sagen zu können. Zehntausend Euro sind das Kissen, auf dem ich nachts ruhig schlafe, die Summe, mit der ich ein paar Monate lang locker irgendwie über die Runden komme, bis sich etwas Neues ergibt. Weil, meine Güte, irgendwas ergibt sich doch wirklich immer.

Jetzt, da mein Fuck-it-Fund wieder aufgefüllt ist, kann ich den Content-Quatsch mit Handkuss hinter mir lassen und stattdessen sämtliche Energie in mein eigenes Projekt stecken. Es fühlt sich an, wie das Fundament für ein Haus zu mauern, anstatt immer nur Miete zu zahlen.

»Krass, die Leute vertrauen dir voll«, meint der Marketingmensch in unserer Runde. Drei Wochen nach Launch monetarisieren, das beeindruckt auch den verkopftesten Zahlen-Nerd. Er hat recht, und ich ahne auch ein bisschen, woran das liegt: Ich bin nahbar geworden. Der Nahostkonflikt hat mich aufgeknackt, und weil es immer noch wehtut und ich nicht weiß, wohin mit meinen Gefühlen, kotze ich sie jetzt eben poetisch in meinen Blog. Ich glaube, das verbucht man unter Sublimationsenergie. Komischerweise funktioniert das tatsächlich richtig phantastisch. »Du bist so echt« höre ich jetzt eben von anderen Menschen, genau wie »Das wissen sonst echt nicht viele Leute von mir«. Ich bin fasziniert davon, wie leicht es mir fällt, derart unmittelbare, intime Begegnungen zu kreieren. Offenheit in die Welt zu tragen und dafür Offenheit zurückzubekommen.

Gleichzeitig frustriert es mich selbstredend maßlos, dass ich das beim Rest der Welt so easy hinbekomme, nur nicht bei dem einzigen Menschen, bei dem ich das wirklich will. Der sitzt immer noch in meinem Herzen und nagt dran. »Es geht einfach nicht« – das ist doch einfach ein richtiger Scheißgrund.

»Wieso kriegt der dich so?«, fragt mich meine Freundin Anni, die auf eine Runde Tapas vorbeigeflogen gekommen ist. »Ich versteh's nicht ganz, erklär's mir. Wie konnte der dir so unter die Haut fahren?«

Eine von Annis besten Eigenschaften ist ihre Erbarmungslosigkeit. Ich weiß genau, dass ich bei ihr mit dem Brudigelaber nicht weit kommen würde, also spare ich uns beiden die Zeit.

»Ich konnte dem nicht helfen. Und er mir auch nicht. Und ich weiß einfach nicht, ob nicht doch alles ganz anders gekommen wäre, wenn wir nicht die ganze Zeit dieses beknackte Nähe-Distanz-Spiel gespielt hätten, anstatt einmal wirklich offen zu reden.«

»Dann sag ihm das doch noch mal alles. Wenn er dich dann nicht will, musst du die Tür aber wirklich zumachen.«

»Kann ich nicht.«

»Musst du aber. Weil du sonst wahnsinnig wirst.«

True friends stab you in the front.

Ich schreibe ihm alles, was ich weiß, und alles, was ich bin, und dass alles, was ich habe, für ihn ist. Dass »Darum bin ich so« nur die halbe Miete ist, solange man in seinem eigenen Grundfatalismus verharrt und nicht versucht, sich daraus auch weiterzuentwickeln.

Die Antwort ist blumig und kurz: *Das klingt ja alles sehr schön, was du da sagst, aber ich weiß nicht, ob ich das kann. Du hast deinen Kampf und ich hab meinen. Du willst einen Plan von mir, aber das Leben hat keinen Plan. Ich will nichts vom Leben, außer dass es ruhig ist.*

Hier noch ein Song, in den du sämtliche Gefühle dieser Welt hineininterpretieren kannst. Sogar meine. Ach ja, ein Bild noch. Da musste ich an dich denken.

Anni hat recht, ich muss diese Tür zumachen. Und das geht hiermit ein ganzes Stück leichter. Ich finde nämlich schon, dass das Leben einen Plan hat. Auch wenn man den eben manchmal erst hinterher erkennt. Und selbst wenn es keinen hätte – dann mache ich ihn einfach selbst.

Ich glaube nämlich schon ziemlich fest daran, dass man im Leben fast immer die Wahl hat: zwischen Schienenersatzverkehr montagmorgens und Café con Leche am Strand. Zwischen Designerklamotten und Handgepäckrucksack. Zwischen stabiler, solider Beautykonzernkohle und the great sexy Unknown.

Und es ist wirklich Zeit für einen neuen Plan.

Nach einem kurzen Heulanfall am Strand stellt sich bei mir relativ schnell Erleichterung ein. So ein Gefühl von: gerade noch mal davongekommen. *Ein ruhiges Leben*? Noch lange nicht! Es fängt doch eigentlich gerade erst an, richtig lustig zu werden.

Ich gehe also nicht über Los, stecke kein fettes Jahresgehalt ein, keinen Langweilerjob mit super Konditionen für die Karenzzeit, führe kein Leben auf dem Land mit der Regionalzeitung im Abo, habe keine eins Komma fünf hübsche, gelockte, groß gewachsene, kreative Chaotenkinder, muss dafür aber auch morgens nicht mehr mit Herzrasen aufwachen.

Dann ist das jetzt so. Und dann ist das auch irgendwie sehr, sehr gut.

Meine Damen, meine Herren, steigen Sie ein, machen Sie mit, ab jetzt ist hier wieder alles möglich. *Tapas, anyone?*

I've never seen a wild thing
sorry for itself.
D. H. LAWRENCE

ISS DAS LEBEN MIT DEM GROSSEN LÖFFEL

Das Schöne an meinem Job ist ja, dass ich wirklich so ziemlich alles, was ich tue, entweder von der Steuer absetzen oder zu einer Story verarbeiten kann – oder im Idealfall natürlich beides.

Wahrscheinlich bin ich genau aus diesem Grund Journalistin geworden: »Ich recherchiere« ist immer ein relativ vernünftig und offiziell daherkommender Vorwand, um gepflegt sehr viel Quatsch auszuprobieren. Und dabei ist es mir im Endeffekt auch total schnurz, ob es sich um ein Hai-Schnitzel mit Ananas-Koriander-Soße auf Tobago handelt oder um einen Bondage-Einsteigerkurs im Bergmannkiez.

Wer seine Erlebnisse einer gewissen Verwertungslogik unterwirft, schafft damit gleichzeitig diese pragmatische Distanz, die man braucht, um sehr intime Dinge sehr öffentlich zu tun. Ein Therapeut wird mir Jahre später dafür inhärente Spießigkeit vorwerfen: Warum muss ich mir überhaupt einen Grund basteln, um mich auszuleben, anstatt Sachen einfach mal nur so zum Spaß zu tun?

Wahrscheinlich, weil ich gern doppelt befriedigt bin. Und in hochoffizieller Mission sehr viel konsequenter recherchiere. Und, weil es mir jetzt, wo ich die Wahl habe zwischen Augenausheulen und »Fuck it, jetzt erst recht«-Sagen, ein gutes Gefühl gibt, die Augen stattdessen einfach mal wieder aufzumachen und rauszufinden, was sonst noch so geht.

Wie wollen wir leben? Wie wollen wir lieben? Und wie wollen wir – sorry not sorry – ficken?, frage ich meine Leser*innen im Blog.

Antworten habe ich darauf größtenteils selbst noch nicht, aber große Lust, das gemeinsam mit ihnen rauszufinden. Denn klar ist ja wohl, dass wir alle irgendwie mehr wollen.

Keine Ahnung, wie dieses »Mehr« genau aussehen soll, aber man kann es ja mal suchen gehen. Wenn ich es finde, pack ich's in Jutebeutel und verkauf es bei Manufactum.

Auf der Suche nach meinem »Mehr« schreibe ich also erst mal eine Liste. Mit Dingen, die ich noch ausprobiert haben möchte, bevor ich mich einlasse auf Kinder, Küche, Konferenzraum. Eine Bucket List, nur mit F vornedran. The Fucket List, was 'n Kalauer.

Auf meiner Liste notiere ich folgende offene Posten:
- Tantra
- Bondage
- Orgie mit mindestens fünf Menschen, bei der man nicht mehr weiß, wo wer anfängt
- Pegging
- Orgasmic Meditation

Und weil es sich so gut anfühlt, Dinge schon durchstreichen zu können, schreibe ich noch darunter:
- für sexuelle Dienstleistungen bezahlen
- Model auf Koks ficken

Für einen Menschen mit Liebeskummer und Guerilla-Rumfick-Mission gibt es im Frühling nur einen wahren Ort: die Capital of Kink, Berlin.

Nirgendwo ist der Pool an Kreativmenschen größer, nirgendwo gibt es mehr Events, von denen man besser mal keine Fotos macht, und nirgendwo kann man kompromissloser in der Gegend rumvögeln. Andere Mütter, schöne Söhne und Töchter. Ich verknalle mich alle siebeneinhalb Meter und bei jedem dritten Swipe und tindere mir flugs einen flotten Harem zusammen.

In Berlin wohnt außerdem Laura, und unsere digitale Selbsthilfegruppe geht nahtlos in eine eheähnliche Symbiose über. Aus Co-Loving wird Co-Working und Co-Living. Wir schimpfen beim ersten Gin Tonic auf ihrem Kreuzberger Balkon in der Nachmittagssonne über Boys, während auf der Straße die Schulkinder mit ihren überdimensionierten Ranzen vorbeidackeln.

Ein Sextoy-Hersteller schickt mir netterweise ein Riesenpaket mit sämtlichen Frühjahrsneuheiten. It's a tough job, but someone's gotta do it. Siebenunddreißig Menschen gefällt das.

Ich schreibe jetzt für eine andere Frauenzeitschrift; sie ist jünger, kreativer und weniger ellenbogig. Mein Tonfall geht hier eher in Richtung coole große Schwester, und die zuständige Redakteurin unterstützt euphorisch sämtliche meiner Selbstversuchspläne: »Total geil, Reserl, go for it!«

If you're not saying »HELL YEAH!«
about something, say »no«.
DEREK SIVERS

»NEIN« IST EIN VOLLSTÄNDIGER SATZ

Meine erste Mission führt mich in einen Sadomasokeller im Bergmannkiez.

So wie jede vernünftige Frau weltweit frage natürlich auch ich mich seit Fifty Shades of Grey, ob in mir eigentlich auch eine Sub schlummert oder ich einfach gern mal von einem kontrollsüchtigen Milliardär durchgebumst werden und nie wieder meinen Abwasch und meine Fingernägel selbst machen will.

Ich habe ja wirklich selten ein beknackteres Buch gelesen und mich dabei maßlos über diese ultraklischeehafte Darstellung von BDSM aufgeregt, will aber natürlich selbst mal wissen, was eigentlich an diesem ganzen Unterwerfungs-Hype dran ist.

Mit dem Sex reden, statt immer nur über ihn steht groß in meinem Mission-Statement im Blog, und es käme mir unseriös vor, über etwas zu urteilen, was ich nicht selbst auch mal ausprobiert habe. Also buche ich einen Japanese-Bondage-Workshop.

Schon auf der Treppe hinunter in den stickigen Keller beginne ich in meinen Kunstledershorts (*bequeme Kleidung* stand in der Workshop-Beschreibung) zu schwitzen und würde eigentlich gerne direkt wieder umdrehen.

Bei dreißig nervös hyperventilierenden Kursteilnehmenden wird Sauerstoff schnell zur Mangelware. Dafür riecht die wenige Luft wenigstens schön vertraut nach IKEA-SB-Halle. Das Andreaskreuz ist eine liebevolle Einzelanfertigung aus Pressspanplatten. Sadomasofreunde sind passionierte Heimwerker – eine Erkenntnis, die übrigens auch im Umkehrschluss funktioniert. Basteln scheint Menschen auf wilde Ideen zu bringen.

Unsere Kursleitung stellt sich vollmundig als *die* Bondage-Koryphäe Deutschlands vor, ist mehr so alte Schule, und zeigt uns jetzt so zur Motivation erst mal, wie er seine Übungspartnerin mit rund sieben Meter Juteseil in eine Art dekorativen Rollbraten verwandelt.

Die beiden haben eine für Außenstehende eher ein bisschen ekelhaft anmutende Paardynamik: Er schubst sie in der Gegend rum, gibt ihr zwischendurch Klapse auf Po, Schritt und Busen, sie quiekt dabei jedes Mal reflexartig wie ein wild gewordenes Meerschweinchen. Schon klar, dass die beiden das hier nicht zum ersten Mal machen. Whatever works und so, aber innerhalb der Workshopsituation mit neunundzwanzig anderen Fremden fühlt sich diese Show so ganz kontextbefreit ziemlich chauvinistisch und unangebracht an und setzt einen komischen Grundton. Jetzt wirklich so null Hashtag Relationshipgoals, eher bitte ganz schnell weg hier. Ich will sehen, wie Knoten gehen, und nicht, was diese beiden alten Leute in ihrer Freizeit so treiben.

»Wollen wir?«, fragt mich so ein Handygürteltaschen-Walter, als es an die Paarübung geht, und ich verfluche meinen Wohlerzogenes-Mädchen-Komplex, der mich im entscheidenden Moment nicht »Ich möchte eigentlich nicht mal mit jemandem sprechen, der eine Handygürteltasche trägt, geschweige denn, ihn mit einem sieben Meter langen Juteseil verschnüren«, sondern »Okay« sagen lässt.

»Wie fühlt sich das für dich an?«, frage ich also gehorsam Walter, als ich ihn mit der frisch erlernten Brezenknotentechnik in ein Geschenkpaket verwandle – immer schön kommunizieren, Feedback einholen, Blutdruck und Gemütszustand checken, keine Arterien abschnüren.

»Ich bin so geil, meine Hose platzt gleich«, kommt prompt Walters fröhliche Antwort. Pfuh. Was, wenn ich jetzt einfach so tue, als müsste ich aufs Klo, verschwinde und den verschnürten Walter seinem Schicksal überlasse? Schon wieder zu wohlerzogen, leider. Als er »Und jetzt du?« fragt, schiebe ich meinen zu niedrigen Blutdruck vor und vertschüsse mich schnell an die Bar.

»Boah, schlimm hier, oder?«, sage ich zu dem wunderschönen schwulen Mann an der Theke neben mir, während ich auf meinen Prosecco auf Eis warte, der kein bisschen *safe, sane and consensual* ist.

»Ja, voll sexistisch, das ist mir hier echt alles zu viel.«

Hach! François ist Tänzer und Choreograph und arbeitet zurzeit an einem Stück über und mit Sexarbeiterinnen. Wir quatschen uns sofort auf Englisch-Französisch fest und ignorieren die anderen Heimwerkenden.

»Und, wie findest du Bondage so?«, frage ich ihn irgendwann.

»Na ja, manchmal will man eben einfach ein kleines verschnürtes Paket sein, das darum bettelt, gefickt zu werden«, sagt er und hält dabei meinem Blick stand, und ich finde, das ist mit sehr großem Abstand das Sinnvollste, was ich an diesem Tag über BDSM gelernt habe.

»Wollen wir abhauen?«, fragt er jetzt, und sein Blick bleibt so lange an mir hängen, dass selbst mir doch noch klar wird, dass François gar nicht schwul ist, sondern halt einfach ein sehr schöner französischer Tänzer.

Als Sexkolumnistin werde ich ja oft nach Sex-Lifehacks gefragt. Nach dem einen Trick, mit dem im Bett dann so wie mit einem Fingerschnipsen auf Anhieb alles super läuft. Ich weiß, »Einfach mal nachfragen und herausfinden, was dem anderen eigentlich so gefällt« ist eine ziemlich langweilige, aber immerhin ehrliche Antwort. Was bei mir außerdem immer großartige Resultate erzielt: Sex mit Männern, die ich ursprünglich für schwul gehalten habe.

Man lernt sich erst mal wunderbar unverkrampft kennen, unterhält sich super, spart sich so viele alberne Games, die man in Hetero-Konstellationen unter »Flirten« verbuchen würde, hat null Erwartungshaltung und somit auch keinerlei Angst, enttäuscht zu werden, und bekommt dann als Bonus noch einen empathischen, lustigen

Mann ohne Riesenego, der noch dazu verdammt gut riecht. Winning at life!

Wir tasten uns langsam vor.

Daumen, die Hüften kartographieren, das V seiner Leisten. Wie fast jeder schlaksige Typ hüllt auch er sich in mehrere Lagen, um ein bisschen breiter zu wirken. Oder um weniger zu frieren, keine Ahnung. Während sein Bart meinen Hals entlangschreddert, entkleide ich ihn feierlich, erst das Sakko, dann das Hemd, dann das T-Shirt, schließlich den Feinripp. Wie immer, wenn mir einer von denen in freier Wildbahn begegnet, bin ich seltsam gerührt von ihrer asexuellen Zweckmäßigkeit, dem Gedanken daran, dass früher mal eine Mutter Angst vor verkühlten Nieren hatte. Feinripp weckt in mir keine Assoziationen mit David Beckham, sondern mit schokoladenverschmierten Gesichtern und Raufen im Laub. Ziemlich süß. Und mit dem nächsten Kuss dann auch wieder: ziemlich hot.

Der Sex ist, wie könnte es anders sein, extrem gut choreographiert. Ein Loblied auf die Körperbeherrschung. Wir kommen gleichzeitig.

Am nächsten Morgen muss er früh raus, der Flieger und so. Merci beaucoup und au revoir, chérie. Als ich in die Frühlingsnacht stolpere, fühle ich mich befreiter.

Ein Stück mehr dem Nahostkonflikt entkommen.

Jetzt, da ich mit Gruppendynamiken ein bisschen akklimatisierter bin, lasse ich mich von einer Autorenfreundin auf eine Sexparty mitschleppen.

Augenkontakt. Anziehung und Zurückweisung klar kommunizieren. Präsenz. Handy aus, keine Fotos. Nicht über die Vergangenheit reden und nicht über die Zukunft. Dekonstruktion der eigenen Geschlechterrolle. Humor. Die Regeln auf der Website klingen alle logisch und sinnvoll.

»Darf ich dir deine Füße massieren?«, fragt mich ein unterwürfiger Fußfetischist, den ich gnädig gewähren lasse. Ein Mann führt seine hochschwangere Frau, der er die Augen verbunden hat, in Unterwäsche durch das Loft. Als ein anderer Mann fragt, ob er ihren Bauch streicheln darf, lehnen die beiden dankend ab.

Eine Frau mit kurzen grauen Haaren und wilder Kriegsbemalung tanzt oben ohne allein durch den Raum. Da, wo mal ihre rechte Brust war, glänzt eine Mastektomie-Narbe. Ich habe noch nie einen so freien Menschen gesehen.

Das berührt mich hundertmal mehr, als die vereinzelten Paare beim Kopulieren zu beobachten. Ich finde es gut und okay, dass Sex hier in diesem semi-öffentlichen Raum stattfindet, vielleicht gerade auch, weil einem dadurch so deutlich vor Augen geführt wird, wie krass banal Sex oft ist.

Es fühlt sich an, wie zum ersten Mal auf dem neuen HD-Fernseher einen Pierce-Brosnan-James-Bond zu schauen und sich zu wundern, wie billig produziert, schlecht beleuchtet und mies geschauspielert das alles auf einmal aussieht – like, what's the big deal? Ist doch nur Sex. Körperteile ineinanderstecken und dann halt ein bisschen rhythmisches Rumgestöhne und am Ende dann durchschnittlich sieben bis zehn Muskelkontraktionen namens Orgasmus.

Kann man ja schon manchmal machen, ist mir aber gerade null danach. Bisschen entmystifiziert irgendwie.

Der einzige Typ, den ich hier wirklich gut finde, massiert mir erst mal hingebungsvoll den Nacken, vertschüsst sich dann aber doch relativ abrupt, als ihn ein älteres Paar zu sich rüberwinkt. Okay, ciaoie! Drei Tage später treffe ich ihn auf einer Netzkonferenz wieder. Professor Doktor Experte von und zu, jetzt in Button-down-Hemd statt Ledertanktop.

Apropos Button-down-Hemd: Christoph, mein versemmeltes Tinder-Date vom letzten Jahr, scheint mir meinen unkommentierten Abgang nicht mittelfristig übel genommen zu haben, im Gegenteil: Mein neu gegründeter Blog versetzt ihn in so viel Begeisterung, dass er mir direkt ein paar Sachen in Google Analytics zeigt, die ich null verstehe.

Was ich aber inzwischen schon verstehe, ist, dass er in Wirklichkeit gar kein so uncooler BWLer, sondern ein ziemlich cooler Start-up-Boy ist. Der noch dazu – als einer der ersten Menschen überhaupt – ziemlich genau zu kapieren scheint, was ich mit Lvstprinzip vorhabe. Außerdem hat er Sommersprossen. Und eine Schlaumeierbrille auf. Für jemanden, der seine Wochenenden seit Neuestem auf Orgien verbringt, werde ich plötzlich erstaunlich schüchtern.

Wir sehen die Dinge nicht, wie sie sind, wir sehen sie so, wie wir sind, Anaïs Nin hat vollkommen recht.

Opinions are like orgasms ...
mine matters most and I really
don't care if you have one.
SYLVIA PLATH

KANNST DU HABEN

Meine nächste Mission führt mich nach Hamburg, zu einem Einführungsseminar in Orgasmischer Meditation.

Meditation mag ich, Orgasmen auch – das kann ja eigentlich fast nur sehr gut werden. Die Technik aus San Francisco will logischerweise nichts weniger als die Welt revolutionieren. *Orgasm: The Cure for Hunger in the Western Woman* heißt es im hochwissenschaftlich daherkommenden TedXTalk von Gründerin Nicole Daedone.

Bei OM geht es darum, dass einem jemand – und zwar tatsächlich erst mal wirklich *irgend*jemand – auf eine spezielle, genau vorgegebene Art und Weise für fünfzehn Minuten den oberen linken Quadranten der Klitoris streichelt und danach erzählt, was dabei in ihm vorgegangen ist.

Laut Website werden dadurch nicht nur Intimität und Aufmerksamkeit trainiert, Selbst- und Körperbewusstsein weiterentwickelt und die Kommunikationsfähigkeit geschult, sondern gleich die ganze Lebensenergie neu entfacht.

In Deutschland wird OM von Axel gelehrt. Axel ist von Beruf eigentlich Super-SEO. Er hat mit einem Onlineportal für Autogedöns und Keywords wie *rote Ampel überfahren* irgendwann anscheinend schon mal echt gut verdient, ist wie ich als Digitalnomade in der Weltgeschichte rumgegurkt und wusste irgendwann nicht mehr so recht wohin mit sich, als er in Tim Ferriss' *The Four Hour Body* von Orgasmic Meditation las und wusste: »Das isses.«

Der *uncommon guide to rapid fat-loss, incredible sex and becoming superhuman* beschreibt auf knapp sechshundert Seiten, wie man mit einer extrem repetitiv-restriktiven Diät aus Weiderind, Dosenbohnen und brasilianischen Nüssen schnell abnehmen kann und durch Eisbäder und jede Menge Kettlebell Swings danach nicht aussieht wie ein Lauch. Nur dass das bei »Genetics be damned«-Ferriss natürlich nach einer sehr viel heroischeren Mission klingt: *Wenn du nichts an deinem Leben verändern kannst, kannst du zumindest deinen Körper verändern*, zitiert er seinen Homie, den schmächtigen Pick-up-Artist Neil Strauss.

Mir schlagen da direkt wieder die magersüchtigen Teenager Vibes aus den Pro-Ana-Foren meiner Bachelorarbeitsrecherche entgegen. Und es klingt einfach alles so *machbar*. Kein Wunder, dass das bei den Nomadenbrudis zieht.

Ferriss' Vorstellungen von »incredible Sex« lesen sich in etwa so: *Am effektivsten ist es, wenn man mit der Unterbauchmuskulatur die Hüften in 2,5 bis 5 cm kurzen Bewegungen vor- und zurückbewegt. Wenn man das richtig macht, sollte es sich am nächsten Tag so anfühlen, als hätte man tausend Sit-ups gemacht.* Geil. Nicht.

Frauen empfiehlt er ausgiebiges Beckenbodentraining, damit dieses »Da unten« nicht so schnell ausleiert. Dabei haben die meisten jüngeren Frauen oft eher das gegenteilige Problem: Sie sind viel zu angespannt und haben deshalb Schmerzen beim Sex. Ob diese Verkrampftheit vielleicht auch so ein bisschen an den leicht egomanischen Über-Brudis liegt, die denken, dass menschliche Körper wie eine Maschine funktionieren und Frauen rumstöhnen wie im Porno, wenn man nur die korrekten Knöpfchen drückt? Man steckt nicht drin.

Was man Ferriss allerdings wirklich zugutehalten muss, ist, dass er Orgasmic Meditation einer wirklich bedürftigen Zielgruppe zugänglich macht: Männern, die Diätratgeber kaufen. Die können in ihrem Leben bestimmt auch sonst noch ein paar Höhepunkte mehr vertragen.

Meine eigene Beziehung zu meinem Körper ist zu diesem Zeitpunkt eine durch und durch pragmatische: Ich bin ihm primär ziemlich dankbar dafür, dass er meinen Handgepäckrucksack, mein MacBook und mein Gehirn ohne allzu großes Murren von A nach B befördert, und belohne ihn dafür mit Sonne, Flat Whites und Kokosnüssen. Ich habe sehr viele Orgasmen und bin so gut wie nie krank.

Wie so fast ziemlich jede Frau, die ich kenne, finde auch ich die Idee, grobe fünf bis sieben Kilo weniger zu wiegen, theoretisch ein bisschen verlockend, allerdings längst nicht so verlockend, dass ich Cheesecake dafür längerfristig gegen Dosenbohnen tauschen würde.

Im Zweifelsfall entscheide ich mich konsequent für die Lust und für eine bundesdurchschnittsdeutsche H&M-Größe 40/42 bei einem Meter achtzig Körpergröße. Normal, so weit. Nicht dünn, nicht dick. Beautifully average.

Die Situationen, in denen ich anfange, über meinen Körper nachzudenken, sind meistens tatsächlich die, in denen ich das Gefühl habe, mein restliches Leben aus irgendwelchen Gründen nicht unter Kontrolle zu haben und mich deswegen »nicht genug« zu fühlen.

Vielleicht wäre ja alles viel besser, wenn ich einfach dünner wäre? Würde er mir auch drei Tage lang nicht zurückschreiben, wenn ich sieben Kilo weniger wiegen würde?

Wenn du nichts kontrollieren kannst, kontrolliere deinen Körper.

Beziehungsweise rede dir einfach so lange selber schlecht zu, bis du dir anstelle deiner eigentlichen Probleme ein neues gebastelt hast, das zumindest auf den ersten Blick leichter lösbar zu sein scheint.

Das Paradoxe ist: Mein sexuelles Selbstbewusstsein bleibt von solchen Selbstwert- Auseinandersetzungen eigentlich immer total unberührt. In dieser Hinsicht bin ich unfuckwithable. Sobald ich mit einem Menschen, mit dem ich Sex haben möchte, allein bin, legt sich bei mir ein Schalter um. Ich käme nicht mal auf den Gedanken, da über meine Cellulitis oder sonst was nachzudenken.

Ich finde nackte Körper einfach nur: interessant.

Dehnungsstreifen genauso wie Waschbretter. Es gibt kein gut oder schlecht, kein richtig oder falsch, sondern nur: interessant. Ich habe mir angewöhnt, Körper mit derselben Entschlossenheit zu erkunden wie die Städte, die ich bereise. Umwege erhöhen die Ortskenntnis. Und nur wer es riskiert, sich unterwegs auch mal ein bisschen zu verlaufen, findet die wahren Geheimtipps, steht doch alles im Lonely Planet. Ich liebe es, wenn aus Buchstaben auf Stadtplänen auf einmal dreidimensionale Orte werden.

Und aus Phantasien von Menschen Gänsehaut unter meinen Händen.

Herr Nahostkonflikt hatte mich wahnsinnig gemacht mit seinem undifferenzierten Selbsthass. Der für mich mit sehr großem Abstand allerschönste Mensch der Welt fand sich selbst zu lang, zu ungelenk, als würde nichts richtig zusammenpassen.

»Ich wünschte, du könntest dich so sehen, wie ich dich gerade sehe«, habe ich darauf mehr als einmal erwidert. Was gibt es auch sonst zu sagen, wenn man versucht, den Menschen, den man mag, vor sich selbst zu verteidigen.

Was mich selbst betrifft, habe ich ungefähr fünfundzwanzig Länder gebraucht, um zu verstehen, dass »Ich mag diesen Ort nicht« meist »Ich mag mich selbst an diesem Ort nicht« bedeutet – und im Zweifelsfall lieber einmal öfter den Ort gewechselt, als meinen Körper verändert.

Oder die Jeans. Oder den Partner. Geht meistens echt einfacher.

In einen Handgepäckrucksack passen keine Selbstzweifel. Da ist noch nicht mal Platz für eine zweite Jeans. Alles, was im Handgepäck ist, hat mindestens einen ganz konkreten Zweck, aber besser mal mehrere.

Wer nur eine Jeans besitzt, kann morgens nicht so lange vor dem Kleiderschrank stehen. Schuhe sind primär dazu da, auch nach stundenlangem Gelatsche durch tropisches Unterholz oder Millionenstädte nicht zu drücken.

Als ich losgezogen bin, habe ich auch einige Gefühle aussortiert, die unterwegs gar keinen Sinn ergeben hätten. Wenn man selten länger als drei Wochen am selben Ort ist, ist man davon emotional sowieso dermaßen ausgelastet, dass man sich nicht mehr fragt: »Bin ich auch schön genug?«, sondern eher: »Ist es woanders gerade besser?«

Umso gespannter bin ich also auf das, was mir »Orgasmus-Axel« heute noch alles Neues über meinen Körper beibringen will.

Auf dem Weg zum Veranstaltungsort, einem Yogastudio in einem der gediegeneren Hamburger Stadtteile, werde ich dann doch kurz nervös. Was sind das wohl für Leute, die hundertdreißig Euro zahlen, um sich samstagnachmittags die Wunder der Klitoris näherbringen zu lassen? Hippies, frustrierte Hausfrauen? Oder noch schlimmer: gelangweilte Pärchen, die ihre Sätze in »Wir«-Form formulieren, sich dabei gegenseitig das Knie tätscheln und dann wundern, dass es im Bett nicht mehr so läuft?

Mit denen für vier Stunden zum Muschistreicheln in einem Raum gefangen zu sein: meine Vorstellung von der Hölle.

Aber die eigentliche Frage ist doch, ob ich am Ende dieses Tages Lust darauf haben werde, mir von einer komplett unbekannten Person an meinen Intimbereich fassen zu lassen. Spontane Prognose: Kommt halt ganz drauf an.

Im Yogastudio angekommen, atme ich erst mal auf.

Alles sehr clean und unpeinlich, räucherstäbchenfreie Zone, ein helles Loft in ruhigen Farben und zehn seminarmäßige Stühle, die im Halbkreis um die Orgasmus-Coaches stehen.

Außer Axel, der genauso nerdy ist, wie ich ihn mir vorgestellt habe, sitzen da noch zwei Endzwanzigerinnen in engen schwarzen Kleidern sehr offensiv breitbeinig da und wirken dabei ziemlich vergnügt. Sie haben diesen *unwiderstehlichen Glow, den man mit keinem Bronzing-Powder der Welt faken kann*, wie ich das danach in meiner Frauenzeitschriftenreportage beschreiben werde.

Bis auf einen älteren Herrn, der in der Vorstellungsrunde angibt, etwas Neues für seine Ehefrau lernen zu wollen, sind alle Teilnehmenden grob in meinem Alter, unauffällig-freundlich, mit leichter Tendenz zum Nerdtum.

Was mir direkt auffällt, ist der hier anscheinend standardmäßige, sehr intensive Augenkontakt – war das Teil des Briefings am Infoabend, den ich verpasst habe?

Dann erklären die Coaches die Philosophie von OM. Meditation sei ja schön und gut, aber normalerweise eine recht einsame Angelegenheit.

Bei OM würden sich zwei Meditierende über die Klitoris verbinden. Alleine zu OMen gehe nicht, genauso wenig, wie sich selbst zu kitzeln. »Man kann sich nicht selbst außer Kontrolle bringen«, aha. Obwohl hier uneingeschränkt die weibliche Lust im Zentrum der Aufmerksamkeit stehe, würden auch die teilnehmenden Männer nicht aus purem Altruismus OMen: »Eine Katze streichelt man schließlich auch nicht nur, weil das der Katze Spaß macht, oder?« Jetzt wird mir auch die exzessive Benutzung des Ausdrucks »Pussy« klar, auf den die OMer so viel Wert legen.

Außerdem unterscheiden sie genau zwischen orgasmischem Zustand und Höhepunkt: Die weibliche Lust verläuft wellenförmig; diese Wellen während der fünfzehnminütigen Technik ganz bewusst zu erleben, sei wesentlich zentraler als die Jagd nach nur einem kurzen Höhepunkt. Man OMt also einfach erst mal drauflos, und was kommt, kommt.

Natürlich kann man das Ganze auch dramatisch als *Fünfzehn-Minuten-Orgasmus* verkaufen, so wie Tim Ferriss.

Zuerst machen wir ein paar Kommunikationsspielchen, die nicht nur dafür sorgen, dass wir hier alle ein bisschen lockerer werden, sondern auch, dass wir lernen, klarer sagen zu können, was wir wollen und was nicht. Ein Ja ist ein Ja, und ein Nein ist ein Nein, und ein Nein muss man nicht erklären.

Wir lernen, wie man *Adjustments* gut kommuniziert: freundlich, neutral und bestimmt. Weiter links bitte, da mehr Druck, hier bisschen weniger druff. Die Person, die korrigiert wird, darf dazu nichts sagen, außer: Danke. Keine Entschuldigung, keine Rechtfertigung, nur Danke.

In meiner Lieblingsübung sitzt man sich paarweise und mit natürlich sehr viel Augenkontakt gegenüber. »Was willst du?«, fragt die eine Person, und die andere antwortet darauf, was sie gerade will. »Einen Kaffee«, zum Beispiel.

»Kannst du haben. Was willst du?«

»So ein Quarkteilchen dazu.«

»Kannst du haben. Was willst du?«

Und so weiter und so weiter, bis es in diesem Setting natürlich dazu kommt, dass man auch anfängt, seine sexuellen Wünsche sehr klar zu formulieren.

Je öfter ich »Kannst du haben« höre, umso mehr fange ich an zu verstehen, dass das im Zweifelsfall stimmt. Wer sagt einem denn eigentlich ständig, dass man irgendwas *nicht* haben könnte? Meistens ja doch nur man selbst. Coaching-Breakthrough!

Nach einer kurzen Kaffeepause geht es jetzt in die Vollen: Der Raum wird verdunkelt, und ein erfahrenes Paar macht sich an die Live-Vorführung der Technik.

Ich habe offensichtlich den Premiumplatz ergattert, mit Full-Frontal-Nudity-Einsichten zwischen die gespreizten Beine, über die sich der *Stroker*, noch so ein Fachausdruck, jetzt beugt. Ich sehe kein Gesicht mehr, nur noch sehr viel Geschlecht. Mein letztes Stück Quarkteilchen bleibt mir im Halse stecken, aber ich wage es weder, mich zu räuspern, noch, meine Kaffeetasse auf dem Boden abzustellen, aus Angst, die Pussy-Vibes direkt vor mir zu stören.

Das Publikum ist angehalten, während der fünfzehnminütigen Präsentation seine körperlichen Empfindungen mitzuteilen.

Streichel, streichel ... »Mein rechtes Ohr juckt«, tönt es von irgendwo links. Streichel, streichel ... »Mir wird ganz warm im Bauch«. Streichel ... »Ein Brennen in der Speiseröhre«, »meine Pussy vibriert«, »mein ganzer Körper wird schwer«. Ich fühle mich wie in einem postmodernen Performancetheaterstück, das an einer Fleischereifachtheke spielt, und komme irgendwie gar nicht mehr klar.

Ich habe zwar Kopfweh, bin aber spontan zu kraftlos, das mit meinen Mitzusehenden zu teilen, und labere irgendwas von »mir ist warm«. Der Timer klingelt, der Spuk ist vorbei, die Stimmung im Raum weiterhin, gelinde gesagt, erhitzt.

Axel erklärt kurz noch mal die technischen Details, aber ich glaube, die meisten von uns sind gedanklich schon bei der Mutprobe. Das hier gleich selber machen? Und mit wem? Zehn Minuten Pause. Wer jetzt gehen mag, kann gehen.

Ich bleibe sitzen und plaudere mit einer der Coaches. Kann sie sich tatsächlich von jemandem an ihre Pussy fassen lassen, der sie ansonsten null anspricht?

Sie habe es sich zum Ziel gemacht, mit möglichst unterschiedlichen Menschen zu OMen, erklärt sie. »Neulich hatte ich einen Mann Ende sechzig, so einen richtigen Rentner, weißt du? Und es war toll! Am nächsten Tag bin ich morgens zu Aldi, und du weißt ja, wer montagmorgens bei Aldi ist: nur Rentner! Auf einmal waren es keine Rentner mehr für mich – es waren Männer. Ich hab sie gesehen, und sie haben mich gesehen!«

Puh, also ich weiß nicht. So weit bin ich mit meiner eigenen klitoralen Erleuchtung definitiv noch lange nicht. Wenn ich aus der Nummer mit Handygürteltaschen-Walter eins hätte lernen können, dann, dass ich mich besser nur mit Menschen in sexuelle Kontexte begeben sollte, die ich zumindest in irgendeiner Form interessant finden könnte.

Gerade fühle ich mich eher wie in so einer Völkerballsituation beim Schulsport, nur dass es hier niemanden gibt, den ich in mein Muschistreichelteam wählen möchte.

Als ich mich deshalb gerade leger vertschüssen will, lädt Axel mich zu einem »OM-Circle« am nächsten Tag in kleinerer Runde ein, mit ihm als Partner. Das ist der Journalistenbonus, denn normalerweise OMen die Coaches nämlich aus ethischen Gründen nicht gleich mit ihren Coachees.

Den Gedanken, da keinen schwitzig-nervösen Wildfremden an meiner heiligen Klitoris rumstümpern zu lassen, sondern den Axel vom Fach, finde ich ein ganzes Stück beruhigender. Bring it on, Brudi!

Sonntagmorgens, halb elf in Hamburg. Die zehn aufgekratzten jungen Menschen, die hier in Axels Penthousewohnung Erdbeeren essen, könnten auch zum Brunch verabredet sein. Doch dann heißt es: »Finger an die Klit!«

Mit wirklich grandioser Selbstverständlichkeit reißen sich die anwesenden Frauen ihre Skinny Jeans vom Leib und legen sich in die vorbereiteten »Nester« aus Decken, Kissen und Yogamatten. Ich auch. Der streng ritualisierte Ablauf sorgt dafür, dass ich nicht übertrieben weird finde, was da passiert. Zumindest nicht weirder, als mich beim Yoga in den herabschauenden Hund zu begeben.

Man muss OM wirklich selbst ausprobiert haben, um zu verstehen, was daran alles gut ist: Das komplette Setting ist darauf ausgerichtet, dass sich die Frau fallenlassen kann und zur Abwechslung einfach mal wirklich um nichts kümmern muss – außer darum, sich auf ihre Empfindungen zu konzentrieren.

Die folgenden fünfzehn Minuten sind dann tatsächlich ziemlich bewusstseinserweiternd. Wer hätte gedacht, dass im linken oberen Klitorisquadranten so viel Spaß zu finden ist? Der Axel kann das aber auch einfach wirklich gut.

Zum ersten Mal sind Tim Ferriss und ich einer Meinung: *this should be required education for every man on the planet.*

Danach fühle ich mich so shaky und wach, als hätte ich drei Espressi geext. Schlusssatz meiner Reportage: *Ich (k)OMme gerne wieder!*

Mit einem Glas frisch gepresstem Orangensaft setze ich mich auf die Dachterrasse und frage mich, warum das Leben nicht immer so unkompliziert sein kann. Nach und nach trudeln die übrigen OMer ein. Die Stimmung ist gelöst. Neben mir sitzt jetzt Moritz. Er ist auf so eine relativ objektiv preußisch-klassische Art attraktiv. Eigentlich also wirklich gar nicht mein Typ. Mich haben an anderen Menschen schon immer die Brüche gereizt. Zahnlücken, Silberblicke, Kanten, Nasen, Schrammen, ein rollendes R, das auch nach Jahren in der Großstadt die Dorfherkunft nicht verschleiern kann.

Warum kaufen wir Jeans mit Löchern? Absichtlich abgewetzte Boots? Keramik mit Unregelmäßigkeiten? Weil uns eben nichts so schnell dieses ultimative *Das ist jetzt aber genau meins*-Gefühl vermitteln kann.

Unser Herz sucht danach: Grübchen, Zahnlücken, Sommersprossen, Narben, Falten. Der erste Blick fängt die Schönheit ein, der zweite bleibt an den Ecken und Kanten hängen und will nicht mehr weg.

Nicht schön, aber selten sagt man wohl zu dem Schlag Mensch, bei dem mir einer abgeht.

Hätte Moritz nicht in diesem Moment seinen Mund aufgemacht, wäre mein Blick nach dem obligatorischen »Joah, schon ganz hübsch« wahrscheinlich direkt weitergewandert. Aber er sagt: »Warum verletzen wir Menschen einander eigentlich die ganze Zeit so?« – und mein »Juhu, kaputt«-Radar springt sofort an.

»Sieht halt schon aus wie so 'n Nazi, aber irgendwie doch auch ganz heiß«, erzähle ich Laura einige Wochen später, als Moritz mich auf Heimatbesuch fragt, ob ich mit ihm privat OMen möchte.

Der Muschistreichelkult ist über ein Netzwerk aus geheimen Facebookgruppen, in die man nach dem Grundkurs aufgenommen wird, bestens organisiert: *Chris aus San Francisco ist in Town und möchte gerne OMen. Wer hat Lust? Schreib ihm!*

Diese *Meet-ups* enden, wie man munkelt, nicht selten in *Make-outs*, wie es in der bewusst neutral gehaltenen Sprache der OMer heißt.

So beknackt ich dieses ganze Wording auch finde, ich muss zugeben, dass es auch irgendwie Halt gibt und Klarheit schafft. Weil es ein bisschen Pragmatismus in diese messy-zwischenmenschliche Angelegenheit namens Sex bringt.

Und es sich somit auch *somehow safe and legit* anfühlt, jetzt mit Moritz, den ich erst einmal kurz gesehen habe, in seiner Bankangestelltenkarre an irgendeinen Ort zu fahren, der auf »-ow« endet und außerhalb des S-Bahn-Netzes liegt, also quasi genauso gut irgendwo tief im Mekongdelta sein könnte.

Als Moritz im Gästezimmer seiner Eltern meine Klitoris streichelt, fällt mein Blick auf das Delfin-Airbrush an der Wand. Ich lache, ich komme, ich komme noch mal. Wellness, Alter! Die Klitorisstreicheltechnik, die so federleicht sein muss, dass man theoretisch die Rillen des eigenen Fingerabdrucks spüren können sollte, hat Moritz richtig gut drauf.

»Ich hätte jetzt Lust auf ein Make-out«, sagt er danach mit bundesdeutscher Förmlichkeit. Wir lachen beide, ich sage: »Ich auch!«, und seine Zunge fühlt sich in meinem Mund exakt so seismographisch, millimeterpassgenau koordiniert an wie davor seine Fingerspitze auf meiner Klitoris.

Auch sonst hat das OM-Kommunikationstraining bei uns beiden gefruchtet.

»Könntest du mal hier einen Ticken weiter links ...«, »Ich steh voll drauf, wenn du ...«, »Bisschen weniger Druck ...« – und die andere Person sagt jeweils einfach nur »Danke« und meint es auch so. Magic. Menschen, die präzise, konkret und freundlich sagen oder zeigen können, was ihnen gefällt und was nicht, sind grundsätzlich die wesentlich besseren, weil souveräneren Sexualpartner. Konkrete Anweisungen geben Sicherheit und schaffen Vertrauen.

Was mir nämlich auch erst beim OMen so richtig bewusst geworden ist: Derjenige, der gibt, ist in der wesentlich verletzlicheren Position als derjenige, der empfängt, und zwar immer. Er steht unter dem Druck zu delivern; und was und wie er abliefert, wird zwangsläufig bewertet. Und zwar entweder heimlich, mit einem Augenrollen oder einem Lachanfall mit der besten Freundin, oder eben direkt, durch eine simple, freundliche Anweisung mit Potenzial für Verbesserungen und sehr viele Orgasmen.

»Ja, aber haste ihm das auch mal so gesagt?« ist deshalb auch meine Standard-Antwort, wenn sich wieder mal jemand wortreich bei mir über einen unfähigen Sexualpartner beschwert. Ich finde, Lust ist zu einem sehr großen Teil Eigenverantwortung: Wissen, was einem gefällt, und das gut kommunizieren zu können.

So wie Moritz und ich jetzt. Keiner tappt im Dunkeln, alle haben Spaß.

Das Ganze hier ist genau so freundlich-poly-wellnessmäßig, wie sich die OM-Community das wahrscheinlich immer ausgemalt hat. Moritz wird mit Handkuss in meinen Berliner Harem aufgenommen, der im Moment aus fünf Typen besteht.

»Sag mal, kann es sein, dass im Moment einfach irgendwie jeder mit dir ins Bett will?«, fragt mich Laura. Jetzt, wo sie's sagt ... Ich glaube, es ist das, was Amerikaner »The Secret« nennen – das Gesetz der Anziehung. Oder, wie man bei uns sagen würde: Kommt einer, kommen 'se alle. Murphy's Penis-Law, oder so.

Ich weiß nicht, wie Penisse das machen, dass sie andere Penisse immer so zielsicher erschnüffeln und sich dann denken, oh, hier scheint es sehr beliebt zu sein, möchte das auch, aber ich habe irgendwie immer entweder gar keinen Sex oder eben, so wie jetzt gerade: sehr, sehr viel Sex.

Es ist der Sommer, in dem in Berlin irgendwie schlagartig alle poly werden – was in der Tinder-Tagline übersetzt so viel heißt wie »Bild dir bitte mal bloß nicht ein, dass das mit uns was Exklusiveres werden könnte«.

Ich überlege also kurzerhand, ob ich nicht auch einfach poly bin. Das klingt immerhin wesentlich griffiger als *Eigentlich hab ich total Liebeskummer, vögle mich jetzt auf einem Egotrip durch die halbe Stadt und diversifiziere die Aufmerksamkeit, die ich brauche, um mein angebröseltes Selbstwertgefühl wieder aufzupolieren, auf möglichst viele, möglichst unterschiedliche Menschen, damit mir kein Einzelner mehr wehtun kann.*

So wie die Mädchen, die damals in der Mittelstufe einfach nur ehrlich magersüchtig waren, heute plötzlich ein paar echt schlimme Nahrungsmittelunverträglichkeiten haben und nie wieder Kohlenhydrate essen, weil sie »mehr auf sich und ihre Gesundheit achten«, finde ich Monogamie jetzt ein echt olles patriarchales Konzept, das meiner unbezähmbaren weiblichen Lust sowieso nicht gerecht werden kann.

Und es funktioniert: Ich habe mehr Sex als je zuvor und dabei sehr, sehr viel Spaß.

Beruflich ist es dasselbe Spiel: Auf einmal reißen sich schlagartig alle um diese verrückte neue Sexkolumnistin aus diesem Internet. Ich bekomme Angebote als Kolumnenschreiberin, Toytesterin, Kummerkastentante vom Dienst.

»Ganz tolle Chance«, »Reichweite nutzen«, »auch Werbung für dich« ... Geld? »Ach so, nein, Budget ist dafür intern leider nicht vorgesehen.«

Wäre ich nicht schon deutlich länger in meinem Beruf tätig, würden mir die meisten dieser Süßigkeitenonkel-Anfragen vielleicht etwas mehr entlocken als ein müdes Lächeln.

»Kein Ding, ich frag meinen Vermieter, ob er auch Vibratoren nimmt!« schreibe ich dann zurück, was natürlich ein bisschen lustig ist, weil ich schon über zwei Jahre keinen festen Wohnsitz mehr habe.

Jeden, der mich fragt: »Wie kannst du dir diese ganze Reiserei eigentlich leisten?«, frage ich zurück, wie er es sich leisten kann, daheim zu bleiben. Selbst mit Flügen und den nicht allerbeschissensten Airbnbs liegen meine Lebenshaltungskosten nämlich meist deutlich unter denen eines Festangestellten in einer deutschen Großstadt.

Ich bin deshalb unbestechlich gegenüber den »tollen Chancen«, die mir angeboten werden. Bis eine davon zur Abwechslung mal wirklich toll ist: Ein sehr großer Sextoy-Onlinehändler lädt mich zu einer Toymesse nach Los Angeles ein.

In meiner Suite steht eine Badewanne mitten im Raum, auf dem Nachtkästchen liegen Drehbücher, von meinem Kingsize-Bett aus kann ich das Hollywood-Zeichen im Morgengrauen sehen, und der Zimmerservice bringt mir eine French Press Vanilla Roast gegen den Jetlag. Alles echt gar nicht so schlecht für jemanden, der vor dreieinhalb Monaten im ehemaligen Kinderzimmer und in Dinosaurierschlafanzughosen eben mal so einen Blog gegründet hat, finde ich.

Am Abend stoßen die Marketingchefin und ich im Soho House Beverly Hills mit Blick auf die Glitzerlichter der Stadt auf meinen neuen Sponsorendeal an, der ab sofort mein tiefenentspanntes bedingungsloses Grundeinkommen für relativ wenig Arbeit sichern wird.

Was willst du? Kannst du haben.

If you want romance,
fuck a journalist.
W. H. AUDEN

EIN JAHRTAUSENDEALTES RITUAL

Zurück in Berlin treffe ich Dirk, nein, halt, stop: Janaka – »Der, der viel bewirkt«, wie er sich seit seiner Mantraweihe in Rishikesh nennen darf. Janaka macht eigentlich in Sales Management, jetzt aber gerade in Krankgeschrieben-weil-Burn-out.

Eigentlich ist er Tantramasseur und will seine Leidenschaft nun zum Beruf machen und deswegen mal mit mir quatschen, um rauszufinden, wie das so läuft, wenn man es richtig macht. Networking halt, irgendwie. Dass ich dann im Gegenzug nach dem vierten Glas Wein »Und, zeigst du mir das dann mal mit diesem Tantra?« frage, ist eigentlich nur noch reine Formalität. Ich habe schließlich immer noch eine Fucket List abzuarbeiten.

Die Heilsversprechen von Tantra sind ja relativ vollmundig: Man fühle sich danach »wie neugeboren«, von einer ganz neuen Form der Selbstliebe erfüllt, endlich im Einklang zwischen Sexual- und Herzenergie, alte Traumata und Muster komplett aufgelöst. Sprich: Bäm, einmal richtig angefasst, schon schlagartig komplett heilig, Chakren clean.

»Ach so, du penetrierst noch? Das grenzt für mich inzwischen ja an Nekrophilie« hat mir mal ein besonders schlaumeieriger Freizeitguru in einem Interview mansplaint.

Was mich am Tantra-Wording immer schon stört, ist diese ständige Betonung von »männlicher« und »weiblicher« Energie. Die »Logik« und das »Chaos«, ja nö, schon klar.

Und natürlich auch diese sehr amerikanische Siebzieger-Jahre-Überwindungslogik von Traumata, die man auflösen muss, damit alles gut wird, damit man *endlich mit seiner Weiblichkeit in Einklang kommt.*

Ich bin vor allem deshalb auf Tantra gespannt, weil Orgasmic Meditation daraus einige Elemente übernommen hat, die ich ziemlich sinnvoll finde: die absichtslose Berührung, die klare Trennung zwischen Gebendem und Nehmendem, das streng Ritualisierte und dass man es zumindest theoretisch mit jedem machen könnte.

Warum also nicht auch jetzt mit Dirk aka Janaka?

Auf einer Technoparty wäre er mir nicht weiter aufgefallen. Jetzt tanzt er in einem orangeroten indischen Lendenschurz, auch Lunghi genannt, um mich rum, während ich, auch in so einem Teil, wie ein Seestern auf einer Matte auf dem Boden liege.

Dieses Zur-Abwechslung-einfach-mal-nix-machen-Müssen kommt einem als Selbstständige ja schon sehr entgegen. Sonst bin ich den ganzen Tag *out there*, schreibe am Fließband Artikel, verhandle, gebe Interviews, stelle mich dieser Welt – jetzt lasse ich einfach mal Dirk machen, der nun beginnt, mit einer Pfauenfeder an meinem Körper herumzukitzeln. Puh, ernsthaft?

Aus der Passivität heraus lässt es sich eben einfach auch wesentlich besser bewerten.

Auf einmal riecht es nach ... warte mal, Chinapfanne?

Dirk beginnt, mich mit Sesamöl einzureiben, und ich bekomme direkt so Assoziationen mit dem Zwölf-Mark-neunzig-Asia-Wok-Buffet meiner Dorfjugend. Mmmmh, Bami Goreng.

Irgendwas sagt mir, dass da gerade ganz klar das falsche Chakra aktiviert wurde, aber ich will keine Spielverderberin sein.

»Darf ich deine Yoni berühren?«, fragt Dirk jetzt, nach sehr viel betont absichtsloser Oberschenkelmassiererei.

Joah, dafür sind wir ja auch irgendwie hier, oder?

Dafür, dass *der Orgasmus nicht das Ziel ist*, geht Dirk dann allerdings relativ zielstrebig vor. Jahrtausendealtes, heiliges Yoni-Ritual. Oder auch: Er holt mir halt einen runter.

Fühlt sich irgendwie an wie immer, also nicht ungut, technisch voll in Ordnung, aber eben doch so weit egal, dass ich auf einmal wie kopfschüttelnd neben mir stehe und mich frage: Sag mal, Mädchen, was soll dieser ganze Quatsch hier denn eigentlich?

Dann komme ich, zielstrebig und effizient. Dirk streichelt noch ein bisschen absichtslos weiter, aber eigentlich ist schon klar, dass es das hier jetzt war mit dem ach so hochheiligen Ritual.

Als ich danach an der Straßenbahnhaltestelle stehe, fühle ich mich zum ersten Mal seit Beginn meiner Sexperimente so richtig dreckig und austauschbar.

Vielleicht liegt es daran, dass mir bei jeder meiner Bewegungen so ein Hauch A-26-pfannengerührtes-Wokgemüse aus dem Ausschnitt entgegenweht. Vielleicht aber auch daran, dass ich eben doch nicht erleuchtet genug bin, um meine Sexualität mit jedem teilen zu können.

Und das wahrscheinlich auch einfach gar nicht möchte.

Das eben hat sich kein bisschen heilig angefühlt, sondern tatsächlich so richtig random. Nichts gegen Dirk, der ist echt ein total korrekter Typ, aber halt einfach nicht mein Typ. Mein Typ hat, wissen wir ja, *seinen Kampf und ich meinen.*

Zum Glück bleibt mir wieder mal relativ wenig Zeit, ausführlicher über solche Dinge nachzudenken, weil mich mein nächster Frauenzeitschriften-Rechercheauftrag nach Barcelona führt: ans Porno-Set von Erika Lust.

I believe that learning about sex from porn is like learning how to drive from watching The Fast and the Furious. A fucking terrible idea.
JAMEELA JAMIL

PORN THIS WAY

Seit ich über Sex schreibe, ist Pornografie eins meiner Steckenpferde.

Weil ich sie nie richtig greifen konnte, nie ganz durchschauen, was das eigentlich alles soll.

Mein Freund mit achtzehn hatte ein gruseliges Palmers-Ärsche-Plakat überm Bett hängen und aus seiner Pornoleidenschaft keinen großen Hehl gemacht. »Was ist schon dabei, wenn ich mir gern schöne nackte Frauen anschaue?«

If you can't beat them, join them, dachte ich mir, schaute mit ihm einen Porno und war ekelfasziniert, aber auch irgendwie angegeilt von langen Fingernägeln, Rasurbrand und künstlichem Rumgestöhne.

Das pornotypische Rumgehoppel konnte ich ihm mit »Ey, LANGSAMER« zum Glück austreiben – noch Jahre später schwärmte er von der sexuellen Erleuchtung, die ihm durch dieses »Ey, LANGSAMER« zuteilwurde. Kriegt man halt insgesamt schon auch mehr mit, wenn man sich durch das alles nicht ganz so stramm durchturnt.

Dass Pornos etwas mit Menschen machen, habe ich also früh am eigenen Leib erfahren und war fasziniert von der Faszination, die sie auf andere Menschen ausüben.

Ich kann die Studienergebnisse nachvollziehen, in denen Frauen angeben, dass sie das auf dem Bildschirm null geil macht, während eine Sonde in ihrer Vagina, die die Erregung misst, das komplette Gegenteil anzeigt. Genau so fühlte sich Pornografie auch für mich immer an: Mein Intellekt sagt »Ich bitte dich« und mein Körper »Geil, ficken!«.

Dass man Kopf und Körper pornografisch in Einklang bringen kann, erfahre ich erst mit Anfang zwanzig im Erotikmagazinpraktikum, als ich zum ersten Mal einen Arthaus-Porno der Harvardabsolventin Jennifer Lyon Bell sehe.

Gefilmter Sex, bei dem die Handlungsmotivation der Protagonisten zumindest ein Stück weit über die Klassiker »Ich soll hier ein Rohr verlegen« und »Warum liegt hier eigentlich Stroh« hinausgeht. Bei dem die Menschen, die Sex haben, einfach mal nicht so wahnsinnig künstlich sind und der Sex aussieht wie Sex, den ich auch gerne haben würde.

Das macht was mit einem, zu sehen, dass es auch anders geht. Wie zum ersten Mal Entrecôte essen, wenn man nur Bahnhofskioskdöner gewohnt ist.

Für das Filmsonderheft des Erotikmagazins ziehe ich mir damals in einem Monat schlappe hundert Pornos rein. Das ist nicht nur der Monat, in dem ich mit Yoga anfange, um nicht komplett stulle in der Birne zu werden, sondern auch der Moment, in dem ich beginne, eine Art Diskursanalyse der beknacktesten Porno-Moves zu machen, die mich im Real Life auch immer total nerven.

Alles erkenne ich auf dem Bildschirm wieder: das manische Klitorisperlenoberseitengerubbel, das Duracellhäschengehoppel, das schlagartig-grundlose In-den-Doggystyle-Wechseln, das vollkommen deplatzierte amerikanische »You like that, huh«-Gelaber, gern gefolgt vom für mich extrem kontraproduktiven »Oh ja, Baby?«-Gecheerleade auf dem Weg Richtung Orgasmus.

Und natürlich mein Favorit, die immerhin höflich gemeinte Frage: »Wohin soll ich denn kommen?« Über die Hegemonie des Cumshots könnte ich inzwischen eine komplette Doktorarbeit schreiben, so absurd scheint vielen Männern der Gedanke, einfach mal ins Kondom zu ejakulieren, während sie noch in der entsprechenden Person drinstecken.

Aber *whatever floats your boat*, es gibt ja tatsächlich viele Frauen, die Sperma gerne auf ihrem Körper oder in ihrem Gesicht kleben haben. Und gut gegen Falten ist es angeblich auch.

Ich persönlich finde die Idee allerdings in etwa so attraktiv, wie von jemandem angeschnäuzt zu werden: not very much at all, thank you.

Den Satz »Mach doch mal *langsamer*, ey« sage ich also noch sehr, sehr oft. Keine Lust auf dieses beknackte, zackige Leistungsgeturne, in dem exakt jedes Mal, wenn ich kurz davor bin, mich auf einen Rhythmus einzustellen, schlagartig die Stellung gewechselt wird. Und zwar meistens eine, die vielleicht vor einer Kamera gut zu visualisieren wäre, sich aber in echt kein bisschen gut anfühlt.

Je länger ich mich mit dem Thema auseinandersetze, umso absurder finde ich es, wie sehr Menschen ihre eigene Intimität einer künstlich erzeugten – und außerdem für mich leider wirklich echt ungeilen – Ästhetik unterwerfen.

Genauso stullenblöd und problematisch finde ich das immergleiche Narrativ: Egal ob Casting-Couch oder Pizzabote, es geht immer irgendwie darum, dass eine grundsätzlich möglichst *unschuldige* Frau plötzlich – huch! – gegen ihren ursprünglichen Willen in eine sexuelle Situation hineingetrickst wird und durch die magische Kraft eines Penis feststellt, wie wahnsinnig toll das doch ist, da gerade so grob und stumpf-stakkatoartig durchgenagelt zu werden.

Das ist exakt dasselbe Narrativ wie bei Fifty Shades of Grey, nur dass es da noch ein paar teure Designerklamotten und soft-BDSMige Sextoys als Product Placement on top gibt und am Ende geheiratet wird. Weil nichts davon auch nur eine Zehntelsekunde lang subversiv ist, fügt es sich nahtlos in das Phantasierepertoire langweiliger Menschen ein.

Ich selbst bemerke immer öfter, wie sehr Männer aus dem Takt geraten, wenn man ihr »You like that, huh« einfach mal ehrlich beantwortet oder gar selber aktiv in das repetitiv runtergespulte Geschehen eingreift.

Scheint irgendwie keiner so richtig gewohnt zu sein, dass Menschen in echt anders funktionieren als im Mainstreamporno und das dann auch noch ehrlich sagen.

Es ist also seitdem eine, natürlich wahnsinnig uneigennützige, Mission von mir, feministische Pornografie bei jeder sich bietenden Gelegenheit medial zu pushen. Und meine Blogleser*innen klicken das Thema wie verrückt.

Erika Lust, die eigentlich Erika Lund heißt und inzwischen so etwas wie die Queen of Feminist Porn geworden ist, hat sich ihren soliden schwedischen Grundschullehrerinnencharme bewahrt.

Ursprünglich mal Werbefilmerin, hat sie irgendwann aus derselben Kopf-Körper-Diskrepanz, die ich auch kenne, angefangen, Pornos für Frauen zu drehen.

»Pornos für Frauen, heißt das, da werden zur Abwechslung mal die Männer so richtig niedergemacht und wie Tiere behandelt?«, hat mich mal eine Freundin gefragt.

Natürlich nicht. Das, was hier passiert, nenne ich im Blog *Sex mit artgerechter Menschenhaltung*. Filme, in denen schöne Menschen schöne Orgasmen haben und sich wohl dabei fühlen. Feminismus ist schließlich für alle gut – das kapieren auch Erika Lusts siebzigtausend zahlende Abonnent*innen, die inzwischen zu über sechzig Prozent aus Männern bestehen.

Wie artgerecht die Darsteller bei Erika Lust behandelt werden, davon soll ich mich heute selbst überzeugen.

Das Set ist ein Weinkeller in El Born, in dem ein sexy grau melierter Sommelier von einer frechen Studentin verführt wird.

Um neun Uhr morgens wuseln hier schon gut fünfzehn junge Frauen und Gayboys rum, alle in schwarzen Skinny Jeans und Turnschuhen. Es gibt Croissants, Obst, vegane Schokolade. Dazu spanisches Stimmengewirr, *vale vale vale, que tal*.

Auf Anweisung von Erika Lust kuscheln die beiden Darsteller sich schon mal warm, um ein Gefühl für den Körper des anderen zu bekommen. Wie süß.

Die Sexszenen werden angezogen vorgeturnt. Sex im Stehen, am Weinregal, auf einem Fass, wie ist das Licht?

Es ist genau so, wie jede*r Schauspieler*in von jedem Filmset der Welt berichtet: sehr viel Gestehe und Rumgesitze, Gewarte und Wiederholungen.

Zwölf Stunden Arbeit für am Ende gut fünfzehn Minuten Film. Fünfhundert Euro bekommen die Darsteller*innen hier für so einen Drehtag, und zwar egal, was für Szenen gedreht werden. An vielen anderen Sets wird beispielsweise Analverkehr extra entlohnt, aber bei Erika Lust soll kein Anreiz dafür geboten werden, Dinge zu tun, obwohl man sie nicht mag, nur weil die Kohle lockt.

Die Sexszenen werden zuerst gedreht, weil sich jetzt alle noch frisch fühlen.

»¡Y – accion!«

Sie sitzt mit breit gespreizten Beinen auf einem Weinfass, er leckt sie, ihre Füße in Chucks zucken. Währenddessen tanzen fünf Frauen um die beiden Darsteller herum, Ton, Licht, Kamera. Es fühlt sich alles ein bisschen surreal an, und selbstredend genau null geil.

Ich versuche möglichst leise zu atmen und niemandem dabei im Weg rumzustehen. Als es so richtig ans Eingemachte gehen soll, bekommt der Darsteller auf einmal Kreislauf. »¡Tenemos una Pausita!«, ruft die Pornogrundschullehrerin.

Erst haut er sich irgendein Gel auf den Penis, dann schmeißt er schließlich doch eine Viagra ein. Job ist eben Job, auch hier am Fairtrade-Pornoset.

»Porno ist eine Phantasie. Die Menschen wollen nicht die Realität. Keiner will sehen, wie mein Schwanz schlappmacht«, erklärt der Darsteller mir im Interview, das ich in der Drehpause führe. Ob das hier besser wäre als ein normales Pornoset, frage ich ihn.

»Dieses Künstlerische dauert immer alles viel länger. Und ich muss nicht nur hier schauspielern« – er zeigt auf seinen Schritt –, »sondern auch da«, er tippt sich an die Stirn. »Tausend Augen, die dich und deinen Penis anstarren. Das ist echt ein harter Job. Du kannst es zu Hause voll bringen, aber an einem Set ist wieder alles ganz anders.«

Was ihm an seinem Beruf gefällt, frage ich.

»Ich mag Mädchen und Liebemachen. Und ich zeige gern meine Männlichkeit, das ist total primitiv. Währenddessen macht das nicht so viel Spaß, aber danach bin ich vor meinen Homies der Held.«

Noch so eine Bildungsbürgerillusion wegrationalisiert – selbst an einem feministischen Fairtrade-Pornoset geht es also nicht primär um Lust und Liebe, sondern natürlich auch um Performance und Geld.

Wie ein Teil aus der H&M-Conscious-Collection: Kostet ein bisschen mehr, sieht auch ein bisschen besser aus, aber das Gefühl, sich moralisch überlegen geshoppt zu haben, hält eben nicht allzu lang an.

Klar, hätte man sich ja auch denken können. Wie wenig gut sich das anfühlt, was hinterher so gut aussieht, finde ich aber doch ein bisschen ironisch.

Nach zwölf Stunden Dreh hänge ich vollkommen platt in der U-Bahn, als mich drei kleine Gangsterboys anbaggern. Ach, wenn ihr wüsstet, Süßis, denke ich mir und lächle nur müde zurück.

Wenn es keine Scham gibt, muss man Gewalt anwenden, um Menschen zu beherrschen. Mit Scham kann man sie regieren, weil sie die Regeln, wie sie sich anderen Menschen gegenüber verhalten sollen, internalisiert haben.

KONFUZIUS

TRIGGER WARNING

Je länger ich reise, umso mehr spüre ich, wie sehr sich das Energielevel einer Stadt auf mein eigenes überträgt. In Berlin bin ich nur am Rennen, Konsumieren, Feiern und Vögeln. Barcelona im Frühherbst hingegen entspannt mich. Es fühlt sich an wie eine Stadt, in der Sonntag gemacht wird.

An einem solchen Sonntagnachmittag sitze ich 2015 in einem Café am Strand in der Herbstsonne und lese einen Artikel auf Edition F: *Ich bin vergewaltigt worden – warum ich nicht länger schweige.*

Sophia Hoffmann hat ihn geschrieben, eine vegane Köchin aus Berlin, mit der ich ein gutes Dutzend gemeinsame Facebookfreunde habe. Ein zutätowiertes, toughes, sehr hübsches Weib, mit dem ich wahrscheinlich auf einer Party irgendwann besoffen in der Ecke Fickgeschichten tratschen würde, nachdem ich mir genügend Mut angetrunken hätte, um sie anzusprechen. Sophia ist cool. Genau die Sorte Frau, mit der ich befreundet sein will.

Als ich die Überschrift lese, denke ich also erst mal: Wow, hat die Eier. Und dann: was, echt, die?

»Bin ich nicht selbst schuld? Ein bisschen zumindest? Gibt es das überhaupt? Ein bisschen Schuld?«

Schon die ersten vier Sätze sorgen dafür, dass meine Augen anfangen zu brennen.

»Vielleicht war das Ganze ja ein Missverständnis, und er dachte, es ist okay?«

Mein Körper gefriert.

Ich kann mich auf einmal nicht mehr bewegen. Nur weiterlesen.

Sophia beschreibt eine besoffene Partynacht, die ihr Leben verändert hat. Wie sie bei einem Typen, mit dem davor nichts lief und der sie null interessiert hat, einfach nur ihren Rausch ausschlafen wollte und davon wach wurde, dass er sie penetrierte. Vor allem beschreibt sie ziemlich präzise die Gefühle, die sie danach hatte: Wie in Watte gepackt sein, es immer weiter wegschieben, sich selbst die Schuld geben und damit irgendwie weitermachen. So tun, als wäre nichts gewesen.

Ich erkenne jedes einzelne dieser Gefühle wieder, ich hätte sie nur nie so verbalisieren können, geschweige denn, mir erlaubt, sie wirklich zu fühlen.

»Der Grund, weshalb ich diesen Beitrag verfasse, ist, dass ich es selbst nicht glauben kann, wie lange ich mich für die Vergewaltigung verantwortlich gemacht habe. Ich bin überzeugte Feministin. Sofort würde ich auf die Straße gehen, wenn es um die sexuelle Selbstbestimmung der Frauen geht, würde mir jemand die Geschichte erzählen, würde ich ihn bestärken, rechtliche Schritte einzuleiten. Ich habe das damals nicht getan.«

Ich natürlich auch nicht. Ich bin Juristenkind. Ich weiß, dass die nüchterne Beweis- und Gesetzeslage immer das letzte Wort haben werden, auch wenn das subjektive Gerechtigkeitsempfinden ein komplett anderes sein kann.

Ich weiß, dass es für das, was zwischen meinem Ex-Freund und mir in dieser beschissenen Ferienwohnung passiert ist, keine vor Gericht objektivierbare, allgemeingültige Definition geben kann. Gewalt ja, das auf jeden Fall. Aber eine Vergewaltigung?

Mir war schon in dem Moment, als ich nach der Trennung schlagartig all diese Gewalt realisiert hatte, klar, dass ich damit vor keinem Gericht der Welt durchkommen würde. Es war ja auch kein klischeemäßig dahergelaufener Typ nachts im Park, sondern mein Freund, mit dem ich danach noch einen guten Monat zusammen war, bevor ich schließlich endlich gehen konnte.

Es hätte Aussage gegen Aussage gestanden – nur dass die eine Aussage die einer Sexkolumnistin mit großen Brüsten gewesen wäre und die andere die eines allseits beliebten, erst mal schüchtern wirkenden Typen mit gebügelten Kurzarmhemden, der sich mit Genderthemen beschäftigt.

Es gab keine Augenzeugen. Der einzige »Beweis« war ein längst rausgewaschener Blutfleck in meiner Unterhose, der auch alles Mögliche hätte bedeuten können.

In meiner WG hätte mich jemand schreien hören können, auf dieser komischen Insel nicht. Meine Mitbewohnerin, die mich besser kennt als ich mich selbst, hätte am nächsten Tag merken können, dass etwas an mir anders ist als sonst.

Habe ich vielleicht doch überreagiert? War es ein Missverständnis? Habe ich das »Hör auf« in diesem Moment etwa nicht laut und deutlich genug gesagt? Hat er das – boys will be boys – im Eifer des Gefechts und im Überschwang seiner Hormone vielleicht einfach mal eben überhört? Hätte ich mich erfolglos körperlich zur Wehr setzen müssen, damit das, was nach meinem Nein passiert ist, sich klar als Vergewaltigung hätte qualifizieren lassen?

Laut deutscher Rechtsprechung zum damaligen Zeitpunkt: ja.

Erst Jahre später hat sich das Gesetz entsprechend verändert. Der Paragraf 177 des Strafgesetzbuchs, der in der Boulevardpresse auch als »Gina-Lisa-Paragraf« gehandelt wurde, verankerte 2016: Nein heißt Nein. Ab diesem Zeitpunkt macht sich nicht nur derjenige strafbar, der Sex mit Gewalt oder Gewaltandrohung erzwingt, sondern auch, wer sich über den *erkennbaren Willen* des Opfers hinwegsetzt.

Davor ist »Mitten im Sex seine Meinung zu ändern, ohne dabei um sich zu schlagen« einfach noch keine Option.

Ich habe mich körperlich nicht zur Wehr gesetzt gegen jemanden, der gute fünfzehn Zentimeter größer und kräftiger ist als ich und mich diese körperliche Überlegenheit schon oft genug hat spüren lassen. Ich habe »Nein« gesagt, »hör auf«, er hat dieses Nein ignoriert.

Ich bin in eine Schockstarre gefallen und habe es über mich ergehen lassen.

Es danach von mir weggeschoben und abgehakt. File it under fuck it. Kollateralschäden. Das Wort *Vergewaltigung* habe ich damals nicht wirklich gedacht.

Nur so was wie: Vielleicht bin ich halt auch einfach jemand, dem so etwas irgendwann mal passieren musste, bei dem ganzen Sex, den ich immer so habe.

Das war auch das, was eine meiner zu diesem Zeitpunkt besten Freundinnen ein paar Wochen nach der Trennung zu mir gesagt hat, als ich versucht habe, ihr zumindest ansatzweise von seinem manipulativen Verhalten zu erzählen: »Da musst du dich vielleicht aber schon auch mal fragen, warum du so etwas anziehst.«

Ja klar, muss ich wahrscheinlich. Gehören ja schließlich immer zwei dazu: derjenige, der manipuliert, und derjenige, der sich manipulieren lässt.

Also war es schon auch ein bisschen meine eigene Schuld, oder?

»Gibt es das überhaupt? Ein bisschen Schuld?«

Ich bin wie diese Sophia – eine toughe, selbstbestimmte Frau, die viel und gern rumvögelt. Sie schreibt, ihr habe Sex immer Spaß gemacht. Davor – und danach auch. Same.

Ich war davor schon Sexkolumnistin und war es, nach ein paar Monaten Reisepause, dann auch sehr gern wieder. Ein Vergewaltigungsopfer sieht doch anders aus als Frauen wie wir, oder?

Ich habe da eher so einen *Girl, Interrupted*-Charakter vor meinem inneren Auge, mit abgekauten Fingernägeln, zerrissenem weißen Baumwollnachthemd, in einer Irrenanstalts-Ecke katatonisch vor sich hin wippend. *Eine gebrochene Frau. In der Essenz ihrer Weiblichkeit erschüttert*. Jemand, der danach ganz bestimmt nie, nie wieder Sex haben will, geschweige denn aus beruflichen Gründen darüber schreiben möchte.

Mit diesem beknackten Narrativ kann ich mich echt mal so null Komma null identifizieren.

Das ist dieselbe patriarchal-peniszentristische Weltsicht, mit der davon ausgegangen wird, dass man einer Frau mit ihrer Jungfräulichkeit auch *die Ehre nimmt*, als wäre diese Ehre etwas, was einem mit »Einmal was wo reinstecken« genommen oder gegeben werden könnte. Sorry not sorry, Boys, aber ganz ehrlich: So viel Macht hat kein Penis auf dieser Welt.

Das, was mir damals passiert ist, hat mich kein bisschen gebrochen. Im Gegenteil. Es hat mich kompromissloser und konsequenter gemacht und mir vor sehr vielen Dingen die Angst genommen.

Als ich mich nach meiner Trennung wieder zusammengepuzzelt habe, fiel mir auf, dass mein Ex-Freund immer genau dann »ungeschickt« geworden ist, wenn ich mich anders verhalten habe, als er sich das vorgestellt hatte. Wenn er mich nicht in diese vorgefertigte Form pressen konnte, in das durch seine Ex-Freundin frei gewordene Regalbrett in seinem Gefühlshaushalt.

Er musste gewalttätig werden, jedes Mal, wenn ich irgendwie zu »zu« für ihn war: zu unabhängig, zu erfolgreich, zu sexuell erfahren, mit zu viel eigener Meinung.

Ein Gefühl der Unterlegenheit, das er nur mit psychischer, physischer und sexualisierter Gewalt kompensieren konnte. »Ich weiß nicht, was er damals mit dir gemacht hat, aber ich weiß, was danach von dir übrig war«, sagte eine meiner Freundinnen Jahre später zu mir.

Die beste Rache ist ein gutes Leben, dachte ich mir damals nach der

Trennung und habe prompt relativ systematisch all das getan, was er an mir gehasst hat: reisen, Erfolg haben, rumvögeln. Ich wollte ganz einfach nie wieder jemand sein, den man mit jemandem verwechseln kann, der sich in so ein beschissenes vorgefertigtes Korsett zwängen lässt.

Vermutlich musste ich erst das Standing bekommen, das ich jetzt habe, um mir erlauben zu können, all das zu fühlen, was ich jetzt fühle.

Aber wenn das damals keine Vergewaltigung gewesen sein soll, warum fühlt es sich dann jetzt auf einmal wieder so unfassbar scheiße für mich an?

In dem Moment, als ich zu Ende gelesen habe, was Sophia passiert ist, und es alles *echt nicht okay* finde, begreife ich ein Stück weit mehr, dass das, was mir selbst vor Jahren passiert ist, auch wirklich *echt nicht okay* war.

Und trotzdem: *Da musst du dich vielleicht aber schon auch mal fragen, warum du so etwas anziehst*. So ein Satz sitzt tief.

Es entsprach einfach eher meiner sehr selbstbestimmten Logik, ihn anzunehmen, mir selbst einen Teil der Schuld zu geben und das Ganze unter »Ist halt aus dem Ruder gelaufen« abzuspeichern, als mich selbst als Vergewaltigungsopfer zu identifizieren.

Ein Opfer zu sein macht nämlich, wie ich jetzt feststelle, echt wenig Spaß.

Ein Opfer zu sein tut extrem weh. Opfer sind machtlos, und so machtlos wie in dieser einen beschissenen Nacht will ich mich nie wieder in meinem Leben fühlen.

Als ich es schaffe, wieder vom Bildschirm aufzuschauen, bemerke ich, wie sehr ich gerade zittere, obwohl es hier am Strand fünfundzwanzig Grad sind.

Mein kompletter Körper fühlt sich an, als würde er von einer Riesenhand in den Boden gedrückt werden, die kleinste Bewegung kostet mich unglaubliche Anstrengung. Egal, wie man das, was mir damals passiert ist, nun nennen will: Es kegelt mich auf einmal wieder komplett raus.

Ich brauche eine Weile, bis ich und mein Körper wieder einigermaßen im Hier und Jetzt ankommen. Dann tue ich, was schon so oft funktioniert hat: Ich schreibe alles auf.

Grauzonen nenne ich den Text, den ich jetzt in meinem eigenen fucking Blog unter Pseudonym veröffentliche. Ganz so tough wie diese Sophia bin ich dann nämlich doch noch nicht.

Ich schreibe diesen Text, um mein eigenes Opfersein für mich selbst anzuerkennen. Mich mit diesem Opferdasein zu »outen«, das kann ich noch nicht. Ich merke, dass ich Sophia als »diese vegane Köchin, die mal vergewaltigt wurde« abspeichere. Und dafür bin ich noch nicht bereit: dass mich das definiert.

Ich kann mich von nichts definieren lassen, das ich selbst noch nicht richtig definieren kann. Ich will schließlich stark sein. So stark, wie die Menschen in diesem Internet mich finden, die mich seit ein paar Monaten als ihr neues Vorbild in Sachen Offenheit feiern.

Obwohl ich Sophia selbst wahnsinnig stark finde, kommt mir der Gedanke, dass anderen das bei mir auch so gehen könnte, noch lange nicht.

Im Gegenteil: Ich habe Angst, dass mir diese Erfahrung ein Stück meiner Credibility als Sexkolumnistin nehmen könnte.

Dass Menschen dann ab sofort über mich sagen: Mensch, ja, kein Wunder auch, dass die jetzt so viel rumvögeln muss, diese ganzen riskanten Sachen da macht, ohne Rücksicht auf Verluste durch die Weltgeschichte gurkt und dann auch noch so dermaßen schamlos darüber redet. Vergewaltigungsopfer halt, *ihrer weiblichen Würde beraubt*, bleibt ihr wohl nichts anderes übrig, als derart offensiv-überkompensativ mit ihrer Sexualität umzugehen.

Ich habe keine Lust darauf, dass Menschen das lesen und danach denken, sie hätten mich jetzt quasi endlich *durchschaut*.

»Diejenigen, denen Gewalt widerfährt, können eine Gesellschaft, in der Vergewaltigung zum Alltag gehört, nicht ändern. Was wir tun können, ist, das Schweigen zu brechen.«

Sophias letzter Satz bleibt hängen.

Es tut gut, es zu sortieren und aufzuschreiben und in meinem selbst gezimmerten, geschützten Rahmen auf *Veröffentlichen* zu klicken, die Likes zu sehen, die Kommentare. Auf einmal kribbelt das Blut wieder in meinen Adern, und ich kann wieder das Meer neben mir rauschen hören.

Das Internet tut, was das Internet tun soll: Ich fühle mich mit dem, was mir damals passiert ist, fucking vier Jahre später auf einmal endlich nicht mehr wie der einsamste Mensch auf der ganzen Welt.

I really am such a greedy person for life.
I don't have time to waste pretending to be alive.
ZADIE SMITH

EINE NACHT MIT DEM LVSTPRINZIP

Als ich nach einer hingebungsvollen Nackenmassage die Augen wieder öffne, sind auf einmal fast alle Menschen im Raum halb nackt. Ich hatte ja gehofft, dass unser Plan aufgehen würde, aber gleich so? Ich hole mir noch ein Glas Crémant und spüre, wie die Anspannung der letzten Wochen ein Stück von mir abfällt. Ben lächelt mich an, so lange, wie man nur auf einer Sexparty jemanden anlächeln kann, ohne dass es komisch wirkt. Eine Sexparty, deren Gastgeberin ich bin.

Warte, was?

Goldene Berlinregel: Wenn zwei Eventmanagerfreundinnen mit einer Wellnessretreatplattform dich fragen, ob du nicht Lust hast, gemeinsam mit ihnen unter deinem Namen eine Orgie zu hosten, sag einfach Ja.

In Terms of *Was werden wohl die Leute denken* ist das zwar definitiv eine andere Nummer, als mal so ein bisschen über Toys und Pornos zu bloggen. Aber dieses Gefühl von Macht und Selbstwirksamkeit, sieben ineinanderverkeilten Leuten beim Vögeln zuzusehen und zu wissen, dass dieser Sex gerade nur stattfindet, weil wir ihnen genau diesen Raum dafür geschaffen haben, ist mit keinem anderen Gefühl auf der Welt zu vergleichen.

Wir haben das riesige Altbauloft der beiden mit Gourmet-Catering, Discokugel, Pornokino, Fairtradekondomen, Matratzenlager und einem Berg gesponserter Sextoys in die dekadenteste Hausparty aller Zeiten verwandelt. »Wahrscheinlich hätten wir denen auch einfach 'ne Turnhalle aufsperren und sagen können: Hier, könnter jetzt vögeln, viel Spaß«, wird Greta bei der Zigarette am nächsten Morgen sagen, als wir drei kopfschüttelnd die Nacht rekapitulieren.

Eine Nacht mit dem Lvstprinzip – eine Sexparty für Menschen, die sonst nicht auf Sexpartys gehen hatten wir das ganze gebrandet. Dreißig Menschen, viele Phantasien – und der Raum, sie auszuleben.

Als die zahllosen Bewerbungen auf unseren äußerst ausgeklügelten Fragebogen reinflattern, verstehe ich, wie sehr mir die Menschen inzwischen wirklich vertrauen.

Wir kuratieren uns eine skurril-spannende Truppe zusammen: ein Hypnotiseur, ein Reiseblogger, diverse Start-up-Gesichter, jemanden, der gerade am Set von *Homeland* arbeitet sowie ein Best-of der Fachkräfte, die mir im letzten halben Jahr so begegnet sind: Tantra-Dirk, eine Orgasmic-Meditation-Trainerin, eine Domina und natürlich Klitorisstreichelmoritz.

Nach einer flotten Kennenlernrunde sind die meisten von ihnen jetzt plötzlich direkt wesentlich weniger angezogen. Die Domina peitscht eins der Start-up-Gesichter aus, dessen Start-up-Gesicht jetzt mit einer Ledermaske maskiert ist. Moritz und ich tanzen halb nackt unter der Discokugel zu Creep von Radiohead, er singt lauthals mit.

»Fast wie ein richtiges Pärchen«, raunt er danach in mein Ohr. Zum Glück nicht, denke ich. Es sind zwei Pärchen da. Beide streiten. Gut, hätte man sich vielleicht auch mal vorher schon überlegen können, wie man das mit der Monogamie auf einer Sexparty so handhaben will, aber no judgement. Ben, der poly ist, gibt den vieren einen Crashkurs in Sachen Eifersuchtsmanagement und Sich-für-den-anderen-mitfreuen-Können.

Wieder finden sich unsere Blicke.

»Als ich deine Bewerbung gesehen habe, wusste ich, dass das ein guter Abend wird«, flüstere ich ihm ins Ohr und nehme ihn an der Hand.

Der Anblick im Schlafzimmer nebenan ist spektakulär: Auf Gretas goldenem Bett verknoten sich gerade mindestens sieben Menschen ineinander. Die Jurastudentin mit Brille wird von drei Typen gleichzeitig durchbeglückt, bis das Bett mit lautem Krachen unter dem ganzen Gewackel zusammenbricht. Ben und ich können uns nicht halten vor Lachen – er seine unter den engen Boxershorts deutlich sichtbare Erektion allerdings auch nicht. Wieder mal zeigt sich: Was man sich in der Phantasie als unglaublich geil ausgemalt hat, kann in echt einfach mal genau das Gegenteil von geil sein.

Die Jurastudentin begegnet mir danach mit glasigem Blick und schiefem Pferdeschwanz im Flur.

»Alles okay bei dir, passt alles?«

»Das ist die beste Party meines Lebens.«

Ich sitze zufrieden auf dem Sofa, lutsche bei meinem dritten Glas Crémant ein paar Macarons weg und schaue ein bisschen Erika-Lust-Porno, als sich Ina an mich schmiegt. Wir küssen uns. Und alles zwischen uns wird weich.

Wie immer, wenn ich mit einer Frau Sex habe, werde ich merkwürdig ehrfürchtig. Hier ist nichts Schema F, nichts Routine; alles an ihr finde ich neu, will rausfinden, wie's geht, taste mich vor, schmecke, beobachte, atme, lausche auf die Geräusche, die von irgendwo ganz tief aus ihr rauszukommen scheinen.

»Darf ich?«, fragt Ben, und auf einmal fragen wir uns alle drei, wieso Menschen eigentlich fast immer nur Sex zu zweit haben, wo das hier gerade doch mindestens um ein Drittel besser ist. Es wird egal, wessen Hand gerade wen anfasst, wer wo anfängt und wo aufhört. Wir drei verlieren uns komplett ineinander.

Immer wieder nähern sich uns andere Hände und Körper, wollen hinein in unseren kuscheligen Kokon, aber das steht für uns keine Sekunde lang zur Debatte. Ich dachte immer, dass ein Dreier mit zwei Frauen und einem Mann eigentlich fast nur doof sein kann, weil es ja nur einen Penis gibt.

Aber wenn hier einer von uns dreien zu kurz kommt, dann ist es Ben, so fasziniert sind Ina und ich voneinander. »Ist das okay für dich?«, fragt sie ihn, und er nickt.

Irgendwie kommen wir drauf, dass er Ina und mich für ein Paar gehalten hat und Ina Ben und mich auch – dabei haben wir uns alle drei vorher noch nie gesehen. Mit einem Menschen auf Anhieb so viel Vertrautheit zu haben, ist ja schon absurd, aber gleich mit zwei?

Wir können es alle nicht ganz fassen und wiederholen das Ganze ein paar Tage später bei Ina zu Hause. Gleiches Spiel. Sexmagic.

When too perfect, lieber Gott böse.
NAM JUNE PAIK

DABEI HAST DU DOCH SO EIN HÜBSCHES GESICHT

Auch Moritz sehe ich wieder, um seine neue Wohnung gebührend einzuweihen. Unsere Affäre läuft jetzt seit ein paar Monaten, und er fängt an, Andeutungen zu machen. Dass er an mich denkt. Mich vermisst. Es sind Andeutungen, die ich geflissentlich ignoriere oder mit einem flotten, poly Reisemädchenspruch relativiere. Das hier ist guter Sex, den ich mir nicht durch Gefühle kaputt machen lassen will, zumindest nicht durch solche, die ich selber nicht habe.

Als wir nach dreimal vögeln verschwitzt auf der Matratze am Boden zusammenbrechen, reden wir wie immer über genau irgendwas.

Ich glaube, ich erzähle gerade, dass ich in meiner Freizeit ganz gerne spazieren gehe, was ziemlich deutliche Rückschlüsse auf das Intimitätslevel unserer Beziehung zulässt. Da sagt Moritz: »Spazierengehen bringt überhaupt nichts, wenn du abnehmen willst. Das trainiert ganz falsche Muskelgruppen. Mach Kraftsport. Bei dir kann man echt noch was machen. Du hast doch schließlich auch so ein hübsches Gesicht.«

Ich bin so vor den Kopf gestoßen, dass ich erst gar nicht weiß, was ich sagen soll.

Bisher war ich eigentlich immer naiv davon ausgegangen, dass man nur mit Menschen schläft, die man irgendwie geil findet. Moritz aber erklärt mir jetzt, dass es Teil seines spirituellen Wachstums gewesen sei, zur Abwechslung auch mal einen Körper wie meinen als orgasmisch zu akzeptieren. Von meiner Leibesfülle sei er ja zunächst ziemlich abgestoßen gewesen, aber beim OM hätte er gelernt, dass jede Frau orgasmisches Potenzial habe, egal wie sie aussehe. Ach so.

Es liegt wohl entweder daran, dass ich Journalistin bin, oder irgendwo tief in mir drin doch versteckte masochistische Züge habe, dass ich ihn jetzt frage, warum er mir das eigentlich gerade erzählt.

»Ich will dir helfen! Willst du nicht auch einen funktionalen Körper?«

»Was bedeutet das denn? Ich bin grade fünfmal gekommen, fühlt sich relativ funktional für mich an.«

»Ja, dass du einen Handstand machen kannst zum Beispiel.«

»Ach so? Mach du doch mal einen.«

»Nee, jetzt grad nicht.«

Moritz, der normalerweise vom Kampfsport total durchtrainiert ist, ist gerade selbst etwas außer Form, was ihn unangenehm in seine Nerdiges-dickes-Kind-Jugend zurückzuversetzen scheint – und anscheinend dazu führt, dass er stattdessen einfach mich reparieren will.

Ich wäre ehrlich gesagt nicht mal im Traum darauf gekommen, über so einen Scheiß überhaupt nachzudenken. Weder über Moritz' Körper noch über meinen. Wie ein Körper aussieht, hat ja nichts damit zu tun, wie er sich in Kombination mit meinem anfühlt und was er so kann.

Ich jedenfalls habe noch nie vom Anblick eines Waschbrettbauchs einen Orgasmus bekommen. Im Gegenteil: so ein bisschen Haariger-Bauchansatz-an-Klitoris-in-Reiterstellung – voll der Orgasmus-Lifehack. Darüber sollte Tim Ferriss mal Bücher schreiben. So aufgepumpte Muskel-Ottos lösen bei mir eher Wegrennreflexe aus. Ich frage mich dann immer, was er damit in der unteren Körperhälfte kompensieren will.

Ich habe einen Körper, der sagt: »Ich hab halt auch noch was anderes zu tun als Gym heute«. Spazieren gehen zum Beispiel, oder Vanillecroissants essen.

Und genau so sehen die Körper aus, die ich mag: bewohnt und lebendig, nicht zwangsoptimiert. Klettererkörper. Fußballerkörper.

Spazierengehkörper. Genießerkörper. Ein bisschen Zuviel will ich kneifen, ein bisschen Zuwenig füttern. That's it.

Wenn ich einen Körper mag, mag ich ihn und nicht die paar Kilo mehr oder weniger, die er gerade wiegt. Bis jetzt war ich davon ausgegangen, dass das bei allen Menschen so funktioniert.

Ich weiß, dass ich selbst nicht wahnsinnig dünn bin, fand mich aber auch noch nie übertrieben fett. Stinknormal halt.

Der Common Sense in Sachen Sex meiner Jugend lautete: Männer mögen das doch ganz gern, ein bisschen mehr in der Hand zu haben. »Echte Frauen haben Kurven, nur Hunde spielen mit Knochen«, solche sexistischen Gruselsätze halt.

Bis circa 2014 waren die Menschen, mit denen ich Sex hatte, auf mein Dekolleté fixiert, danach war es, wahrscheinlich Kardashian-bedingt, mein Arsch, für den ich beim Sex mit gestöhnten Komplimenten überschüttet werde.

Ich finde, genau so muss das sein: Dass man dem Menschen, mit dem man gerade Sex hat, mit der angemessenen Ehrfurcht begegnet. Take a lover who looks at you like maybe you are magic. »Bei mir hat sich noch nie einer beschwert«, hätte ich vor dem Erlebnis mit Moritz gesagt.

Umso verstörender ist es also für mich, was der gerade so von sich gibt.

Und dann auch noch ein »Schön, dass ich bei dir so ehrlich sein kann« hinterherhaut. Okay, wow. Heißt das, mich fanden in Wirklichkeit schon total viele andere Menschen nackt eigentlich eher abstoßend und hatten trotzdem mit mir Sex, weil ich halt gerade da war, und haben es nur nicht so *ehrlich* gesagt wie er?

»So was geht tief. Das geht ans Mädchen-Ich«, sagt eine Freundin, als ich ihr ein paar Tage später, noch immer komplett verstört, von diesem abstrusen Postkoitaldialog erzähle. »Zu mir hat mal einer gesagt: Du hast so ein tolles Lächeln, echt schade, dass deine Knöchel so fett sind.« Noch mal: wow. In was für einer Welt leben wir eigentlich, in der Menschen denken, dass so was okay ist?

Moritz braucht mehrere harsche Nachrichten, bis er auch nur ansatzweise kapiert, dass mein anscheinend so abstoßender Körper für ihn ab sofort nicht mehr zur Verfügung steht – weder für krude Verbesserungsvorschläge noch für Sex. Monatelang schreibt er mir immer wieder, entschuldigt sich, will sich treffen, bis ich ihn schließlich auf sämtlichen Social-Media-Kanälen blockiere.

Höchste Zeit, mal wieder den Kontinent zu wechseln – und zwar diesmal zur Abwechslung auf einem Schiff.

Let's go:) hatte einer meiner Digitalnomadenbrudis in unserer Facebookgruppe gepostet, dazu einen Link zu einer Billigdeal-Website. Zwölf Tage Vier-Sterne-Transatlantik-Kreuzfahrt, von Gran Canaria nach Salvador de Bahia, Brasilien, für absurde hundertachtundvierzig Euro, all inclusive. Eine Repositioning Cruise, deren einziger Sinn es ist, Schiff und Besatzung von einer Seite der Welt auf die andere zu bringen. Na ja, es ist billiger als zu Hause zu bleiben. *I'm in, if you're in!*

Zwei Tage später hat meine Tarifa-Gang fast geschlossen gebucht.

Der Post geht viral. Bis zur Abreise sind wir knapp hundert Leute. Irgendwie wurschteln wir eine Konferenz zusammen, mit Keynote-Speakern und Workshops. Auf hoher See müssen sich Digitalnomaden schließlich auch ohne funktionierendes WLAN irgendwie halbwegs sinnvoll beschäftigen können.

Ich kann das so oder so, weil ich die Geschichte direkt an ein großes Nachrichtenmagazin verkauft habe. Die gute alte Prämisse: Alles, was ich tue, entweder von der Steuer absetzen oder darüber schreiben. Oder, wie im Idealfall jetzt: einfach beides.

And for a minute, I lost myself.
RADIOHEAD

DAS LEBEN IST NIE OHNE RESTRISIKO

Zeit für Grundsätzliches, Zeit für ein Shoutout.

I wanna thank the academy, Buddha, dem Instagram-Algorithmus und dem Universum für all die Scheiße, die mir auch einfach mal *nicht* passiert ist. Ich finde, das sollte man schon zwischendurch auch mal einen Moment lang anerkennen. Für jemanden, dessen drei designierte Lieblingsbeschäftigungen – reisen, schreiben, vögeln – alle mit einem ziemlich großen Vertrauensvorschuss und potenziellem Kontrollverlust einhergehen, bin ich schon wirklich erstaunlich oft noch mal echt gut davongekommen.

Klar, man könnte natürlich auch einfach zu Hause bleiben. Oder, wenn man denn schon unbedingt ständig wegfliegen muss, dabei zumindest gewisse Sicherheitsvorkehrungen treffen. Beknackte Rücktrittsversicherungen abschließen, zum Beispiel. Ein Reiseapothekentablettenarsenal dabeihaben, für dessen Zusammensetzung einem das Tropeninstitut der Charité einen Innovationspreis verleihen würde. Immer schön an die Elektrolyte denken. Öfter mal ein Taxi nehmen. Geld hilft.

Man kann einen fake Ehering tragen und damit anerkennen, dass viele Männer auf dieser Welt einen eher als Eigentum eines anderen Mannes respektieren als einfach so, einfach, weil man halt eh auch ein Mensch ist und nicht bloß so eine Frau.

Man kann lernen, gut auf das eigene Bauchgefühl zu hören und damit unpopuläre Entscheidungen zu treffen, die niemand so richtig nachvollziehen kann.

Man kann Hosen mit Taschen tragen statt kurze Röcke und Handtasche. In armen Ländern nicht mit iPhone und MacBook in der Öffentlichkeit rumwedeln. Immer wenig trinken und nie Drogen nehmen, um im Zweifelsfall einen möglichst klaren Kopf bewahren zu können.

Und man kann bei der Auswahl seiner Sexualpartner zumindest halbwegs versuchen, nach *Red Flags* vorzuselektieren.

Versucht er im Gespräch die ganze Zeit, irgendwelche Grenzen zu pushen oder kleinzureden und zu relativieren, was du sagst? Bezeichnet er seine Ex-Freundin als geistesgestört? Macht er sexistische Bemerkungen über andere Frauen oder über dich? Sagt er Sätze wie: »Was soll ich machen, ich bin halt auch nur ein Mann«? Ist er scheiße zum Servicepersonal? Sagen deine Freundinnen: »Bei dem hab ich echt irgendwie ein ungutes Gefühl«?

Man kann lernen, sofort zu gehen, wenn man jemanden das erste Mal bei einer Lüge ertappt. Man kann innerhalb bestimmter Communities daten, die einen klaren Rahmen für das abstecken, was cool ist und was nicht, in der Hoffnung, dass jemand, dem etwas Übergriffiges passiert ist, dann auch den entsprechenden Mut hat, es anzuerkennen und auszusprechen, und so für soziale Ächtung der übergriffigen Person innerhalb dieser Gruppe sorgt.

Man kann systematisch die eigenen Grenzen und Triggerpunkte abklopfen, mit sehr viel Selbsterforschung und Experimenten herausfinden, wo sie liegen, was cool für einen ist und was nicht. Man kann lernen, diese Grenzen klar, freundlich und bestimmt zu kommunizieren, und zwar im Idealfall noch vor dem eigentlichen Sex.

Man kann zu der anderen Person mit nach Hause gehen, damit sie die eigene Adresse nicht kennt, und von unterwegs noch einer Freundin den vollen Namen plus Anschrift dieser Person texten.

Man kann, nein, man *sollte* beim Casual Sex wirklich immer und unbedingt auf ein Kondom bestehen und zwischendurch ruhig auch noch mal paranoid genug sein, um zu checken, ob es noch drauf ist oder abgerutscht oder gerissen oder ob der, der es trägt, es vielleicht doch heimlich runtergezogen hat. Weil *ohne sich halt einfach so viel bes-*

ser anfühlt, siehe weitere dringend nötige Strafgesetzbuchergänzung: Tatbestand Stealthing.

Man kann nachts allein auf dem Heimweg den Schlüsselbund und die eigene Faust MacGyver-mäßig zu einer Waffe kombinieren. Oder gleich ein Pfefferspray einstecken haben, just in case. Es im Jackenärmel verstecken und sich dabei fragen, ob man jetzt gerade übertreibt, sich damit zu sehr in Sicherheit wiegt, oder ob es einem doch auch einfach ein gutes Gefühl gibt, beim Gehen den Zeigefinger über den Sicherheitsverschluss klicken zu lassen.

Man kann darauf achten, nie ohne ausreichend aufgeladenen Handyakku das Haus zu verlassen, damit man sich auch von unterwegs ein Uber oder Taxi rufen kann. Man kann dem Fahrer nicht die eigene Adresse sagen, sondern die grobe Kreuzung oder die Hausnummer nebenan, und wenn er fragt, wo es hingeht, einfach immer sagen: »Zu meinem Freund«, auch wenn das gelogen ist.

Man kann älter werden.

Was entweder dazu führt, dass man auf einmal hässlich und unsichtbar wird, oder eben dazu, dass man nicht mehr ganz so sehr als potenzielles naives Opfer wahrgenommen wird.

Man kann aufhören, im Umgang mit anderen Menschen die ganze Zeit zu lächeln, und stattdessen das eigene Resting Bitchface kultivieren, bis die entsprechend gerunzelte Stirn irgendwann nur noch mit Botox weggeht. »Ich will einfach nicht mehr so zornig aussehen«, sagt man dann zu seinem Hautarzt, was ich verstehe, denn ich will auch ungern für immer so zornig aussehen, wie ich mich wegen dieser ganzen Scheiße oft fühle.

Fakt ist nämlich: Man kann all diese Dinge tun – und bis auf das mit dem Botox habe ich all diese Dinge getan, obwohl einem Letzteres als Journalistin auch noch kostenlos angeboten wird – und wird trotzdem niemals wirklich sicher sein. Weil das Leben nun mal nicht ohne Restrisiko ist, besonders nicht das Leben als Frau. Das kann ich inzwischen so weit schulterzuckend akzeptieren, dafür habe ich genug meditiert.

Was ich dagegen niemals akzeptieren werde: Wenn mir trotz all dieser in sich perversen, oft wirklich unfassbar anstrengenden Vermeidungsgymnastik dann auch noch die Schuld dafür gegeben wird, wenn ich trotzdem Opfer einer Straftat werde. Das ist nämlich nicht nur, ganz nüchtern juristisch betrachtet, falsch, sondern auch rein zwischenmenschlich echt eine krasse Frechheit.

So wie jetzt, in Brasilien.

Zugegebenermaßen: Ich bin wirklich alles andere als in Topform, als ich dieses Kreuzfahrtschiff betrete. Meine Work-Fuck-Balance der letzten Monate fordert so langsam ihren Tribut. Als Freiberufler*in ist man ja gefühlt immer nur so viel wert wie der letzte Kontoauszug, also lernt man, die Wellen, die kommen, zu reiten.

Es ist nämlich nicht nur die Zeit, in der auf einmal allen auffällt, dass ich ganz gut über Sex schreiben kann, sondern auch die, in der sämtliche deutsche Medien das Thema Digitalnomadentum für sich zu entdecken scheinen.

Ich spiele das Spiel lange genug mit, um zu wissen, wie's läuft: Sobald man einmal zu einem Thema interviewt wurde, kommen fünf andere Medien und wollen dasselbe, nur eben ein bisschen anders. Photoshooting hier, Interview da, Artikel recherchieren, zwischendurch Bloggen nicht vergessen und dann noch mal schnell um die halbe Welt jetten. Am Gate so lang weiterschreiben, bis alle anderen schon im Flieger sind. Auf Facebook und Instagram *mit der Community engagen*. Zum Runterkommen ein bisschen vögeln. Nachschub rekrutieren, Groupies selektieren, Gastautor*innen treffen, auf Konferenzen und Partys networken, was in Wirklichkeit keinerlei Unterschied macht.

Während ich den Medien einen erzähle, von meinem tiefenentspannten Traumleben am Strand, *fuck das 9to5*-Hamsterrad und so weiter, stehe ich komplett unter Strom und schlafe immer weniger. Zum Fühlen bleibt da keine Zeit, was ich so weit relativ praktisch finde.

Zwölf Tage ohne WLAN ziehen dann meinem Nervensystem den »always on«-Stecker, und zwar so ruckartig, dass ich den Boden unter den Füßen verliere.

Und weil der Boden auf diesem Schiff sowieso einlullend schwankt, schlafe ich einfach, fast die ganze Zeit. Zehn Stunden jede Nacht, eine nach dem Frühstück und ungefähr drei nach dem Mittagessen. Ich bin wie die Frau aus *Amélie*, die ihren kompletten Schlaf auf einmal nachholt.

Mein Körper fühlt sich unfassbar schwer und alt an, *abstoßend*, wie Moritz wohl sagen würde. Jede meiner Bewegungen tut mir weh.

Und mein Backenzahn. Der pocht, und das schon seit Monaten, was sich langsam nicht mehr so leicht ignorieren lässt.

Ich finde es schön, meine Brudis um mich zu haben, aber gleichzeitig fühle ich mich auf diesem Schiff voller Leute auch ziemlich allein.

Ich bin viel zu kaputt für den ganzen Alkohol und die Partys jede Nacht, kann mit den aggressiv-trunkenen Balzritualen an Bord wenig anfangen.

Klar ficken alle wie wild rum, wenn es kein Internet gibt und man auch sonst nirgendwohin kann.

Ich will eigentlich nur, dass mich irgendwer in den Arm nimmt und zu mir sagt, dass alles okay wird. Ich kenne mich gut genug, um zu wissen, dass kein betrunkener Penis der Welt dieses tiefe schwarze Loch in mir stopfen kann.

»Anderes Energielevel«, kommentiert meine neue Spiri-Gangsterfreundin Maryam das allabendliche Schauspiel in der Borddisco.

Maryam ist cool, mit ihren 1,85 cm plus hoch aufgetürmten dunklen Locken und ihrer unfuckwithable Hamburger-Ghetto-Bitch-Attitüde. Gerade hat sie bei einem Musiklabel gekündigt, wo sie die letzten Jahre Soulmusiker vermarktet hat, und ist jetzt auf der Suche nach sich selbst, dem besten Raw Food, dem Universum und dem ganzen Rest.

Wir bonden bei einer illegal in den Whirlpool geschmuggelten Flasche Riesling, wegen der sie sich so dreist mit einem Securitymann anlegt, dass der uns mit Kabinenarrest droht. Für mich persönlich gerade nicht die schrecklichste aller Drohungen.

Als wir von Bord gehen und sämtliche Hostels ausgebucht sind, lade ich Maryam kurzerhand in mein Hotelzimmer ein.

Eine Woche später wird das Hostel, in dem die meisten unserer Freunde abgestiegen sind, übrigens mitten in der Nacht raubüberfallen. Einer wird angeschossen, einer erstochen. Hat wohl jemand den guten Tipp bekommen, dass da gerade besonders viele MacBooks zu holen sind, wie die Polizei ungerührt konstatiert.

Die meisten von uns sind zu diesem Zeitpunkt schon weiter auf eine einsame Insel gereist.

Mittlerweile tut mein Zahn so weh, dass ich den Tag nur noch auf Höchstdosis Ibuprofen überstehe. Ich sehe ein, dass es wahrscheinlich deutlich klüger wäre, nach Rio zu fliegen, um da einen englischsprachigen Zahnarzt zu finden, als mit den anderen auf die einsame Insel zu gurken, auf der es nur stundenweise Strom gibt.

Und auch Maryam verpasst den Bus zur Fähre und steht nach einem tränenreichen Abschied auf einmal wieder schallend lachend bei mir im Hotelzimmer. Dann eben doch ein Bitchtrip nach Rio, das Universum will es ja anscheinend so.

Das Bed 'n' Breakfast in Lapa ist schön, aber ziemlich verdreckt.

Unser Host ist die Sorte älterer Intellektueller, der sich mit viel dunklem Holz, Literatur und sehr jungen Männern umgibt. »Das ist mein Adoptivsohn«, sagt er über einen von ihnen, der Maryam und mir kaum in die Augen schauen kann.

»Krass ungutes Gefühl bei dem, irgendwie«, sage ich zu Maryam, als wir gerade am Marienplatz von Rio an der Touri-Info vorbei auf eine Kirche zuschlendern. Maryam nickt. »Der wirkt irgendwie so ... missbraucht.« Wir schauen uns an.

Eine Sekunde später springe ich instinktiv einen halben Meter zur Seite.

Mein Körper reagiert schneller, als mein Verstand es könnte. Ein buckliger Mann drängt sich zwischen uns, zerrt an Maryams Jutetasche. »Phone!«, faucht er sie an, »Phone!« Maryam zerrt zurück. Don't mess with that bitch.

In dieser Sekunde hebt er seine rechte Hand, in der er eine große, sehr spitze Glasscherbe hält. Sein toter Blick sagt: Mir komplett scheißegal, wer hier heute noch draufgeht. »Gib ihm die Tasche!«, schreie ich Maryam an. Er reißt, sie lässt los, er rennt davon, lässt die Glasscherbe klirrend fallen.

Wie praktisch, so eine Tatwaffe, die sich anschließend selbst zerstört.

Maryam und ich ringen nach Luft.

»Polizeibericht. Für die Versicherung«, schaltet mein Hirn. Wir stolpern durch die Straßen, bis wir einen Streifenwagen finden. Und einen Passanten, der Englisch kann, unser Gestammel über den Tathergang übersetzt und uns erklärt, was als Nächstes passiert: Wir fahren jetzt mit den Polizisten die Gegend nach diesem Typen absuchen und dann zur Tourist Police, die kann Englisch.

Keine Sorge, das hier sind gute Polizisten, erklärt er uns noch, keine korrupten. Na, dann is' ja gut.

Schon als wir mit der Streife die Copacabana runtercruisen, die wirklich coolen Polizisten für uns auf Sehenswürdigkeiten deuten, irgendwas auf Portugiesisch dazu nuscheln und uns so eine Gratisstadtrundfahrt liefern, können Maryam und ich wieder lachen.

Auf dem Revier nimmt man das, was uns passiert ist, ernst. Ich merke, wie gut sich das anfühlt. Bestätigend.

Wir blättern durch drei dicke Aktenordner voller Verbrecherfotos, so viele tote Blicke, dass wir uns selbst irgendwann komplett leer gesaugt fühlen, als plötzlich Maryams kompletter Körper erstarrt. »That's him«, sagt sie und hat recht. Ein Junkie, mehrfach vorbestraft. Hat das schon mal getan und wird es wohl, ohne mit der Wimper zu zucken, wieder tun.

Unser Gastgeber tut entsetzt, als wir ihm davon erzählen.

»Lasst mich für euch Abendessen kochen, auf den Schreck«, sagt er, schickt einen seiner Jünglinge los, der uns oben ohne in einer Schürze

Fisch serviert. Und danach etwa sechzehn Euro von uns dafür möchte. Ähm, okay, danke auch für die nette »Einladung«. Als wir zurück in unser Zimmer kommen, fehlt Bargeld.

Am nächsten Tag können Maryam und ich uns kaum bewegen. »Wir werden beobachtet, übrigens«, stellt sie jetzt fest. Im Haus gegenüber steht jemand mit einem Fernglas.

Was zur Hölle ist hier eigentlich los?

Wir sehen uns genauer um. Das Haus ist nicht nur voller Kunst und Bücher, sondern auch voller verdreckter versteckter Kammern, in denen wir immer mehr »Adoptivsöhne« finden. Fünf insgesamt. Unter der Treppe ist so ein richtiges Fritzl-Verließ, inklusive Sanitäranlagen und vollgeschmierter Wände.

Ich ringe nach Luft, mir ist schlecht.

»Egal, was das alles hier ist, wir müssen sofort weg«, beschließt Maryam, nimmt meine Kreditkarte und mein MacBook und bucht einen Flug, der uns vier Stunden später nach Recife, zu Freunden von Freunden bringt.

Die schütteln nur den Kopf, als wir ihnen die ganze Geschichte erzählen. »Das hier ist Brasilien. Hier vertraut man niemandem, außer der eigenen Familie. Ihr seid jetzt Familie.« Okay.

Sie meinen das ernst mit der Familie, wir werden sofort adoptiert, inklusive tüddeliger Omi, die dauernd neue Käsebällchen und Süßigkeiten bringt.

Erst da fällt es mir auf: Mein Zahn hat vor lauter Schreck aufgehört wehzutun. Wie nett von ihm. Ich habe auch wirklich keine Zeit mehr für Zahnschmerzen, weil sehr viele offene Deadlines.

Die nächsten Wochen sind wie die pervertierte Form des Digitalnomadenträumchens vom ortsunabhängigen Arbeiten.

Ich arbeite, und zwar wirklich immer und überall: auf einer Schicht Dämmmaterial am Boden, auf der wir pennen, in mehreren Fliegern und Hotels, einem Bus, in einer Hängematte. Und zwar nicht, weil das Arbeiten in einer Hängematte so unfassbar geil wäre, sondern weil meine Nieren inzwischen so wehtun, dass ich einfach nicht mehr grade sitzen kann. Den »play hard«-Teil aus »Work hard, play hard« habe ich längst wegrationalisiert.

Was aber irgendwie auch okay ist, denn ich finde Brasilien echt größtenteils einfach nur gruselig. Die Plastikfrauen, denen man schon von hinten die Brustimplantate ansieht, die seitlich von ihren Körpern wegstehen. Die aufgepumpten Neandertalertypen. Die Balzrituale beim Tanz, das Sich-Anschwitzen, der viele Schnaps, diese ständig schwelende Gewaltbereitschaft: I don't belong here.

Blaming the victim is an act of refuge and self-deception. It allows the blamer to sit in judgment, imagining some mystical justice that means bad things only happen to bad people, thus ensuring their own safety.

UNA

KEIN WUNDER

Gleichzeitig verstehe ich zum ersten Mal, dass das Schlimmste daran, Opfer einer Straftat zu werden, gar nicht immer unbedingt die Tat selbst ist.

Meine Wertsachen sind ja alle noch da, und das Rumgenerve mit der Polizei und Maryams Versicherung finde ich auch verschmerzbar. Es ist nicht mal der erste Raubüberfall, der direkt neben mir passiert, aber der erste, von dem ich ein Trauma davontrage, mich monatelang paranoid auf jeder Straße umsehe, die ich entlanggehe, und immer wieder reflexartig panisch zur Seite springe, wenn hinter mir jemand geht. Was allerdings am allermeisten nervt: Die Rechtfertigung vor sämtlichen Menschen, die wir treffen, *wieso* uns das jetzt alles eigentlich passiert ist.

Ja, aber war das besoffen um zwei Uhr nachts in 'ner dunklen Gasse?

Nee, um zwölf Uhr mittags auf dem Weg zu 'ner fucking Kirche.

Da nimmt man halt aber auch keine teuer aussehende Handtasche mit.

Als ob eine von uns so was überhaupt besitzen würde.

Na, ihr wart in dem Moment halt bestimmt abgelenkt, sonst wär das ja wohl nicht passiert. Wenn einen jemand von hinten mit 'ner Glasscherbe anfällt? Come on.

Ja, sorry, aber dann stand euch wahrscheinlich »Tourist« auf die

Stirn geschrieben ... Logisch, schön so mit Stadtplan und Spiegelreflexkamera vor der Brust.

Also, ICH fühl mich supersicher in Rio.

Okay, herzlichen Glückwunsch, kriegst du ein Fleißsternchen.

Wieso fährst du auch immer so weit weg von zu Hause, da braucht man sich doch auch nicht wundern, dass so was passiert.

Thanks for sharing, Nadine aus der Grundschule, *unfriend*.

Ich weiß nicht, wie viele Variationen dieses Gesprächs ich in den Wochen nach dem Überfall führe. Irgendwann bin ich es sehr leid, ständig erklären zu müssen, warum ich längst nicht so doof bin, wie all diese Fragen suggerieren. Mich zusätzlich zu dem, was passiert ist, auch noch behandeln zu lassen wie ein beknackter All-inclusive Tourist, der zum ersten Mal aus seinem Fünfsternebunker ausbüxt und prompt abgezogen wird.

Es dauert ein bisschen, bis ich verstehe, was diese Fragen und Kommentare bedeuten sollen: *Hättet ihr mal besser aufgepasst, dann wäre das nicht passiert.* Ich lerne von innen, wie Victim Blaming funktioniert. Es ist der Versuch, etwas zu rationalisieren, das sich keiner Logik unterwirft, um es so besser von sich weisen zu können. Das hätte mir nicht passieren können. Alternativvariante: das wäre mir nicht passiert, weil. Ist jemand anders schuld, muss man sich um sich selbst keine Gedanken machen.

Kein Wunder, dass der jetzt Krebs hat, bestimmt hat der sein Leben lang geraucht. Selber schuld bei dem kurzen Rock. Aber wieso ist sie denn dann nicht gegangen? Hast du dich auch genügend gewehrt? Selbst schuld, wenn man so auffälligen Schmuck trägt, damit macht man sich nun mal zur Zielscheibe. Arbeitslos? Faul. Dann geht man halt nicht in so Menschenmassen. Dann muss man halt auf belebten Straßen bleiben.

Victim Blaming ist der sinnlose Kontrollreflex für Unkontrollierbares.

Manchmal ist man halt einfach zur falschen Zeit am falschen Ort und wird dort von einem Junkie mit Glasscherbe angesprungen. Bad fucking Luck. Auf einmal erinnere ich mich, woher ich diese ganze Nummer schon kenne: *Na, musst du dich vielleicht aber schon auch mal fragen, warum du so etwas anziehst*. Victim Blaming oder die merkwürdige Intimität von Gewalt. Ich schreibe im Blog darüber:

Das eigentliche Trauma ist nicht die Gewalterfahrung, sondern die Schuld, die man als Opfer im Nachhinein zugeschrieben bekommt.

Und ich weiß, wie viel einfacher es ist, über dieses Erlebnis zu schreiben, bei dem es »nur« um meine körperliche Unversehrtheit geht und nicht um meine sexuelle Integrität. In einer Gesellschaft, die erst mal »selber schuld« schreibt, würde ich mich ehrlich gesagt auch hüten, über sexualisierte Gewalterfahrungen unter meinem echten Namen zu schreiben.

Bei keiner anderen Art von Verbrechen werden die Aussagen des Opfers statistisch gesehen derart häufig angezweifelt. Jede dritte Frau? Ganz ehrlich, ich bin davon überzeugt, dass die Dunkelziffer wirklich wesentlich höher liegt.

Und seit mir in Rio ein Junkie mit einer Glasscherbe vorm Gesicht rumgefuchtelt hat, verstehe ich auch umso besser und am eigenen Leib, warum so wenige Opfer Lust haben, über ihre Erfahrungen zu reden, um dann auch noch die Schuld dafür zugeschoben zu bekommen.

An Gewalt ist niemand schuld außer der Person, die sie verübt. Punkt.

Es ermüdet mich alles unglaublich, und dabei bin ich doch eh schon so müde.

Als ich Weihnachten bei meiner Familie lande und vom Flughafen direkt zu meiner Ärztin fahre, schaut die mich einmal an und sagt: »Du musst mindestens eine Woche schlafen.«

Mein Zahn ist inzwischen abgestorben, die offene Wunde ein Leck im Immunsystem, über die ich so ziemlich jeden Dreck mitgenommen habe, den ich in Brasilien finden konnte, unter anderem: eine Bronchitis, sehr viel Magen-Darm, eine Bindehautentzündung. Mich kriegt man halt nicht mit einer Krankheit platt, es müssen anscheinend schon mindestens vier sein.

»Wie geht's deinem Burn-out?«, fragt mich eine Yogalehrerbekannte.

»Na ja, Burn-out, ich weiß nicht, mein Zahn war halt kaputt«, fange ich an zu relativieren und werde dann doch irgendwie still.

Andererseits: In diesem Monat verdiene ich zum ersten Mal fast doppelt so viel wie als Festangestellte. Und mein Kreuzfahrt-Artikel ist über Tage der zweitmeistgelesene der ganzen Seite. Beim Weihnachtsessen lesen wir uns lachend die Trollkommentare vor.

Als ich ein paar Tage später und immer noch vollkommen neben mir wieder meinen Rucksack packe, kommt ein Brief meiner Bank: Meine Kreditkarte wurde geknackt, als ich mir vor dem Abflug in Rio noch ein paar Flipflops gekauft habe. Danke für wirklich mal gar nichts, Brasilien.

Let it all go. See what stays.
IRGENDWER IM INTERNET

ALLES RAUS, WAS KEINE MIETE ZAHLT

Was einem vorher auch keiner sagt: Heilung ist hässlich.

Wieder etwas, das auf Instagram irgendwie glamouröser wirkt. Dort ist Heilung eine dünne weiße Frau in bauchfreien Yogaklamotten, die vor skandinavischen Naturmaterialien oder am Strand achtsam in eine Tasse Tee hineinlächelt und in den Captions fragt: *Bist du schon die beste Version deiner selbst? Sag Ja zu deinem Wachstum und komm in deine Kraft, buche jetzt dein zwanzigminütiges Speed-Lebenskraft-Life-coaching. Rock on & Namasté #selflovejourney.*

Auf Bali, wo ich mit meinen Sexpartyfreundinnen Greta und Nane nackt im Pool ins neue Jahr feiere, werden solche Frauen scheinbar irgendwo am Fließband produziert. Sie sagen Sätze wie »Matcha is like, literally, my life, soooo energizing« und diskutieren neben mir im Café darüber, ob Kombucha oder Kokosnusskefir besser für die vegane Darmgesundheit ist.

Meine eigene Selflovejourney führt derweil einmal so richtig durch die Scheiße, und zwar auch *like, literally*.

Hydrotherapie, aka der höfliche Euphemismus für »Man bekommt sehr viel lauwarmes Wasser in den Arsch geblasen und fühlt sich danach auch von innen sauber«, ist the name of the game. Meine Freundinnen schwören drauf.

Ich für meinen Teil glaube zwar grundsätzlich nicht unbedingt an das Prinzip der »Entgiftung«, aber weil meine Nieren immer noch total wehtun und meiner Hausärztin beim kurzen Heimatbesuch dazu nichts Besseres eingefallen ist als »viel trinken«, mache ich meinem Körper auf Bali jetzt jedes Friedensangebot, das ich finden kann. TCM, Detox, Schröpfen, Yoga, Akupunktur, pürierter Kohlsaft: bring it on.

Wider Erwarten werde ich positiv überrascht: Mein »Heiler« trägt nicht die hier übliche Kombi aus Lendenschurz und Man Bun, sondern ist ein tiefenentspannter österreichischer Allgemeinmediziner im Poloshirt. Gefühlt der mit Abstand normalste Mensch auf dieser ganzen Insel.

Er plaudert viel, über seine Zeit auf der Palliativstation, den grundsätzlich beklagenswerten Mangel an soliden indonesischen Mehlspeisen, über Buddhismus und natürlich den »Stuhlstein«, sprich jahrzehntealten, ähm, Altlasten, die man in seinen Gedärmen mit rumschleppt. Er frohlockt bei dem, was so alles aus mir rauskommt. »Eine Geröllhalde, ein wahrer Stuhlsteinbruch!«

Ich glaube, das nennt man wahre Leidenschaft im Beruf. Stichwort: Scheiße zu Geld machen, Hashtag: *#inspirational*.

Schön wird man davon erst mal nicht unbedingt: Meine Haut ist genauso grau wie meine Zunge, ich habe gefühlt mindestens fünfundzwanzig Pickel, mein Rücken sieht vom Schröpfen aus, als hätte mich ein sehr großer Oktopus ziemlich hart rangenommen.

»Ah, die Niere«, freut sich der Herr Doktor, als meine Haut an einer Stelle einen besonders dunklen Bluterguss bekommt.

Wieder verpenne ich fast den kompletten Tag.

»Schlaf ist sowieso das Beste, was man für seinen Körper tun kann«, findet mein Heiler, also fühle ich mich nicht mal schlecht dabei. Einfach zur Abwechslung nicht mehr funktionieren, nur noch hauptberuflich entgiften.

Abends prosten meine Freundinnen und ich uns mit bitterem braunen Brackwasser namens TCM-Parasitentee zu. Am nächsten Tag holt der Herr Doktor dann rund sieben Jahre alte Peitschenbandwürmer aus einer von uns raus. Memo: Nie wieder von einem Hund das Gesicht ablecken lassen. Wir sind wirklich gründlich, was das Entgiften angeht. Alles raus, was keine Miete zahlt.

Es dauert fast zehn Tage, bis ich es abends zum ersten Mal zum Sonnenuntergang an den Strand schaffe.

»Wann warst du eigentlich das letzte Mal richtig verliebt?«, fragt mich Greta.

»Vor einem Jahr«, antworte ich, schaue auf mein Handy und stelle fest: sogar auf den Tag genau heute vor einem Jahr.

Phantomschmerz diskriminiert nicht. Er sagt nicht: »Ihr wart doch noch nicht mal richtig zusammen.« Etiketten sind ihm egal.

Ich kann mir wirklich nicht vorwerfen, dass ich nicht gründlich versucht hätte, das Ganze zu vergessen. Aber auch ganze anderthalb Erdumrundungen, einen Riesenkarriereschritt und ein paar solide Handvoll Sexualpartner später schnüffle ich immer noch in jedem Duty-free-Bereich an Bleu de Chanel.

Wie unglaublich beknackt sich so unfinished Business doch anfühlt. Man nimmt den Scheiß einfach immer und immer mit, egal wie klein der Handgepäckrucksack ist.

»Ich glaube, ich hab emotionalen Stuhlsteinbruch«, sage ich jetzt zu Greta.

»Dann schreib ihm das doch«, schlägt sie vor. »Gut, jetzt vielleicht nicht *genau so*.«

Ich hab gerade im Halbschlaf auf dein Instagram gescrollt, als deine E-Mail kam, und ich dachte, ich träume noch, kommt postwendend eine Nachricht zurück. *Wie geht's dir?*

Sofort wieder genauso beschissen durcheinander wie immer, danke.

Und, wie hast du mich lieber, schreibe ich zurück, *atmend neben dir im Bett oder mit Instagramfilter?*

Es geht sofort wieder hin und her, so wie immer. Und führt natürlich zu nichts. Wie immer.

Dringend Zeit, auch den Kopf wieder geradezurücken.

Vielleicht kann mir ja die Weisheit Indiens dabei helfen. Der Detox-Doktor schlägt die Hände über dem Kopf zusammen, als ich ihm erzähle, wohin ich als Nächstes fliege: mit dem Spice Jet nach Madras.

Findet er komischerweise keine so richtig supertolle Idee, so runtergerockt nach der Entgiftung und dizzy nach der Wurzelbehandlung, die ich nun doch notgedrungen machen lassen musste, nach Indien zu gurken.

Aber was ist eine offene Wunde im Mund schon gegen eine offene Wunde im Herzen.

Laß dir Alles geschehn: Schönheit und Schrecken.
Man muß nur gehn: Kein Gefühl ist das fernste.
RAINER MARIA RILKE

PAIN IS YOUR TEACHER

Als ich den Trip nach Indien und Nepal Monate vorher gebucht hatte, hatte sich das alles nach einem wildromantischen, verrückten neuen Abenteuer angehört.

Jetzt am Check-in würde ich allerdings am liebsten direkt wieder schreiend wegrennen. Schon bevor ich Indien überhaupt betrete, fühle ich mich sehr weiß, sehr weiblich und sehr, sehr dreckig.

Ich bin die einzige blasse, rotblonde Frau in einer Armada aus schnauzbärtigen Männern in curryfarbenen Chenille-Pullundern und, wie ich später feststelle, auch die einzige weiße alleinreisende Frau im kompletten Flieger. Mehrere der Schnauzermänner haben riesige Pakete mit Flachbildfernsehern dabei, manche auch ein paar Topfpflanzen.

Nie ohne meinen Reisefarn betexte ich ein Foto, das ich einem befreundeten Reisejournalisten schicke. Als ich ihn frage, ob ich nicht doch einfach den nächsten Flieger nach Saigon nehmen soll, weil es mit den Scheißabenteuern vielleicht erst mal reicht, schreibt er: *Die gute Nachricht ist, es kann gar nicht genauso scheiße werden wie in Brasilien. Wenn, dann wird's anders scheiße!*

Klingt vielleicht komisch, aber irgendwie finde ich das in diesem Moment extrem tröstlich. »Kann schon gut sein, dass es scheiße wird, aber wenigstens wird es dann neue Scheiße« – so sieht eine Inspirational Quote nach meinem Geschmack aus.

Schon kurz nach der Landung stelle ich fest: Dieses Indien ist wirklich eine einzige krasse Frechheit.

Genau deswegen bin ich so lange um diesen Subkontinent rumgeschlichen, und genau deswegen wollte ich immer schon hin. Das Land ist genauso, wie man es sich vorstellt, und gleichzeitig komplett anders. Wie alle sagen: Man muss einfach selbst hin, um es wirklich fühlen zu können.

Es ist tatsächlich genauso dreckig, wie immer alle sagen, nur dass man sich als guter Bildungsbürger dieses Maß an Dreck nicht mal ansatzweise ausmalen kann. Dass allein schon die Luft so dermaßen dreckig sein kann wie hier, darauf kann einen nichts vorbereiten, nicht mal ausgiebige Spaziergänge in sämtlichen südostasiatischen Megacitys. Jeder Atemzug schmeckt nach verbranntem Metall, Blut und vermoderten Jasminblüten.

Ich hatte mir Indien immer toll farbenfroh vorgestellt, kurkumagelb, marsalarot, indigoblau. Generell so ein bisschen mehr nach X-Pro-2-Filter. Für die Realität wünsche ich mir jetzt die Funktion *Schleier entfernen*. Es ist nämlich einfach alles grau. Der staubige Boden, die dreckverkrustete Wildschweinherde, die sich durch die kniehohe Müllhalde namens Busbahnhof wühlt: grau. Der Müll selbst: grau. Die Wildschweinherde und ich waten gemeinsam im Dreck, und sie sehen mir ungerührt dabei zu, wie auch ich immer grauer werde.

Wessen Schnapsidee war das eigentlich, das gefühlt dreckigste Land der Welt in komplett weißer Kleidung zu bereisen? Ach so, ja, Buddha war's. Weil Weiß die einzige Farbe ist, die alle Farben des Spektrums reflektiert.

So wandle ich reflektierend, blütenweiß durch den Müll, bis die eh schon recht ungeniert wirkende Wildsau direkt neben mir meint, dass es langsam doch mal Zeit zum Kuscheln ist.

Falls sich jemand fragt, was genau ich eigentlich in Indien mache: Dies ist wohl der offizielle Zeitpunkt, an dem ich meine Commitment Issues mit dem Buddhismus endgültig ad acta legen und mich bekennen sollte: Ja, ich bin auf einer von meinem Thai-Tempel organisierten Pilgerreise, und so langsam glaube ich, es könnte was Ernsteres werden mit uns.

Zumindest so ernst, dass ich bereit bin, mit einem israelischen Mönch und zwanzig anderen weiß gewandeten Verrückten auf den Spuren Buddhas durch Indien und Nepal zu wandeln.

Trotz nach wie vor tief sitzender Gruppenreisenaversion ist das hier alles erstaunlich nett, was vor allem auch daran liegen könnte, dass Buddhisten halt grundsätzlich einfach von Haus aus erstaunlich nett sind. »Noch wer Kaffee? Ich hol schon!« – »Nein, warte, diesmal zahl ich!« Jeder von uns ist allzeit bereit, sein Karma mit einer guten Tat aufzupolieren. Buddhistische Attitüde: Jemand anderem etwas Gutes tun und sich danach bei der Person für die Möglichkeit dafür bedanken. Auch die heiligen Hinduкühe nehmen die milden Gaben konfessionsübergreifend gnädig an und lecken die Schaumreste aus unseren Lavazza-Pappbechern.

Mit so viel Nettigkeit lassen sich auch die Absurditäten Indiens besser aushalten.

Unser Tempel steht mitten im Slum, in dem die untersten Kasten in Hütten wohnen, die mir nicht mal bis zur Unterbrustkante reichen.

Vor einer dieser Hütten sitzt eine Frau im krachpinken Sari und dreht Kerzendochte aus einem Wattebausch. Als ich acht Stunden später wieder an ihr vorbeilaufe, sitzt sie immer noch genauso da, singt und dreht Kerzendochte.

Und selber schön bisschen zu lange in dein MacBook geschaut und davon direkt mal Burn-out bekommen, denke ich mir.

In diesem Moment verstehe ich, warum wir rich white People reihenweise hierhergeflogen kommen: So in direkter Relation fühlen sich unsere Probleme dann doch wirklich peinlich banal an. Chakrenheilung durch Schocktherapie.

Genau so funktioniert Spiritualität am besten für mich: Wenn sie mir meine eigenen Beknacktheiten mit ein paar gut gelaunten, saftigen Watschen wieder zurück um die Ohren haut.

Und mein israelischer Mönch ist so eine Art heiterer Watschenbaum der Erkenntnis.

»Aaah, Theresele! The graveyard is full of people who cannot be replaced!«, haut er mir hin, als ich beim Frühstück *nur noch mal schnell ein paar E-Mails* checken will.

Die Pilger, die unter dem echten Baum der Erkenntnis in Bodhgaya campen und sich stundenlang monoton-rhythmisch betend mit bandagierten Händen und Knien auf den Boden werfen und wieder aufrappeln, kommentiert er knochentrocken mit: »Look! Buddhist Pilates!«

Und als unsere komplette Truppe bei der Einfahrt nach Varanasi auf einmal kollektiv zu brechen beginnt, freut er sich, wie toll unser innerer Reinigungsprozess an diesem Ort des Todes funktioniert.

Denn auch dieses Klischee bewahrheitet sich selbstverständlich: So hart wie in Indien kotzt man echt nirgendwo sonst. Das war so klar, denke ich, während ich zwischen Klo und Waschbecken hin und her robbe und mich dafür verfluche, überhaupt jemals in meinem Leben irgendwohin geflogen zu sein.

Detox 2.0, schreibe ich Greta. *Fuck Indien, ich hasse es alles hier so.*

Das Land, diese Reise und am meisten natürlich mich selbst.

Indien wird immer erst dann richtig gut, wenn du aufhören kannst, es begreifen und mit deinem Verstand kontrollieren zu wollen. Lass dich einfach hineinfallen. Und wenn das nicht klappt, umarm eine Hindukuh. Weise Greta.

Als ich am nächsten Tag mit neununddreißig Grad Fieber im voll klimatisierten Reisebus hänge und meine Gliederschmerzen in jedem einzelnen Schlagloch spüre, muss ich plötzlich breit grinsen.

Das ist halt jetzt einfach alles so.

Vielleicht muss ich ja gar nicht immer nur gut funktionieren, vielleicht muss das keiner. Vielleicht ist in Wirklichkeit eigentlich echt alles sehr okay, sobald man damit aufhören kann, es ständig kontrollieren zu wollen und sich dann darüber aufzuregen, wenn man scheitert.

Vielleicht ist genau das hier gerade der Moment, in dem ich stattdessen auch einfach mal nur aus dem Fenster schauen und Elektrolytlösung trinken muss.

»Pain is your teacher, Theresele. If you try to avoid pain, you say: Sorry teacher, I'm not strong enough for this lesson. That's okay too, but then you don't learn.«

Mit diesen gelehrten Worten im Hinterkopf hülle ich mich ab sofort an Buddhas Geburtsort Lumbini in Nepal für elf lange Tage in edles Schweigen.

The first rule of Vipassana is: do not talk about Vipassana. The second rule of Vipassana is: do not talk about Vipassana.

Und ich verstehe warum. Diese extrem rigide Meditationstechnik ist ein Trip, der sich nicht nur für jeden Menschen ganz anders anfühlt, sondern auch für einen selbst jedes einzelne Mal. So oder so kann es pretty intense werden, und je mehr man darüber spricht, umso mehr vergleicht man die eigenen Erfahrungen mit denen anderer. *Vipassana* bedeutet »die Dinge so sehen, wie sie wirklich sind«. Man sagt, dass sozusagen der eigene Bodensatz davon aufgewirbelt wird.

Den Satz »Da bin ich in fünf Jahren Therapie nicht draufgekommen« habe ich danach mehr als einmal gehört. Elf Tage monotone Reizdeprivation können tatsächlich alles Mögliche in einem aufwühlen. Alles, was einem irgendwann schon mal wehgetan hat, haut jetzt noch mal als Phantomschmerz ganz ungehindert und neu rein.

Der wurzelbehandelte Zahn, der Nahostkonflikt, der Junkie in Rio, Moritz' Verbesserungsvorschläge für meinen Körper und die Gewalt meines Ex-Freunds, für die ich mich jahrelang selbst verantwortlich gemacht habe.

Wenn der Schmerz wirklich mein Lehrer ist, will ich für die Nummer hier aber bitte schon mindestens ein großes Latinum.

Vipassana hilft, die eigenen Gefühle so lange anzuschauen, bis man sie abstrahieren und auseinanderklamüsern kann.

Irgendwann verstehe ich besser, wie viel von alldem Scham, Angst und Kontrolle sind: Mein Ex-Freund, der sich wohl so unterlegen gefühlt hat, dass er mich körperlich und psychisch kleinmachen und kontrollieren musste. Moritz, der mit seinen eigenen Widersprüchlichkeiten nicht klarkommt und deshalb stattdessen an mir rumzuverbessern versucht.

Und natürlich Nahost, bei dem ich ja eigentlich fast dasselbe getan habe.

Ich will dir helfen heißt in Wirklichkeit: Ich will dich manipulieren, bis du so bist, wie ich dich haben will.

Dieser Satz fällt mir jetzt wieder ein, und ich hinterfrage zum ersten Mal meinen eigenen, ach so großmütigen Buddhisten-Altruismus.

Natürlich helfe ich beruflich irgendwie Menschen, zumindest steht das in sehr vielen Dankes-E-Mails, die ich bekomme. Aber wie viel davon ist Kontrollbedürfnis oder Geltungssucht? Wie sehr heißt »Im Internet sein und da Sachen sagen« nicht immer auch: Bestätigung dafür wollen?

Würde ich das, was ich tue, auch machen, wenn es nur zwei Leute lesen würden? Wer bin ich, wenn keiner zusieht? Wer bin ich, wenn nichts davon wichtig ist, nicht die Reiserei, nicht der Applaus, nicht das ganze Rumgevögel, nicht, wie ich aussehe, nicht mal mein Liebeskummer, der Burn-out, der vier Jahre verschleppte Schmerz?

Ich bin hier. Auf der Treppe vor einem Tempel in Nepal in einer muffigen dicken Kratzdecke im Morgennebel. Während langsam die Sonne durchbricht, gebe ich allen Menschen, die mir wehgetan haben, ihre Scham und ihre Angst zurück. Es ist einfach genau jetzt nicht mehr meine, und deswegen sehe ich es auch nicht ein, sie weiter mitzunehmen. Wozu auch?

Es gibt keinen Instagrampost von diesem Moment. Er fühlt sich auch nicht wie ein Rebellenaufstand mit Molotowcocktails an, eher wie so ein diskret-verbindliches *I would prefer not to*. Und das reicht mir auf einmal völlig.

Endlich Waffenstillstand.

Ich bin allergisch gegen das Wirgefühl. Alle reden ja heutzutage vom Wir, aber wer ist das? Ich bin es jedenfalls nicht. Und ich kenne viele, die sind es auch nicht.
GERHARD POLT

TRAVEL SHOULD TAKE YOU PLACES

Nach einem Flug mit Buddha Air über den Himalaya widme ich mich wieder ganz irdischeren Befindlichkeiten und schlage in Bangkok direkt auf einer Digitalnomadenkonferenz auf. Plötzlich verstehe ich, was mit Reverse Culture Shock gemeint ist.

»Und, wo kommst du grad so her?« Ein Standard-Gesprächseinstieg bei den Brudis, auf den es gefühlt genau acht standardmäßige Antworten gibt: Chiang Mai, Medellin, Koh Lanta, Tarifa, Kapstadt, Budapest, Bali, Berlin.

Und ich so?

»Ähm, Kathmandu.«

»Wieso denn das?«

Weil ich anscheinend auch noch andere Interessen habe, als meinen Laptop von einem klimatisierten Coworkingspace in den nächsten zu tragen, antworte ich – natürlich nicht. Auch nicht: *Weil ich mich sofort in Nepal, dieses komische, liebe, kaputte kleine Land verliebt habe.*

Ich will sie nicht erklären müssen, meine Fassungslosigkeit über die Selbstverständlichkeit dieser Kaputtheit, in der auch fast ein Jahr nach dem riesigen Erdbeben immer noch hüfthohe Geröllhaufen einfach so mitten auf dem Gehweg liegen.

Darüber, wie beschwingt die Mädchen in ihren Saris da ungerührt drüberflattern wie krachpinke Schmetterlinge, die Zerstörung einfach akzeptiert haben als einen Teil des Gehwegs. Über mein inneres bundesdeutsches Ordnungsamt, das direkt Alarm schlägt, weil hier ja so langsam echt mal einer aufräumen könnte. Wie es nach kurzer Zeit der Bewunderung dafür weicht, wie sehr man hier, wo es immer noch ständig wackelt, von einem Tag zum nächsten lebt.

Ich habe keine Lust, von dem Gefühl zu erzählen, das der eigene Körper in so einem Erdbeben bekommt, diese wortwörtlich fundamentale Verunsicherung darüber, dass man sich nicht mehr auf das Oben und Unten verlassen kann oder darauf, dass einen diese Erde tatsächlich trägt.

Das ist wieder so ein Gefühl, das der Körper viel schneller versteht als der Kopf, und eines, das man, wenn man es einmal gefühlt hat, mit seismographischer Präzision immer und überall wiedererkennt.

Ich habe keine Lust, von den Dingen zu erzählen, die man denkt, wenn man in Unterwäsche im sechsten Stock von einem Erdbeben überrascht wird. Wonach man reflexartig greift bei dem Gedanken, dass man selbst auch in so einem Geröllhaufen enden könnte. Und auch nicht von der Dankbarkeit darüber, wenn sich der Boden wieder beruhigt.

Also antworte ich auf »Wie war's?« einfach mit »Mal was anderes«.

»Ah ja, krass, und wie war 's Internet dann da so?«

Banana Pancake Trail sagt man zu ausgetrampelten Touristenpfaden, also zu sämtlichen Orten auf dieser Welt, an denen nicht nur das jeweils standardmäßige local Reispampgericht mit Knoblauch und Bohnen zum Frühstück serviert wird, sondern auch gentrifiziert-süße Westlerpfannkuchen.

Das Pendant für uns Digitalnomaden dazu wäre wahrscheinlich so was wie die *Bose Quiet Comfort Lane*: Bequeme Orte mit Coworking-/Coliving-Funktion, in denen man sich direkt *mit Gleichgesinnten vernetzen* kann und sich um rein gar nichts mehr kümmern muss, außer darum, mit den eigenen Noise-Cancelling-Kopfhörern in eine *möglichst produktive Morgenroutine* zu kommen und abends noch ein paar alibimäßige Sonnenuntergangsfotos zu posten.

Don't be mad, I am not »lucky«, I just chose my life to be like that and so can you, schreibt die weiße Frau mit dem weinroten Reisepass und dem Studienabschluss unter ihrem Bikiniselfie.

Ist das eigentlich schon Post-Postkolonialismus?

Und geht es dabei tatsächlich darum, andere »zu einem besseren Leben zu inspirieren«, oder nicht doch eher darum, sein eigenes Handeln durch möglichst viele Likes zu validieren?

Zuerst sah der Sonnenuntergang nach nichts aus – zu bewölkt. Und dann DAS! Lehrt mich, meinen eigenen Vorurteilen Lebewohl zu sagen und auch Raum für Überraschungen zu lassen @bali, indonesia. Sechsundfünfzig Leuten gefällt das.

Ich liebe dich, du phänomenale Frau! Das ist DER Weg!, kommentiert jemand darunter.

Nachdem weder Entrepreneur noch Lifestylehustler besonders anerkannte Berufszweige sind, für die »Mitarbeiter des Monats«-Fleißsternchen vergeben werden, ist gegenseitige Anerkennung und Abgrenzung vom Rest der Welt in dieser Szene besonders wichtig. Gerade auf solchen Konferenzen.

»Raus aus dem Hamsterrad!«, rufen die besonders Inspirierenden auf der Bühne. »Fick all die ewigen Neinsager, Hater und Bedenkenträger, das sind alles nur dumme Lemminge! Unleash the power within!«

Wie so oft stellt sich natürlich auch hier die Frage, wohin mit all der unleashten Power, der neugewonnenen Zeit, all den Erkenntnissen, all dem Geld.

Früher hieß es »Wer nichts wird, wird Wirt«, bei uns sagt man: »Sechsstellige Umsätze generieren in nur sechs Tagen«. Mit Jogginghundeleinen aus China. Oder einem konsequent suchmaschinenoptimierten E-Book zum Thema »Ex-Freund zurückgewinnen«, dessen Autor freimütig zugibt, einen Ghostwriter engagiert und es selbst nie gelesen zu haben. Oder natürlich als Lifestylecoach. Die vermehren sich gerade wie Gremlins, auf die jemand Wasser gekippt hat.

Don't get me wrong: Wer noch nie in seinem Leben ein Selfie mit einem inspirierenden Zitat drunter gepostet hat, werfe den ersten

Stein. Ich habe in diesem Beklopptenhaufen immerhin einige meiner engsten Freund*innen gefunden und wahnsinnig viel dazugelernt. Wer weiß, wo ich jetzt wäre ohne Tims Frage damals: »Willst du nicht auch mal was Eigenes machen?«

Aber die Richtung, in die sich das Ganze hier gerade entwickelt, finde ich supergruselig.

Inzwischen werden Fünftausendeuroretreats auf Bali angeboten, in denen einem unter anderem erklärt wird, wie man im Ausland Bargeld abhebt. Ähm, na ja, so mit Kreditkarte und PIN halt?

Danach dann schnell zum Community Beach Cleanup an den Strand und am anderen Ende der Welt gepflegt den Kopf darüber schütteln, wie diese ungebildeten Eingeborenen die schöne Landschaft hier so verschandeln können.

Ich bin durchaus der Meinung, dass ein jeder nach seiner Fasson glücklich werden soll, solange er niemandem damit schadet, Kondome verwendet und ab und an auch mal seine CO_2-Kompensationen nachzahlt.

Ich selbst schaue ja schließlich auch lieber ins Rooftoplichterglitzermeer als aus dem Pendlerzugfenster. Aber gleich mal so grundsätzlich und aus Prinzip so zu tun, als würde das, was wir hier primär zu unserem eigenen Privatvergnügen treiben, *die Welt verändern*, bitch seriously, how about no.

Diese Überhöhung ist es, die mich aufregt, diese zwanghafte Abgrenzung von »den Normalos«, den »Opfern«, den »Hamstern«, die nie so toll weltoffen und glücklich wie wir sein können. Ich finde das nicht nur, äh, *irgendwie nicht so achtsam*, sondern auch einfach schlicht Quatsch.

Gerade bei den Jüngeren, die sich noch eher trauen, mir gegenüber ihre Unsicherheiten wirklich zuzugeben, sehe ich, wie viel Druck diese ganzen Erfolgsstorys aufbauen, die angeblich so toll motivierend sein wollen.

Sie kommen direkt nach der Ausbildung aus ihren Kleinstädten gekrochen, machen überteuerte Onlinekurse, die alle irgendwie »Freedom University« oder so ähnlich heißen und ihnen erklären, wie Bitcoins, Affiliatemarketing oder Bloggen so geht. Danach gönnen sie sich von Omis Weihnachtsgeld noch ein Businesscoaching, um endlich *in ihre Kraft zu kommen*, und krebsen dann am anderen Ende der Welt bei zwei Tellern Reis mit Scheiß pro Tag am Existenzminimum rum.

Befeuert von Entrepreneurs-Struggle-Porn à la Gary Vee schmeißen sie irgendwelche Pillen, schlafen teilweise fast überhaupt nicht mehr, weil man ja schlafen kann, wenn man tot ist, und wer keinen Erfolg hat, hat es nur nicht genug gewollt.

Selber schuld, selber schuld, selber schuld, sagt der Neoliberalismus, und es ist echt schwer, sich dem zu entziehen, wenn man fast nur von ebenfalls hart hustlenden Brudis umgeben ist, die sich dafür gegenseitig auf die Schulter klopfen und nach dem Sundowner-Bier schön brav weiter im *24/7* geöffneten Coworkingspace in ihre MacBooks starren.

Wenn das eure Idee von der Freiheit ist: könnter behalten.

Selbst und ständig zu sein, liegt ja grundsätzlich schon mal nicht jedem, und selbst und ständig am anderen Ende der Welt ist nun mal Selbst und ständig auf Crack.

Gerade wenn man, so wie ich, permanent zwischen mehreren Baustellen hin und her springt und dabei auch noch ständig den Ort wechselt, verliert man schnell komplett den Überblick darüber, *was* man überhaupt alles gearbeitet hat.

»Done-Listen«, predige ich deshalb auf jeder Bühne, auf die man mich stellt. »Schreib einfach mal alles auf, was du in den letzten zwei, drei Monaten gemacht hast, dann wunderst du dich wahrscheinlich nicht mehr ganz so darüber, wie wahnsinnig müde du bist.«

Mich hat der ganze Scheiß hier gerade einen Zahn und gute sechs Wochen Lebenszeit gekostet. Das reicht.

Vermutlich musste ich an diese Grenze gehen und sie kurz mal gepflegt überschreiten, um zu kapieren, was für eine Schnapsidee diese ganze Überarbeiterei ist. Wer nicht auf den eigenen Körper hören will, muss ihn halt auch manchmal fühlen. Umso allergischer reagiere ich jetzt auf das ganze Pathos.

I wish I was just one notch prettier. I'm right on the edge, you know? When it's up to each person to decide for themselves. I have to make my case with each new person.
MIRANDA JULY

I NEVER IDENTIFIED AS A PRETTY GIRL

Noch was ist anders seit meiner Rückkehr aus Indien und Nepal.

Ich bin auch deshalb so gern in Südostasien, weil sich hier normalerweise wirklich niemand sexuell für mich erwärmen kann. Ich bin gefühlt immer doppelt so groß und doppelt so breit wie alle Einheimischen. Eher so ein riesiges rosa Neutrum, dem man noch dazu nicht mal die Handtasche klauen kann, weil ich mein Geld im BH dabeihabe.

Das gibt mir zumindest den Hauch einer Idee davon, wie es sich anfühlen muss, ein Mann zu sein und sich zu jeder Tages- und Nachtzeit vollkommen unbehelligt und ohne jegliche Angst durch die Öffentlichkeit bewegen zu können.

»Gott, bin ich froh, dass du dabei bist«, sagt ein Brudi, als wir auf dem Heimweg die Sukumvith Road runterspazieren. »Normalerweise bin ich hier immer schon von mindestens zwanzig Nutten angemacht worden.«

Häh, echt, wo denn? Ich sehe nur freundliches Spa-Personal.

»Nein wirklich«, beteuert er. »Make bum-bum und so, mit Betatschen.«

Ich lache. Da ist er leider wirklich die ganz falsche Zielgruppe, weil queer.

Verkehrte Welt. So fühlt sich das also an mit den Privilegien. Es fällt einem einfach nicht mehr so auf, dass es jemand anderem in derselben Situation vielleicht ganz anders gehen könnte.

Ich verstehe jetzt, wie Frauen ständig in diese Zwangsposition der Beteuernden kommen. *Nein wirklich, ich bilde mir das nicht ein, das war echt unangebracht. Nein, ich bin nicht zu empfindlich. Nein, ich habe gerade nicht meine Tage. Ja, das ist wirklich genau so passiert.* Wer diese Dinge nicht sehen muss, weil sie ihn nicht betreffen, kann sie auch einfach gepflegt ignorieren – und im Zweifelsfall einen Menschen mit anderer Wahrnehmung dafür schnell für bescheuert erklären.

Umso merkwürdiger finde ich das, was bei mir gerade abgeht: Ich bin auf einmal nicht mehr unsichtbar.

Touriprolls gröhlen mir auf der Straße hinterher. Ein älterer Thai zahlt unaufgefordert galant mein Straßenküchencurry und lässt erst wieder von mir ab, als ich ihm einen von Boyfriend und Kindern vorschwindle. *Na gut, sonst hätte ich jetzt aber noch auf einem Abendessen bestanden.* Einer meiner Brudis wird plötzlich schlagartig ganz nervös in meiner Gegenwart. Ich verstehe die Welt nicht mehr.

Bis ich eines Tages meinen Badeanzug anziehe und kapiere, was los ist: Das Teil schlackert überall, vor allem da, wo mal meine Brüste waren. Na super.

»Mensch, toll siehst du aus, hast du abgenommen?«, fragen mich plötzlich die Leute. »Wie hast du das denn geschafft?«

Einmal komplett kaputtgearbeitet, mir die alte Scheiße aus dem Darm holen lassen und danach einmal durch halb Indien gekotzt, plus buddhistisches Dinner-Cancelling. Auf Instagramisch: Hustle, Detox, Intervallfasten. Mache dann bald einen Onlinekurs dazu, um noch mehr Menschen zu einem gesünderen Lifestyle zu inspirieren.

Es ist die eine Sache, sich vorzustellen, wie viel *besser* gerade alles sein könnte, wenn man ein paar Kilo weniger wiegen würde, wenn einen gerade eigentlich sehr viel anderes nervt. Aber wie zynisch es einen macht, wenn es dann tatsächlich mal so weit ist, darauf kann einen echt niemand vorbereiten.

Der monatelange Raubbau, den ich an meinem Körper betrieben habe, wird jetzt von sämtlichen Seiten als Erfolgserlebnis beklatscht.

Statt »Toll siehst du aus« höre ich aber eigentlich nur »Zum Glück nicht mehr ganz so fett wie davor«.

Ich muss an *Birth Mark* denken, eine Kurzgeschichte von Miranda July, die von einer Frau handelt, die sich ein Feuermal im Gesicht weglasern lässt, um danach endlich konventionell attraktiv zu sein. Das sei nie so, wie man es sich vorgestellt habe, schreibt July. Arme Menschen, die im Lotto gewinnen, seien danach keine reichen Menschen – sondern halt arme Menschen, die im Lotto gewonnen haben.

Genauso fühle ich mich jetzt. Nur dass ich echt keine Ahnung habe, wohin mit diesem Lottogewinn, für den ich einen Backenzahn geopfert habe.

I never identified as a pretty girl. Und das ist null kokettierend gemeint. Ich finde einiges an meinem Äußeren ziemlich gelungen und weiß ganz gut, wie viele Standardkomplexe ich zumindest schon mal *nicht* habe.

Ich bin zum Beispiel keine dieser Frauen, die sich bei der Pediküre erst mal ausführlich für ihre ekligen, hässlichen Füße entschuldigen. Ich bin jung, meine Haut ist echt okay und so schön rosa, wie ich hier ständig gesagt bekomme. Ich hatte noch nie das Bedürfnis nach einem der gängigeren chirurgischen Eingriffe. Egal, ob mit ein paar Kilo mehr oder weniger, meine Proportionen gehen schon ziemlich klar. Es verteilt sich halt gut auf eins achtzig.

Mit vierzehn im Tanzkurs habe ich mich dafür verflucht, so groß zu sein, dass ich allen pickligen Jungs auf den Scheitel spucken konnte und aufgrund des Mädchenüberschusses fast immer »den Mann« tanzen musste. Mit Ende zwanzig nervt es mich nur noch beim Onlinedating, weil es Napoleonkomplexe triggert und ich lieber Sex auf Augenhöhe habe. Große Leute beruhigen mich einfach.

Was auch hilft: Die meisten toughen Frauen in Führungspositionen, mit denen ich so zu tun habe, sind grob mein Stockmaß und tragen noch dazu meistens hohe Hacken. Ich mag das sehr, wenn sich jemand nicht sinnlos klein macht, sondern mit geradem Rücken absichtlich über den Dingen steht. Es ist grundsätzlich einfacher, eine natürliche Autorität auszustrahlen, wenn man halbwegs groß ist.

Was ich dafür halt nicht bin, ist klein und süß. Ich wecke keine Beschützerinstinkte. Bei mir fühlt sich selten jemand bemüßigt, mir einen Drink auszugeben oder mir dabei zu helfen, meine Tasche ins Overhead Compartment zu hieven. Schon klar, kann ich auch alles selbst, gehe ja eh gerne arbeiten. Aus feministischer Perspektive hat mich das nie gestört.

Mein Mädchen-Ich war natürlich trotzdem ein bisschen beleidigt, wenn meinen zarteren Freundinnen die Drinks bezahlt wurden und mir nicht.

Es hat jetzt nie an meiner Fuckability gekratzt, aber dieses betont Galante, das kenne ich einfach nicht so. Dass Männer sich nur wegen meines Aussehens ein Bein ausreißen, ist mir bis jetzt nur in Istanbul passiert, als meine Haare hellgrau blondiert waren, und ich finde, das zählt nicht.

Aber ich bin auch fein damit, Special Interest zu sein. Mich kriegen bei anderen ja auch eher die großen Nasen, die Schrammen, die Sommersprossen, die Silberblicke. Perfektion ist eben einfach ein bisschen uninteressant.

Die Nomadenbrudis würden sagen: *Sie hat ihre Nische gefunden.*

Menschen haben für mich immer mehr zu sein als nur schön.

Weil Ausstrahlung ja doch das Allerwichtigste ist und *happiest girls the prettiest girls* sind und ich meine optische Mittelmäßigkeit auch ganz pragmatisch als eine Art Altersvorsorge sehe: Was noch nie so richtig da war, kann auch nicht schlagartig über Nacht vorbei sein.

Von mir denkt nie wer, dass ich mich hochgeschlafen hätte. Mein Aussehen war einfach noch nie Kapital genug, als dass ich mich ausschließlich darauf hätte verlassen können, deshalb habe ich immer eher in andere Dinge investiert.

So bin ich erzogen worden, und dafür bin ich dankbar, auch wenn ich mit sechs nicht verstanden habe, warum meine Eltern Barbies so blöd fanden.

Jahrzehntelang war mein Körper also einfach eher selten ein Thema.

Bis Moritz mit seinen »Ich bin ja nur ehrlich«-Verbesserungsvorschlägen auf einmal alle eine Meinung zu meinem Körper zu haben scheinen: Nämlich, dass er so ausgemergelt und krank auf jeden Fall sehr viel besser ist als vorher.

Das also meinen die Leute wirklich, wenn sie »auf sich achten« sagen: dünn sein.

Laut Kate Moss schmeckt ja nichts so gut, wie dieses Dünnsein sich anfühlt. Aber ehrlich gesagt: geht so.

Entgegen der allgemeingültigen Annahme, dass Übergewichtige einfach zu schwach zum Abnehmen sind, fühle ich mich jetzt, wo ich dünner bin, auf einmal ziemlich schwach. Mein Kreislauf ist scheiße. Mir ist öfter kalt. Diese ganze sexualisierte Aufmerksamkeit ist mir unangenehm.

Ich renne durch halb Bangkok, bis ich einen neuen, wattierten BH finde für das, was noch übrig ist, und trotzdem frustriert mich der Blick in mein halb leeres Dekolleté.

Gleichzeitig spüre ich einen sehr merkwürdigen neuen Druck: Nämlich jetzt aber gefälligst bitte schön auch so zu bleiben. Wie der arme Mensch, der im Lotto gewonnen hat und danach für immer Angst davor haben wird, wieder arm zu sein.

Das also ist das Gefühl, wenn man beim Salat das Dressing extra bestellt und den Brotkorb sofort zurückgehen lässt: Angst.

Anscheinend geht so erfolgreiches Frausein: frieren, Angst haben und keine Kraft, aber dafür geil aussehen. Ich muss an ein Interview denken, das ich einmal mit der Sexologin und selbst ernannten »Pleasure Aktivistin« Maggie Tapert zum Thema Selbstbefriedigung geführt habe. »Frauen wollen sexy sein, nicht sexuell.«

Genauso fühle ich mich jetzt.

I say if I'm beautiful. I say if I'm strong.
You will not determine my story – I will.
AMY SCHUMER

NICHTSEXUELL

Die Ironie ist nämlich: Jetzt, wo ich gefühlt wirklich nur noch einmal kurz mit dem Finger schnippen müsste, damit alle hecheln und Stöckchen bringen, habe ich weniger Lust auf Sex als jemals zuvor in meinem Leben.

Bitch *please*, give me a fucking break, sagt mein Körper, und den bekommt er jetzt auch. Normalerweise habe ich so eine Art eingebaute innere Eieruhr, die nach zweieinhalb Monaten schrill zu klingeln beginnt, um mich darauf hinzuweisen, dass man schon langsam mal wieder mal *könnte*. Es gibt ja auch einfach so viele gute Gründe, die für Sex sprechen: Sportliche Betätigung, narzisstische Bestätigung, Urlaub fürs Gehirn, Orgasmen, mal nicht ganz so viel denken und reden müssen, eventuell sogar ein Stück weit Kontrolle abgeben, und, hey, außerdem ist es gratis. Frisch gefickt gehe ich grundsätzlich einfach anders durch den Tag.

Aber irgendwo zwischen Moritz' Matratze, dem brasilianischen Bed 'n' Breakfast des Grauens, meiner Wurzelbehandlung und all diesen ungewollten Komplimenten geht meine Lust in den Winterschlaf.

Sex ist ja auch immer ein Abgleichen, mit sich selbst und mit anderen. Sex sagt uns, wo unser Platz auf der Fuckability-Skala ist, sagt: Du bist jemand, der es wert ist, begehrt zu werden.

Ich fühle mich wie so ein Wackelbild, als wären meine eigenen Umrisse verschwommen. Weil ich gerade permanent von außen bewertet werde, fällt es mir immer schwerer, meine eigenen Konturen klar zu erkennen. Ich fühle mich viel zu verletzlich für Sex, dafür, die Deutungshoheit noch weiter nach außen abzugeben. Wenn die eigenen

Grenzen derartig verschwimmen, muss man sie selbst ziehen, sich entziehen.

Und das mache ich jetzt: acht Monate lang.

Es fällt mir nicht schwer. Es ist ruhig dort. Wie so ein entspannt-resigniertes Schulterzucken.

Keine Jagd, keine Dramen und sowieso genügend Sextoys zu testen.

Ich kenne gar nicht mal wenige Frauen, die Selbstbefriedigung als irgendwie armseligen Ersatz für »richtigen« Sex sehen. Ich bin zum Glück keine davon. Wer schläft, sündigt nicht, und wer sich selbst befriedigt, arbeitet seine eigenen Komplexe wenigstens nicht an anderen Menschen ab. Orgasmen minus Geschlechtskrankheitenrisiko minus Psychodrama. Plus in meinem Fall auch noch Geld dafür, weil ich darüber schreibe und es so unter Arbeit verbuchen kann.

Nach kurzer Zeit verschwimmt die Erinnerung an das Gewicht eines anderen Menschen auf meinem Körper. Nach ein paar Wochen mehr sind auch meine Phantasien plötzlich entspannt depersonalisiert.

Normalerweise sind die Hauptrollen für die Szenarien in meinem Kopf klar besetzt, mit Menschen, mit denen ich Sex hatte oder Sex haben möchte. Jetzt sind es nur noch Fragmente und einzelne Körperteile vor meinem inneren Auge.

Wie unglaublich angenehm, mal niemanden mehr ganz so schlimm wollen zu müssen. Ist das dieses buddhistische Non-Attachment, von dem immer alle reden?

Ich kommuniziere meine Sexlosigkeit offen mit meinen Blogleser*innen. Das sei so wie bei Konditoren, die auch nicht den ganzen Tag Lust auf Torte hätten, schreibe ich.

Dating-Sabbatical nennt es eine Leserin. Klingt doch gleich viel eleganter.

Ich finde nicht, dass diese Sexlosigkeit meiner Arbeit schadet, im Gegenteil: Es gibt genug zu tun, und auf einmal habe ich sehr viel mehr Zeit dafür. Seit Neuestem stehe ich auf Konferenzbühnen und sage dort Sachen für Geld, und wieder klatschen alle und geben mir hinterher neue Kolumnendeals.

Ein Buchverlag will meine gesammelten Sexperimente unbedingt auf Papier drucken und einen Pappkarton drumbinden und bietet mir dafür frech wenig Vorschuss. Ein Agent will mich unbedingt vertreten, ich sage, ich will aber mindestens doppelt so viel Geld, er sagt, das kannst du vergessen, ich sage, herzlichen Dank für das Gespräch.

Meine Lust aufs Buchschreiben verfliegt erst mal wieder.

Es klingt einfach alles ein bisschen zu sehr nach einem schlechten Deal für Leute mit zu viel Freizeit und Aufmerksamkeitsbedürfnis, dieses castingcouchnarrativmäßige *Baby, ich bring dich groß raus*, dieses Zuschreiben von Bedeutsamkeit, nur weil man VERLAG irgendwo draufstehen hat.

Ich habe inzwischen genügend Branchen von innen gesehen, um diese konstante Sich-selbst-Abfeierei, das Hierarchiedenken und diese ganze gefühlte Wichtigkeit nicht mehr wirklich ernst nehmen zu können. Es fallen ständig irgendwelche Namen, bei denen ich mich frage, ob ich sie schon mal gehört haben müsste oder ob ich mich schlecht fühlen sollte, weil ich sie trotz Literaturdiplom noch nie gehört habe. Aber spätestens bei den Digitalnomaden habe ich gelernt: umso weniger es wirklich geht, umso mehr müssen alle ständig so tun als ob.

Mein Kopf fühlt sich sehr klar an in der Sexlosigkeit. Ich finde alles mildly amusing, manchmal auch seltsam und bin selbst davon überrascht, wie sehr auf einmal ein zu langer Blick in der Bar meinen Magen zum Flattern bringt. Resetbutton. Alles neu.

»Reserl, magst nicht mal für uns einen Tantrakurs machen?«, fragt meine Lieblingsfrauenzeitschriftenredakteurin mich nach ein paar Monaten Abstinenz.

Na, denke ich, why the hell not, eigentlich. Kann sein, dass es scheiße wird, aber dann wird es ja wenigstens anders scheiße.

Ich wurde verarscht, weil alle, einfach alle mir versprochen haben, dass ich nur hart genug zu mir sein muss, nur dünn, fleißig und hübsch genug, nur therapiert und reflektiert genug, nur geil und kinky genug, lieb und cool, gleichzeitig aber auch besonders, dann kriege ich, was ich will, was ich brauche, was mich weiterbringt, was wichtig für meine Persönlichkeitsentwicklung ist.

KATHRIN WESSLING

KOMFORTZONEN

Ich buche auf Verlagskosten ein neuntägiges Tantra-Retreat in einem der renommiertesten Zentren Deutschlands. Handy aus, Körper an, fühlen statt denken – es klingt alles ziemlich nach *Könnte man ja auch mal wieder machen.*

Ehrlich gesagt ist es vor allem die Aussicht auf Digital Detox, die mich daran anspricht. Beim Rest versuche ich unvoreingenommen zu bleiben, wobei die Mitbring-Liste schon wieder so spirituelle Chinapfanne-Dirk-Assoziationen in mir weckt. Pfauenfedern, rote Rosen, Massageöl, Gleitgel.

»Wo kriegt man denn bitte in Berlin Pfauenfedern her?«, frage ich Laura. Hashtag *#sexwriterproblems.*

Im Kurszentrum angekommen, stelle ich fest, dass das Pfauenfedernproblem nicht mein größtes sein wird: Ich fühle mich vollkommen fehl am Platz.

Keiner sagt Hallo, keiner lächelt zurück, keiner schaut mich an. Auch die Kursleitung rauscht kommentarlos und mit angepisstem Blick an mir vorbei, ohne zu grüßen, was ich bei zwölfhundert Euro Gebühr jetzt auch nicht gerade den Inbegriff von *Hospitality* finde.

Bis auf einen anderen Typen sind hier alle locker über fünfzig, und das Geschlechterverhältnis Männlein-Weiblein liegt bei legeren neun zu drei. Irgendwas in diesem Teezeremonieraum riecht außerdem, als hätte jemand schon seit Längerem mal wieder duschen können. Lecker Zwiebelmett. Rezepte mit Hack.

Äh, hallo? »Freunde, wir sind hier, um uns neun Tage lang gegenseitig an die Geschlechtsteile zu fassen!«, möchte ich schreien und tippe stattdessen unauffällig eine Nachricht an Laura. *So schlimm hier. Gib mir zwei Stunden, dann bin ich wieder daheim.*

Dann erbarmt sich endlich der einzige andere Mensch im Raum, der aussieht, als wäre er nicht nur hier, weil er sonst niemanden mehr zum Vögeln findet, und reicht mir eine Schale Hagebuttentee.

»Hast du schon gesehen, wo wir hier schlafen sollen?«, flüstert er mir zu. »Komm, ich zeig's dir und bleib hinter dir stehen, falls du rückwärts umkippst.«

Süß. Und berechtigt: Matratzenlager wäre ein Euphemismus.

Sardinenbüchsenmotiv für wiederkehrende Klaustrophobie-Alpträume trifft es schon eher.

Es sind nicht mal richtige Matratzen, mehr so Sonnenliegenauflagen, mit roter Meterware bezogen, und zwar genau so kalkuliert, dass jeder gleich mal direkt mit jedem kuscheln kann.

»Ich brauch aber ein Bett in der Nähe von einer Steckdose, wegen meiner Heizdecke!«, ruft fröhlich eine der Kursteilnehmerinnen. Ein anderer findet, dass sein Sauerstoffgerät im Zweifelsfall Priorität hat.

Ich präge mir schon mal Fluchtmöglichkeiten und Notausgänge ein.

Wie mir jetzt auffällt, scheint es hier keine Türen zu geben – ich höre es nämlich sehr laut furzen. Mit Klos, die man nicht abschließen kann, lässt sich Intimität natürlich auch erzwingen. Gut, dass es jetzt auch noch veganen Linseneintopf gibt. Stimmung allgemein: eher verhalten.

Anschließend lässt sich die Kursleitung gnädig dazu herab, uns in einer Einleitungszeremonie über das Tantra in Indien in den wilden Siebzigern zu erzählen und davon, wie er es quasi im Alleingang nach Europa gebracht hat. Neben ihm sitzen zwei Frauen im Lendenschurz, die eine in meinem Alter, die andere so um die fünfzig. Ihre einzige Funktion scheint darin zu bestehen, oben ohne zu sein und ergriffen zu den weisen Worten ihres Meisters zu nicken.

Danach ist Videoabend: *Kamasutra*, ein trashiger Nuller-Jahre-Film, der uns »jetzt einfach mal auf den Geschmack bringen« soll. Ich zähle drei Vergewaltigungsszenen. Die alten Männer um mich rum grunzen begeistert.

Bewältigungsmechanismusmäßig kuschele ich mich an den einzigen anderen normalen Menschen im Raum und sage ihm, dass ich dann doch lieber gehe.

»Lass mich hier nicht allein!«, flüstert der panisch.

Aber ich denke einfach nur: Nein. Ich weiß, was ich abkann, und das ist inzwischen echt einiges, aber ich weiß auch, wie meine Leserinnendemographie aussieht: Drittes Semester Sozialpädagogik, Klamotten von Kleiderkreisel, probiert gerade das mit dem Vegetarierinsein mal aus. Ich will sie auf keinen Fall ins offene Messer laufen lassen, indem ich ihnen diesen Kurs hier als Pfad der Erleuchtung anpreise, und meine eigene geistige Gesundheit ist mir dann doch auch wichtiger.

Ich verabschiede mich also trotz allem freundlich und höflich von der Kursleitung und werde dafür noch direkt spiri-gedisst: So könne das natürlich nichts werden mit der eigenen Weiterentwicklung, wenn ich so wenig bereit wäre, meine Komfortzone zu verlassen.

Puh, ja, die *Komfortzone*, mit der kriegt man Menschen wahrscheinlich zu allem möglichen Scheiß, mich nach fünf Erdumrundungen mit Handgepäck allerdings nicht mehr so leicht. Wenn meine Erleuchtung daran gekoppelt ist, neun Tage lang alten Menschen an Geschlechtsteile zu fassen, die nach Zwiebelmett riechen, bleibe ich gerne für immer dumm.

Bin in einer halben Stunde wieder daheim. Brauche dringend mindestens drei Drinks, schreibe ich Laura.

Ich habe plötzlich acht Tage lang unerwarteten Urlaub.

Meiner Redakteurin schicke ich am nächsten Morgen ein Foto vom Matratzenlager des Grauens, und wir einigen uns darauf, stattdessen einen Text über bescheuerte Kurserfahrungen und woran man sie erkennt zu veröffentlichen – und darüber, dass man nicht jeden Scheiß mitmachen muss, sondern auf sein eigenes Bauchgefühl vertrauen soll. Obwohl meine Headline *Pleiten, Pech und Penis* es nicht ins Heft schafft, bin ich extrem zufrieden mit dem, was ich meiner Leserin hier in Sachen Selbstbestimmung mitgeben kann.

Nothing I accept about myself can be used to diminish me.
AUDRE LORDE

GUT GENUG

Kann sein, dass ich Tantra inzwischen aufgegeben habe, aber irgendwie gibt Tantra mich einfach nicht auf.

Über meine Digitalnomadenkreise lerne ich Mariah Freya kennen, eine ziemlich erfolgreiche Sexcoachin. Ich bin beeindruckt von ihrer durch lichtdurchflutete Wiesen tanzenden Internetpersona mit Abertausenden Followern, freue mich dann aber doch, als mir in echt einfach nur Mimi aus München in Jeans und Pulli gegenübersitzt.

Sie und ihr Freund gehen nach zehn Jahren Beziehung so komplizenhaft und entspannt miteinander um, dass ich mich frage, ob doch was dran ist an all den Chakren, und auch nicht zusammenzucke, wenn einer von beiden das Wort »Energie« in den Mund nimmt. Mariah schlägt mir einen Deal vor: Sie coacht mich umsonst, und ich schreibe darüber. Ein Sexcoaching-Upgrade für mein Dating-Sabbatical, natürlich sage ich sofort Ja.

Ab sofort haben Mariah und ich einmal pro Woche ein Date über Skype.

So sehr ich ja sonst über Coaching ab*hate*, muss ich jetzt auch zugeben: Gecoacht zu werden ist erst mal erstaunlich ... *nett*. Jemand, der sich so ausführlich mit einem befasst, die eigenen, in Stein gemeißelten *Wenn es wer wissen sollte, dann ja wohl bitte ich*-Ansichten kurz mal umdreht und so lange nachfragt, bis sich was Neues in einem ergibt.

Mariah bringt mich dazu, meine Masturbationsroutine zu ändern, schickt mir ein Yoni-Ei und gibt mir Self-Care-Hausaufgaben wie taoistische Brustmassagen und Briefe an meine Angst zu schreiben.

»Was will deine Gebärmutter?«, fragt sie mich und lacht mit mir mit, wenn ich zur Antwort erst mal die Augen verdrehe. Sex will die, was sonst?

Mariah pusht mich, mal wieder auf ein Date zu gehen.

»Das ist gut, dass du noch keine dreißig bist, da werden Frauen immer so anstrengend«, sagt in der Bar der Typ Ende dreißig, der von sich aus schon zweimal das Thema Kinder angeschnitten hat.

Ich werde in drei Monaten dreißig, und meine Gebärmutter hat jetzt schon den Eindruck: Irgendwie scheint dann Schluss mit lustig zu sein.

Da werden dann also Männer anstrengend, weil sie einem standardmäßig unterstellen, dass man sie – ticktack, biologische Uhr und so – unkommentiert um ihr heiliges Sperma bringen will.

Natürlich landen der Typ und ich nach dem fünften Drink trotzdem miteinander im Bett, und dummerweise ist der Sex auch noch sehr gut. So gut, dass mich noch nicht mal mehr die sinnlose *Wollte nur mal schauen, ob es immer noch wehtut, wenn ich dich wieder mal schwach von der Seite anditsche*-Nachricht von Nahostkonflikt am nächsten Tag aufregt.

Das ist neu, dass mein Herz nicht mehr zu rasen beginnt, wenn ich seinen Namen auf meinem Handydisplay sehe.

Es ist schön, dass dieser Schmerz endlich nachlässt, aber unerwarteterweise tut auch das wiederum ganz schön weh. Wir hatten es uns bequem miteinander eingerichtet, der Schmerz und ich, wie eine kratzige Decke, die einen aber doch warm hält und einen Puffer schafft gegen den ganzen anderen Scheiß.

Ich konnte mich immer mit einem Schulterzucken in allen möglichen Blödsinn hineinwerfen, weil mein Herz sowieso woanders war. Dieses Gefühl von Unfuckwithability, das ist jetzt weg, und ich fühle mich wie ein rohes Ei.

Unerfüllte Liebe ist nicht nur wahnsinnig romantisch, sondern eben auch ziemlich praktisch.

»But what do you get out of it?«, fragt meine belgische Sexualtherapeutinnenfreundin Elke mich, wenn ich ihr solche Sachen erzähle.

Elke macht gerade ein Pop-up-Therapie-Projekt in einem zwischengenutzten Büroturm in Antwerpen. Menschen, die ein Problem besprechen wollen, können einfach spontan in der Mittagspause vorbeikommen, ohne die übliche Schwellenangst, die so ein Therapeut*innenbesuch sonst so mit sich bringt.

Wir beschließen, im Rahmen dieses Projekts eine Porno-Soiree abzuhalten und reden mit zwanzig Menschen darüber, was Pornografie so mit ihnen macht.

Gerade aus den Männern bricht es nur so heraus. Ihre Unsicherheit über den eigenen Körper, die Verwunderung, wenn eine Frau dann in echt anders aussieht und andere Geräusche macht, und dass sie es einfacher finden, sich selbst zu befriedigen, weil sie so wenigstens keine Zurückweisung riskieren.

Mehrere der Frauen sagen, sie hätten schon mal über eine Schönheitsoperation nachgedacht, weil ihre Körper so anders aussehen als die auf dem Bildschirm.

Am Ende des Abends sind alle ein bisschen high von der ganzen Ehrlichkeit in diesem Raum, ziehen paarweise weiter und können gar nicht mehr aufhören zu diskutieren.

Umso befremdlicher finde ich die Sprachnachricht einer möglichen Kooperationspartnerin, die ich verkatert am nächsten Morgen bekomme. »Hey, viel Spaß in Belgien, aber iss nicht zu viel Schokolade, hörst du, achte auch auf deinen Körper! Hahaha, Spaß. Egal, du bist ja so oder so schön.«

Moment bitte, *was*?

Aber eigentlich kein Wunder: Diese Frau schmeißt exklusive Gangbangs für Frauen, die immer schon mal was mit anderen Frauen haben wollten, sich aber nicht so richtig trauen. *Unsere Mitglieder sind attraktive schlanke Frauen und werden von einer hochkarätigen Jury geprüft* hieß es im Pressetext für dieses angeblich feministische Event, für das zu werben ich mit dem Verweis auf meinen Body-Mass-Index von fünfundzwanzig und dem dezenten Hinweis, das sich Bodyshaming und Empowerment meiner Meinung nach nicht besonders gut vertragen, dankend abgelehnt hatte.

Natürlich nicht, ohne ein paar Bloggerkolleginnen in cc zu setzen, die mir daraufhin Selfies schickten, auf denen sie mir mit Kakao mit Schlagsahne zuprosten.

Nachdem ich die Lesbengangbangpartyfrau gezwungen hatte, den Pressetext entsprechend abzuändern, war ich immerhin bereit, sie auf ein Stück Cheesecake zu treffen, um mir ihre Ideen für den Deutschland-Launch anzuhören. Bis zu dieser Nachricht.

Ich spiele sie Elke noch mal vor, um ganz sicherzugehen: »Is it me or did that bitch just *totally* bodyshame me?«

Es ist Elke, die jetzt komplett ausflippt.

Zwei Stunden unter Tränen darüber redet, wie viele Scheißkommentare sie sich schon zu ihrem Körper anhören musste, wie sehr sie das Lob für ein paar Kilo weniger unter Druck gesetzt hat und dass sie auf Diät ist, seit sie zwölf ist.

»Ich würde nie ein Selfie posten, auf dem ich esse. Ich hätte viel zu viel Angst, dass die Leute dann denken, dass ich gerade alles nur noch schlimmer mache«, sagt meine wunderschöne, coole Sexualtherapeutinnenfreundin mit dem Schrank voll Designerklamotten, die einen Rockstar nach dem anderen klarmacht.

Sie sagt auch, dass sie sich an keinen Zeitpunkt ihres Lebens erinnern kann, an dem sie sich nicht für ihren Körper geschämt hat.

So langsam dämmert mir, dass das hier wirklich nicht nur mein persönliches Problem ist. Ich muss an Amy Schumer denken, die in ihrer Autobiographie beschreibt, wie sie im ausverkauften Madison Square Garden auftritt und die Hälfte aller anwesenden Frauen ihre Arme kaschierend über dem Bauch verschränken. Wie sehr ich diese Geste doch in- und auswendig kenne.

Ich erzähle Elke von Moritz und meinem hübschen Gesicht. »Wie oft ich diesen Scheißsatz schon gehört habe!«, ruft sie.

Im Skypecoaching erzähle ich Mariah von diesem ganzen Scheiß.

»Was daran trifft dich so?«, will sie wissen. Das Mädchen-Ich einkreisen und die Komplexe umzingeln.

Für jemanden, der seit Jahren für Magazine schreibt, die *Problemzonen* anvisieren, fällt es mir erstaunlich schwer, »Na ja, so toll ist mein Bauch ja jetzt echt nicht« zu sagen. Und auf Mariahs Nachfragen zu antworten.

»Wann hast du dir selbst erlaubt, das zu glauben? Was kann dein Bauch denn? Und was wäre, wenn dein Bauch nicht da wäre?«

»Wär halt schon echt unelegant für die ganzen inneren Organe da«, lache ich jetzt, unter Tränen.

So zerpflücken wir nach und nach sämtliche Körperteile, die ich an mir nicht mag. Es fühlt sich komisch und gleichzeitig merkwürdig befreiend an, die Grausamkeiten, die ich mir selbst ständig so halb bewusst sage, laut aussprechen zu müssen, mir diese Blöße zu geben.

Das hier fällt unter emotionale Wurzelbehandlung. Es ist anstrengend und tut weh.

Aber als ich ein paar Stunden später nach dem Duschen Elkes beschlagenen Badezimmerspiegel freiwische, finde ich mich und mein wirres Haar plötzlich ziemlich gut. Und zwar ganz ohne das übliche »Ja, aber«.

Es ist ein unspektakulärer Moment, in dem ich beschließe, dem »Ja, aber« ab sofort nicht mehr zuzuhören, egal ob es von mir selbst kommt oder von anderen.

Ich verspreche mir, mich ab jetzt offiziell und aktiv darum zu bemühen, nur noch Dinge zu tun, die gut für mich sind. Weil ich gut bin und sie verdiene, und zwar ganz einfach so. Einfach nur, weil niemand außer mir selbst diese Deutungshoheit hat und bestimmen kann, ob das so ist oder nicht.

Ab jetzt bin ich offiziell gut genug. Und zwar aus Prinzip.

**It's not that I think I'm so great.
I just don't hate myself. I do idiotic things
all the time and say crazy stuff I regret,
but I don't let everything traumatize me.
And the scary thing I have noticed is that
some people feel uncomfortable around women
who don't hate themselves. So that's why
you need to be a little bit brave.**

MINDY KALING

KÖRPER IM KONJUNKTIV

Aus journalistischer Perspektive war mir dieses ganze Körperthema jahrelang eigentlich viel zu banal erschienen.

Es widersprach meinem feministischen Bildungsbürgerinnen-Wertesystem, überhaupt über solche Äußerlichkeiten diskutieren zu müssen. Darum sollte es doch schließlich wirklich nicht gehen, oder? Haben wir nicht wirklich genügend andere Probleme?

Je mehr ich aber darüber geredet und nachgedacht habe, umso mehr bin ich zu dem Schluss gekommen: wahrscheinlich nicht.

Bodyshaming bedeutet, die Scham für den eigenen Körper an jemand anderen weiterzugeben. Jemanden im Sinne des Wortes zu beschämen. Und das ist ein Machtinstrument.

Einer Frau zu sagen, dass sie fett und hässlich ist, kann sie sehr effizient zum Kleinbeigeben zwingen, weil man damit das Echo der Stimme in ihrem Kopf bildet, die sie seit Jahrzehnten hört. Das Echo haut nur brutal zu. Die innere Stimme dagegen schlägt anders rein, differenzierter, foltermäßiger. Viel gnadenloser.

Damit einfach aufzuhören – sich selbst also einfach aus Prinzip nicht zu hassen – ist tatsächlich ein aktiver Akt des politischen Widerstands. Und darüber schreibe ich jetzt.

Ich habe es einfach so unfassbar satt, mich wegen euch nicht normal zu fühlen.

Ihr? Das ist die Journalistin Mitte fünfzig, die im öffentlich-rechtlichen Rundfunk verkündet, sie hätte dieses Bild von einer kleinen, zarten, sexuell provokanten Frau im Kopf gehabt und dann sei sie auf, äh, mich getroffen. Na ja, witzig sei ich ja zumindest.

Ihr, das ist die Bekannte, die sich nach unserem Kennenlernen darüber auslässt, dass es ja wirklich erstaunlich wäre, wie selbstbewusst ich sei. Also trotzdem jetzt. Trotz meines Körperumfangs.

Ich schreibe alle dummen Sachen auf, die mir die Menschen im Laufe meines Lebens zu meinem Aussehen so hingeknallt haben.

Währenddessen frage ich mich, ob das überhaupt jemand lesen wird, weil es ja gar nicht so richtig um Sex geht, und ob diese Geschichte in Wirklichkeit nicht viel zu banal ist. Bei mir ist doch eigentlich alles okay so weit.

Bis ich feststelle, dass es gerade die Banalität dieser ganzen Angelegenheit ist, die mir so weh daran tut. Die Selbstverständlichkeit, mit der davon ausgegangen wird, dass ich mich in meiner ganzen bundesdeutschen Durchschnittlichkeit bitte selbst hassen und deswegen dringend was unternehmen sollte. Da ist doch noch nicht alles verloren. Bei dem hübschen Gesicht.

Ich schreibe darüber, wie weh es tut, ständig so angezweifelt und als Konjunktiv gesehen zu werden: Da *könnte* man doch noch ...

Ich schreibe über das Gefühl, das diese Verbesserungsvorschläge in mir auslösen: fehl am Platz. Falsch. Fragend auch. Was ich an mir habe, das Leute dazu inspiriert, mir diese Dinge so ins Gesicht zu sagen. Warum das überhaupt zur Debatte steht.

Warum man jemanden nicht einfach so sein lassen kann, wie sie oder er ist.

Ich schreibe über meinen Beschluss, damit aufzuhören, mich falsch zu fühlen. Über meinen Körper, der nicht *könnte*, sondern *ist*.

Ich schreibe, dass das ein Geschenk ist, ein Geschenk, das ich mir selbst mache.

Nachdem ich all diese Wut in meinem Bauch jahrelang runtergeschluckt hatte, bricht sie so schwallartig aus mir heraus, dass meine Hand auch die restliche Nacht noch zittert, nachdem ich auf *Blogbeitrag veröffentlichen* geklickt habe.

Ich kenne dieses Zittern schon. Es kommt nie bei einem x-beliebigen Frauenzeitschriftentext; nur bei dem Gefühl, dass ich gerade einen Kampf gegen mich selbst ausgetragen und aufgeschrieben habe. Und aus Respekt davor, diesen öffentlich zu teilen. Denn dieser Kampf, das ist Intimität für mich. Nicht das Schreiben über Sex.

Den nächsten Tag verbringe ich auf einer Sextoy-Messe für geladenes Fachpublikum. Händegeschüttel, Visitenkartengewedel, »Well, I run Germany's biggest sex blaaawg«, sehr viel Socializing. Businessmodus. Ich vergesse den Text fast vor lauter Gequatsche und Gerenne.

Als ich abends vollkommen platt und leer gelabert meine Social-Media-Kanäle checke, trifft mich fast der Schlag. Schon nach knapp zwanzig Stunden wurde der Text über zweitausendmal geteilt.

Nur so zum Vergleich: Normalerweise sind es zu dem Zeitpunkt etwa fünf- bis fünfzigmal, wenn's richtig krass läuft. Mich haut nicht nur die Masse der Reaktionen um, sondern auch ihre Intensität.

Emotion ist die wichtigste Währung im Internet. Dass ein aufgewühlter Text aufgewühlte Emotionen provozieren würde, hätte ich mir also denken können. Aber dass mein sich jahrelang so individuell angefühltes Problem eines ist, in dem sich so viele andere Menschen wiederfinden, das ist komplett verrückt für mich.

Dass es nicht das Schreiben über Sex ist, das Menschen so provoziert und aufrüttelt, sondern man schon so viel früher und effizienter ansetzen kann: mit dem Schreiben über sich selbst und den eigenen Körper.

In den Kommentaren bricht es nur so aus den Menschen heraus, die ihre eigenen Erfahrungen teilen.

Nach dem zweiten Date eine E-Mail mit dem Satz »Leider bist du mir doch zu dick« zu bekommen. »Du könntest doch was aus dir machen mit so ein bisschen Schminke« zu hören. Als Lesbe, als Tomboy zu gelten, als die, die keinen abkriegt, weil Männer vor ihr Angst haben. Als Akademikerin Ende zwanzig noch nach dem Schülerausweis gefragt zu werden. Sich jahrelang nicht zu trauen, surfen zu gehen, aus Angst, mit Kleidergröße M/L in einem Neoprenanzug scheiße auszusehen.

Ein paar Tage nach der Veröffentlichung postet eine Frau das Bild einer frischen Tätowierung unter dem Facebookpost. *SELF* steht auf ihrem linken Oberschenkel, *LOVE* auf dem rechten, in riesigen, ihr selbst zugedrehten Lettern. *Dachte, ich schreib's mir mal auf, damit ich es nicht so schnell wieder vergesse*, so ihr lakonischer Bildkommentar darunter.

Ich finde ja toll, aber gleichzeitig extrem skurril, wie viele der Reaktionen auf den Text von »Reg dich ab, ich bin viel dicker als du, was soll ich dann erst sagen« bis zu »Aber du bist doch so hübsch« reichen.

Ich habe einen Text darüber geschrieben, dass ich nicht mehr bereit bin, die Deutungshoheit über meinen Körper an andere abzugeben, und das führt dazu, dass mir jetzt alle ihre Meinung dazu sagen.

Auf einmal bin ich unfreiwilliger Teil einer Bodypositivity-Bewegung, in der das halbe Internet ständig »Wow, bist du schön! Embrace yourself!« und »Liebe deine Dehnungsstreifen!« ruft.

Selbstliebe scheint auf einmal die Lösung und das Rezept für alles zu sein. Quasi die Portion gefriergetrocknete Kräuter der Provence unter den Befindlichkeiten, die zwar nirgendwo richtig dazupasst, aber man kippt sie halt einfach mal über alles, für ein bisschen mehr Kontext und Geschmack.

Greta zum Beispiel schreibt auf Instagram von ihrem Jetlag, von der Einsamkeit, wenn man um drei Uhr nachts wach liegt, und irgendeine Yoga-Uschi kommentiert darunter: *Da fehlt es halt schon noch ganz klar an der Selbstliebe.*

Was genau soll das denn eigentlich überhaupt heißen, sich selbst lieben?

Und wieso glauben die Yoga-Uschis, dafür das Patentrezept gepachtet zu haben?

Nur wenn man Menschen einen Mangel predigt, kann man ihnen neue Dinge verkaufen, und das Konzept »Selbstliebe« ist schwammig genug, dass das wunderbar funktioniert. Mein halber Facebook-Feed ist inzwischen voll Werbung für Coachings und Onlinekurse, die Heilung versprechen. Erst durch Achtsamkeit, dann durch Selbstliebe, nun auch noch durch Bodypositivity, eine Bewegung, die von amerikanischen Fett-Aktivistinnen für mehr Selbst- und Fremdakzeptanz gestartet wurde und jetzt vom Kapitalismus für Detox-Tee pervertiert wird.

Meine Freundin Kirsten aus Texas ist *Curvy Model*, hat über eine Million Instagramfollower. Curvy, das heißt: nicht dünn. Durchschnittsgewichtig. Aber natürlich so verteilt, dass es deutlich besser aussieht als bei den meisten anderen Durchschnittsgewichtigen.

Ihre Zielgruppe ist ein Mix aus sabbernden Männern und jungen Frauen, denen sie mit Unterwäschebildern von ihrem Körper ein besseres Gefühl geben will.

Diese Mission finde ich ehrenwert, aber als ihre Freundin ist es schwer zu ertragen, wie sehr sie sich selbst mit diesem ganzen Scheiß unter Druck setzt. Zehn Kilo abnimmt. Ihre Brüste vergrößern lässt, weil die natürlich das Erste sind, das man beim Abnehmen verliert. Darunter leidet, dass ihre Akne sich nur im Internet wegphotoshoppen lässt. Sich mit sechsundzwanzig den ersten Botox-Shot holt.

»Was soll ich denn machen, das Äußere ist nun mal das Wichtigste an einem Menschen«, relativiert sie, und glaubt es. Ich finde das nur noch absurd.

Ich liebe Kirsten für ihren dreckigen Humor, ihre abstrusen Gedankengänge und ihre Warmherzigkeit. Aber es ist nie genug für sie. Es kann gar nicht genug sein in dieser Instagram-Welt.

Late capitalism is like your love life: it looks a lot less bleak through an Instagram filter. The slow collapse of the social contract is the backdrop for a modern mania for clean eating, healthy living, personal productivity and »radical self-love« – the insistence that, in spite of all evidence to the contrary, we can achieve a meaningful existence by maintaining a positive outlook, following our bliss, and doing a few hamstring stretches as the planet burns. The more frightening the economic outlook and the more floodwaters rise, the more the public conversation is turning toward individual fulfillment as if in a desperate attempt to make us feel like we still have some control over our lives.

LAURIE PENNY

DAS POLITISCHE IST PRIVAT

»Und, wie lange hast du?«

Ich glaube, ich starre den aufgeregten Multifunktionsjackenoberstudienrat neben mir in der Gangway schon einen Ticken zu lange an, bis ich die Frage überhaupt kapiere.

»Ach so, Urlaub. Ja nö, hab noch kein Rückflugticket. Bis es Frühling wird halt.«

Jetzt ist er es, der mich verständnislos anschaut.

»Ich brauch nur meinen Laptop zum Arbeiten, das geht von überall.«

Ich bin solche Impulsreferate natürlich gewohnt, das ist ein Teil des Jobs, wenn man von Berufs wegen andere Menschen *inspiriert*, sprich anders lebt, als die sich das vorstellen können.

Man wird so zu einer permanenten Projektionsfläche für anderer Leute ungelebter Sehnsüchte, hört abwechselnd Sätze wie »Also ich könnte das nicht« oder »Hast du 'nen Millionär gebumst, oder wie kannst du dir das leisten?«.

Danach erzählen sie einem, was sie in ihrem letzten Thailandurlaub alles erlebt haben und dass sie jetzt aber auch wirklich froh sind, wieder nach Hause zu kommen.

Ich verstehe das ja inzwischen, dieses Sich-Abgleichen und An-mir-abarbeiten-Müssen.

Das Sexkolumnistinnen-Dasein hat mich gut vorbereitet auf das Digitalnomadinnentum – beides läuft neben der Norm ab, beides macht Menschen neugierig, und beides regt Menschen zu vollkommen indiskreten Fragen an.

Würde man von einer Supermarktkassiererin eigentlich auch direkt wissen wollen, was sie so verdient? Ob sie in ihrem Beruf *überhaupt einen Freund haben kann*? Ob sie nicht manchmal sehr einsam sei?

An manchen Tagen gebe ich gern den Erklärbär, lächle und nicke und erzähle *jetzt mal ganz unter uns*, dass bei mir wirklich auch nicht immer alles nur Pommes und Ficken ist, damit sich mal wieder alle entspannen und über mich Abnormität den Kopf schütteln können beim nächsten Instantkaffee im Lehrerzimmer.

Aber heute nicht. Heute sage ich: »Also dann, viel Spaß im Urlaub!«, und entfriemele schnellstmöglich die iPodkopfhörer.

Die Wahrheit ist nämlich: Es kommt mir selbst alles inzwischen extrem absurd vor. Erkenntnis und Depression können sich oft erst mal ähnlich anfühlen, hat mein Schlaumeiermönch mal gesagt, und tatsächlich ist spätestens seit Nepal bei mir so ein bisschen die Luft raus.

Das *Fick dich, jetzt erst recht!*, mit dem ich nach meiner traumatischen Trennung vor fünf Jahren losgezogen bin, hat mich sechsmal um die ganze Welt getrieben, mich kompromisslos und pragmatisch gemacht, mir die Angst genommen und mich beschützt. Aber in Nepal habe ich es zu Ende gefühlt. Ich bin fertig mit all dem Trotz und der Reaktivität.

Kann ja gut sein, dass die beste Rache ein gutes Leben ist, aber wenn sich ein Langstreckenflug anfühlt, wie morgens in die U-Bahn zu steigen, ist es wahrscheinlich wirklich Zeit, diese Idee vom guten Leben mal gründlich neu zu überdenken.

Seit Monaten ertappe ich mich dabei, wie ich langsamer werde. Die Zeit an einem Ort um mehrere Wochen verlängere. Nach immer mehr guten Gründen suche, die mir erlauben zu bleiben.

Eine portugiesische Affäre wird Jahre später über diese Zeit sagen: »You were looking for a home, but you could not find it in sex and I could not give it to you.«

»Get the fuck out of my head!«, werde ich antworten, wir hatten drei Mal Sex, wieso *weiß* er das alles sofort?

Und dann werden wir lachen und es ein viertes Mal tun, nur um nachzusehen, ob wir inzwischen älter und weiser geworden sind. Und es wird sich tatsächlich anders anfühlen. Zielloser. Ehrlicher. Unaufgeregter. Fragiler.

Als ich jetzt auf Bali gelandet den Flugmodus deaktiviere und in den Nachrichten überall Donald Trumps Gesicht aufploppen sehe, spüre ich: Diesmal wird es nicht funktionieren, das Reisestaunen.

Vor ein paar Tagen waren in den USA die Präsidentschaftswahlen, und ich befinde mich in den sieben Phasen der Trauer gerade irgendwo zwischen Schock und Nicht-wahrhaben-Wollen. Ich kann einfach nicht fassen, dass das gerade wirklich passiert. Und dass die ganzen Eso-Touris hier einfach so mit den Schultern zucken und dann in ihren Zweihunderteuroleggings wieder zurück in den herabschauenden Hund stretchen.

Mir wird dadurch so deutlich wie nie, wie sehr ich Rassismus einfach noch *nicht* verstanden habe. Wie limitiert mein Horizont auch nach knapp fünf Jahren Weltreise und dem Ergründen so vieler Migrationshintergründe noch ist. Es ändert meine selektive Wahrnehmung.

Plötzlich sehe ich auch, wie *weiß* diese multikulturelle Bubble hier doch eigentlich ist.

Wie problemlos man den mentalen Spagat zwischen Digitalnomadentum und rechter politischer Gesinnung hinbekommen kann, hatte ich schon vor ein paar Monaten über Facebook mitbekommen.

Als ich einen der Brudis über mehrere seiner Weltverschwörerpostings in den Kommentaren dazu gebracht hatte, offen braune Farbe zu bekennen, ergoss die sich daraufhin wie ein Schwall über mich und artete schließlich in einer Art virtuellen Hexenjagd aus. So von wegen: »Euch lässt diese dreckige Schlampe bestimmt auch noch mal drüberrutschen« und so.

Was ich dabei auch festgestellt habe, war, wie easy es für zweiundfünzig gemeinsame Digitalnomadenfreunde ist, *Ich misch mich da nicht ein* zu sagen.

Diese ganze Rucksack-Tragerei sorgt anscheinend noch längst nicht automatisch für ein stärkeres Rückgrat. Oder dafür, dass man tatsächlich versucht, sich für andere Menschen einzusetzen, auch wenn man groß die »Meine Berufung ist es, Menschen zu helfen«-Coachingflagge vor sich herschwingt.

Ich konzentriere mich lieber auf Positives, um ganz in der Fülle leben zu können heißt das auf Nachfrage. Wenn's zu unangenehm werden könnte, ist Wegschauen eben einfacher. Manchmal habe ich das Gefühl, es gibt genau zwölf generische Sätze, die alle hier im Café nachplappern.

»Es gibt jetzt übrigens die Straße runter eine neue Kombucha-Brauerei«, sagt Laura, als wir uns eine Smoothie Bowl teilen. Gentrifizierung in Asien ist Gentrifizierung auf Speed.

Bali war immer schon Expat-Disneyland, quasi das Malle der Australier, aber in weniger als einem Jahr hat unser kleines Surferkaff jetzt drei neue Hotels und zehn Clean-Eating-Cafés mehr.

Everything in moderation, including moderation steht, *zwinkerzwinker*, neben dem veganen Oreo-Shake in der Speisekarte. Am Nebentisch erzählt die norwegische Marketingfrau mit dem Burn-out gerade dem russischen Model, dass sie eben bei einem Seher war, um herauszufinden, wohin sie als Nächstes reisen soll. Koh Samui, habe der gesagt, da seien die Energiemeridiane für sie jetzt gerade besonders günstig.

»Früher hätt'se dafür ins Reisebüro gemusst!«, tuschle ich Laura zu.

Ein Typ mit zugestickertem Laptop bittet die indonesische Kellnerin, ein Foto von ihm mit dem Laptop und dem Reisfeld im Hintergrund zu machen. »Smile«, sagt sie, doch er verzieht keine Miene, wir wissen alle, dass das nicht zu dem Mark-Twain-Zitat passen würde, das er darunter posten wird. Die Kellnerin weiß das als Einzige nicht, deswegen sagt sie es noch mal: »Smile!« Er verzieht angenervt einen Mundwinkel. Kann man ja alles nachbearbeiten.

Mich macht das alles nur noch aggressiv.

»Zu viel männliche Energie«, diagnostiziert die australische Yogalehrerin, die, glaube ich, gar nicht in echt Saffron heißt. Sie empfiehlt mir spezielle Atemübungen und Mantras, die mich mit meiner Weiblichkeit wieder in Einklang bringen sollen, aber ich hege einen nicht besonders leisen Verdacht, dass es damit echt nicht getan sein wird.

Meine Weiblichkeit fühlt sich inzwischen höchstpersönlich an die Pussy gegrabbt.

Ich schäme mich so sehr, dass ich manchmal morgens einfach im Bett bleiben möchte, weil ich nicht mehr genau weiß, wohin mit mir. Wie ich mehr tun kann.

Es hat tatsächlich bis zur Trump-Wahl gedauert, bis ich wirklich verstanden habe, dass über Sex schreiben an sich schon ein Politikum ist. Wenn über die Hälfte aller weißen Frauen lieber einen grapschenden alten Mann wählen als eine andere weiße Frau, frage ich mich, ob jemals wirklich genug über Sex geschrieben werden kann. Über Grenzen. Über Empathie. Über Verbindung. Und darüber, was ein Nein bedeutet.

Je länger ich über Sex schreibe, umso mehr bemerke ich, wie reaktionäre Weltbilder und jegliche Form von Extremismus mit einer unfreien Sexualität zu tun haben.

Am Ende geht's eben doch immer wieder entweder um vierzig Jungfrauen, den Schutz unserer tapferen deutschen Hausfrau, wie nackt oder angezogen sie so sein sollte, oder eben darum, dass man ihr doch am besten direkt an die Muschi grapschen kann. Wir, das sind genau die, die jetzt von den Trump- und AfD-Kindern auf dem Pausenhof verdroschen werden.

Genau deswegen ist Sex ein Politikum, und deswegen ist genau jetzt die Zeit, noch viel, viel politischer zu werden.

Ich bekomme viele Nachrichten auf diesen Blogpost, aber eine bleibt besonders hängen: *Ich bin sechsundzwanzig und vom Hals abwärts querschnittsgelähmt und habe noch nie jemanden geküsst. Dein Blog ist mein einziger Zugang zu einer positiven Sexualität. Bitte mach weiter.* Ich fange sofort mitten im Café zu heulen an.

Und verstehe: genau das muss ich tun.

Und zwar nicht nur für mich, sondern auch für die Menschen, deren Lebensrealität von meiner eigenen kaum weiter entfernt sein könnte.

Diese Verantwortung will ich annehmen und meine Sache dabei so gut wie möglich machen. Ich will, dass mein Horizont weiter wird als die Sonnenuntergangsselfies am Strand. Also fange ich an zu googeln.

»Glaub, ich mach noch 'ne Ausbildung«, erkläre ich Laura ein paar Stunden später. »Zur Sexualberaterin. So Wochenendseminare sind das, zwei Jahre lang.«

Die staunt. »Krass, voll der Anker!«

Für jemanden, der normalerweise schon die Frage, auf welchen Kontinent er in zwei Monaten so reisen wird, echt übergriffig findet: ein Anker, ja, definitiv.

»Das geht schon. Flieg ich da halt öfter hin«, antworte ich und schicke meine Bewerbung fürs Herbstsemester ab.

»Finding yourself« is not really how it works. You aren't a ten-dollar bill in last winter's coat pocket. You are also not lost: your true self is right there, buried under cultural conditioning, other people's opinions, and inaccurate conclusions you drew as a child that became your beliefs about who you are. »Finding yourself« is actually returning to yourself. An unlearning, an excavation. A remembering who you were before the world got its hands on you.

EMILY MCDOWELL

NACH HAUSE

Es dauert noch mal ganze zwei Wochen, bis bei mir auch der letzte Sesshaftigkeitsgroschen fällt.

Ich besuche eine Reisebloggerbekannte in ihrem neuen Condo in Bangkok. Ein dreißigstöckiger Wolkenkratzer, inklusive Pool, Fitnessstudio, Seven-Eleven und Coworkingspace, in einer Gated Community, die theoretisch genau überall auf der Welt stehen könnte. Das Detail, das ich am allerschlimmsten finde, ist die künstliche IKEA-Topfpflanze, die es in jedem Airbnb gibt und die sagt: Das hier ist nicht die Realität, das wissen wir beide, aber wir tun einfach trotzdem so als ob, und jetzt lächle doch mal, dann siehst du doch gleich viel hübscher aus.

Meine Bekannte ist ganz begeistert von ihrem neuen Zuhause, und ich versuche, mich ehrlich mitzufreuen, aber als ich danach in die lauwarme Nacht spaziere, weiß ich: Das will ich nicht mehr. Dieses geborgte Leben. Austauschbares Expat-Dasein mit Putzfrau und nie selber kochen, mit Sozialkontakten, die alle paar Wochen durchwechseln.

Ich will einen Scheißbüchereiausweis.

Eine Monatskarte fürs Schwimmbad. Vintagemöbel. Samstagmorgens auf den Wochenmarkt. Ich will ein Gewürzregal, das diesen Namen verdient, und jeden Morgen in meinem eigenen Boxspringbett aufwachen, mit genau den richtigen Kissen, und davon sehr vielen. Alle meine Sextoys im selben Nachtkästchen. Klamotten beim Shoppen nicht mehr primär danach aussuchen, dass sie möglichst wenig wiegen und Platz wegnehmen, sondern danach, ob ich sie schön finde.

Ich will groß aufkochen und Brunchgelage schmeißen. Ein Fensterbrett voll Kräuter.

»Was machst du gerade?«, hat mich mein Mönch mal gefragt.

»Ich sitze.«

»Kannst du das wissenschaftlich belegen?«

»Brauch ich nicht, weiß ich auch so.«

»Siehst du, Theresele, und das ist Erkenntnis.«

Ganz genau so funktioniert das wohl. Sobald man es einmal *weiß*, ist alles plötzlich ganz einfach.

Ich fange noch am selben Abend an, Wohnungsanzeigen zu googeln.

Ein paar Tage später kommt die überraschende Zusage vom Institut für Sexualwissenschaften: Ein Platz ist frei geworden, ich kann schon zum Frühjahrssemester starten.

Als ich mein Wohnungsgesuch auf Facebook poste, kommt sofort eine Interviewanfrage. *Die Aussteigerin, die jetzt wieder einsteigt* schreibt irgendwer unter meinen Post, als hätte ich die vergangenen fünf Jahre am Strand gesessen und Freundschaftsbändchen geknüpft.

Ein paar der Brudis finden das gar nicht cool. »Muss die jetzt hier auf einmal die Gegenbewegung starten«, höre ich es in einem Nebensatz mosern.

Es sind vor allem diejenigen, die ihre Wohnungen im westmitteldeutschen Hinterland nie aufgegeben haben und halt im Winter in einem Zweihundert-Euro-Appartement in Chiang Mai abhängen und da einen auf große Freiheit machen, die jetzt so gar nicht kapieren, was das bei mir eigentlich soll.

Nachdem ich jahrelang konsequent ihren Göttern Minimalismus,

Geo-Arbitrage und Ortsunabhängigkeit gehuldigt habe, fühlt sich diese bewusste Abkehr für sie wie ein persönlicher Affront an.

»But you're gonna be so unhappy there!«, ruft einer, mit dem ich davor keine fünf Sätze gewechselt habe. »Kannst du diese Ausbildung denn nicht von hier aus online machen?«

Er selbst leitet ein Coworking-/Coliving-Projekt, aka meine persönliche Vorstellung von der Hölle, und mutmaßt jetzt natürlich, dass mein Entschluss »ja sicher auch körperliche Gründe« gehabt hätte. Ü30-Ticktack, ick hör dir trapsen.

Gleichzeitig kommt natürlich von der anderen Seite, von den Grundschul-Nadines auf Facebook, das entsprechende »Wusst ich's doch gleich, dass das auf Dauer nichts ist. Gut, dass ich gleich zu Hause geblieben bin«.

Nur so 'ne Idee: Können wir vielleicht generell einfach alle mal damit aufhören, Lebensabschnitte und -entwürfe als *nur so eine Phase* zu bezeichnen?

Das ist so ein stullenblödes Narrativ von Jugend, Promiskuität und schlechten Entscheidungen, davon, *im Alter ruhiger* zu werden, als wäre die eigene Vergangenheit und alles, was damit zusammenhängt, nur eine Betaversion, der man jetzt endlich entwachsen wäre wie einer ausgeblichenen Haarfarbe.

Endlich perfekt.

Wie die Vorher-nachher-Version einer Diätwerbung, wie jeder Coachingprogramm-Sales-Pitch der Welt, der mit »früher war ich oft müde« anfängt.

Früher war alles schlecht, und jetzt, mit diesem einen magischen Trick, ist endlich *alles restlos super*. Phönix aus der Asche.

Es ist ein Narrativ, das einem ein kurzes selbstgefälliges Überlegenheitsgefühl vermitteln kann, aber in Wirklichkeit doch nur Herdprämienpolitik am Selbst bedeutet.

Sind die Orgasmen, die ich mit einer Frau habe, weniger intensiv, weil ich mich grundsätzlich eher in einer heteronormativen Phase zu befinden scheine? Bedeuten Gefühle für einen Menschen weniger, wenn sie vorbeigehen? War mein Leben ohne festen Wohnsitz weniger echt, nur weil ich mir jetzt wieder eine Wohnung suche?

Ich bin dafür, Phasen in Facetten umzubenennen. Ein richtiges Happy End kann nie einer Überwundenheitslogik folgen.

Wozu sich selbst in Stein zementieren und sagen: *Das bin ich jetzt. Endlich angekommen.* Wozu denn ankommen?

Eine meiner größten Heldinnen ist die Schriftstellerin Elizabeth Gilbert.

Abgesehen davon, dass sie die Königin im Scheiße-zu-Geld-Machen ist und ihren Liebeskummer nach ihrer Scheidung erst sinnvoll in eine Reise und dann in den Megabestseller *Eat Pray Love* verwandelt hat – der hauptverantwortlich dafür ist, dass Ubud auf Bali von frisch geschiedenen Oberstudienrätinnen in schlammfarbenen Leinenklamotten überbevölkert wird –, scheint sie nämlich auch einfach verdammt konsequent ihre Lebensentscheidungen durchzuziehen.

Nachdem sie sich auf Bali in einen sexy Brasilianer verliebt, mit dem sie am Ende des Buchs in den Sonnenuntergang segelt, in ihrem nächsten Buch darüber schreibt, wie sie ihn aus Visumgründen heiratet, und über die Institution der Ehe an sich philosophiert, fällt es ihr ein paar Jahre später wie Schuppen von den Augen, dass sie eigentlich in ihre beste Freundin verliebt ist.

Die gerade an Krebs stirbt. Natürlich lässt sie sich scheiden und ihr komplettes Leben hinter sich, um ihre Liebe für die letzten gemeinsamen sieben Monate konsequent leben zu können. Und natürlich schreibt sie darüber, über die Liebe, und über den Tod.

War irgendwas davon eine Phase?

Nö, es war Leben. Sehr viel davon. Und es geht immer weiter. Inzwischen ist sie mit einem gemeinsamen engen Freund ihrer verstorbenen Freundin liiert.

Ich gebe meine Identität auch nicht mit meinem Reisepass am Gate ab, als ich mir nach knapp fünf Jahren Nomadentum wieder ein Zuhause suche. Ich bin noch dieselbe, aber zum Glück sehr viel mehr davon.

Ich heule, als ich in meinem Airbnb zum letzten Mal den Rucksack packe, um ihn in meine leere neue Wohnung zu tragen. Zuhause ist kein Ort, wenn man sich auf der ganzen Welt zu Hause fühlen kann.

Nach über dreißig Ländern, in denen ich mehr oder weniger gründlich nachgeschaut habe, ob sie sich vielleicht nach zu Hause anfühlen könnten, stelle ich fest: Zu Hause ist ein Zustand, und den muss man sich selbst machen.

Und ich bin fucking gründlich in diesem »Wohnen für Wiedereinsteiger«.

Ich sage jedes Mal reflexartig »klar!«, wenn mir im Supermarkt eine Vorteils-Club- oder Treuepunktesammelkarte angedreht wird.

Ich glaub, ich werd grad so ein Arschloch, das Himalayasalz am Wochenmarkt kauft, schreibe ich Greta.

Eine Nachbarin schenkt mir Ableger ihrer Aloe vera, der ich ab jetzt interessiert beim Wurzelnschlagen zusehe. Ich besorge mir ein Tageszeitungsabo und einen Brotbackautomaten. Plaudere auf der Straße mit älteren Damen, jage Selbstverwirklichungskeramik auf Flohmärkten, bevorzugt mit unten eingeritzter Datumsangabe: *Johanna 89*.

Ich staple mein dreckiges Geschirr tagelang in der Spüle, einfach nur, weil ich auf niemanden sonst Rücksicht nehmen muss, weil dieser Dreck hier nur meiner ist, ganz allein meiner.

Ich koche Knochenbrühe aus arschteurem Biohähnchen, fermentiere Kimchi, färbe meine Haare blau und laufe aus Prinzip sehr viel nackt rum. Feiere nichts so sehr wie die Tatsache, dass ich morgens vor dem ersten Kaffee mit niemandem mehr sprechen muss. Schlurfe in die Bettdecke gehüllt auf die Dachterrasse und starre in den Sonnenaufgang.

Meine Freunde machen sich lustig über die Berge an Büchern, die sich nach fünf Jahren Kindle plötzlich in meinem Schlafzimmer auftürmen. Es fühlt sich ein bisschen so an, als hätte ich die letzten fünf Jahre einfach übersprungen und wäre jetzt mit einem Fingerschnippen plötzlich *Ü30*.

Ich gehe in mir auf die Suche nach allem, was ich die vergangenen Jahre wegrationalisiert habe, weil es nicht ins Handgepäck gepasst hat.

Was hast du eigentlich so für Hobbys?, frage ich mich selbst. Was könnte dich interessieren? Worauf hast du Lust?

Tanzen, sagt irgendwas in mir. Brot backen. Kochen.

Zweimal die Woche springe ich ab sofort morgens um acht in einer Turnhalle einer Frau hinterher, die »Denkt nicht so viel nach, spürt einfach die Musik!« schreit und deren olle Oversizeklamotten mich daran erinnern, worum es beim Sportmachen doch eigentlich gehen sollte: ums Schwitzen und Spaßhaben, nicht ums Aussehen.

Und: ich suche mir einen Therapeuten.

There is something about occupying that
neutral space with someone you really know
nothing about – except the very essential, or the
essential as they have painted it,
or the essential as you have chosen to
perceive it – that makes this seem possible.
MELISSA BRODER

ANEINANDERVORBEISCHLAF

Machen wir uns nichts vor: Niemand geht einfach *nur mal so eben zum Spaß* in Therapie. So auf *Och, wollte halt auch mal wissen, was da so geht*.

Dafür ist er wirklich nicht witzig genug, dieser Moment, in dem man sich ehrlich eingestehen muss, dass man mit seinem Latein jetzt wirklich am Ende ist und sich auch das, was einem Freund*innen oder das Internet so sagen, einfach nicht mehr hilfreich anfühlt.

Man fühlt sich nicht sonderlich cool in diesem Moment.

Eher wie der allergrößte Loser der Welt, weil man ab jetzt einmal pro Woche jemandem neunzig Euro à fünfzig Minuten dafür bezahlt, so zu tun, als würden ihn die eigenen Probleme interessieren. Um das wiedergutzumachen, was ein anderer in einem verkackt hat. Jemanden, der endlich mal einfach sagt: »Das muss sehr schlimm für Sie gewesen sein.«

Diesen Schritt zu gehen ist nie leicht. Auch wenn man jemand ist, der seit Jahren anderen Menschen rät, doch einfach mal eine Therapie zu machen, und sich selbst gerade zur Beraterin ausbilden lässt. Die Schwellenangst hat man trotzdem, und es braucht ganz klar einen Schmerzpunkt, der einen über diese Schwelle schubst.

Und den bekomme ich, frei Haus, courtesy of my old friend Tinder.

Es ist ja jetzt echt nicht so, als hätte ich einen besonders konkreten Männertyp.

Ich nutze Tinder im Sinne der Erfinder, als Social Discovery App, und finde es erst mal einfach spannend, so unterschiedliche Menschen kennenzulernen, die mir in freier Wildbahn vielleicht nicht über den Weg gelaufen wären. Den Unfallchirurgen, den Weinbauern, den Aktfotografen, den Yogalehrer, den Chefkoch, den Beleuchter beim Film.

Ich sehe die Dates als Schnupperpraktika in sehr unterschiedlichen Seelen, quetsche sie, ganz Journalistin, über alles aus, was ich irgendwie spannend finde, und da findet sich eigentlich immer irgendwas.

Vom Weinbauern zum Beispiel lasse ich mir zwei Stunden die Lese erklären. Danach sagt er, wie toll das doch wäre, sich wieder mal mit so einer intelligenten Frau zu unterhalten. Okay, Bro, ich habe zwar außer »Aha« eigentlich nichts gesagt, aber wenn du meinst.

Es ist auch nicht so, als wäre ich nicht *ereignisoffen*. Auf Reisen bleiben die meisten Begegnungen ja zwangsläufig etwas oberflächlicher, wenn die andere Person nicht auch die ganze Zeit reist und man sich ständig irgendwo wiedertrifft. So geht das Spiel.

Und manchmal sind es gerade diese durch die Oberflächlichkeit entstehenden Freiräume, die sich am besten mit den eigenen Ideen und Vorstellungen überfrachten lassen.

Der Typ und ich matchen im Zwischenraum, als ich gerade unterwegs bin.

Ein Profil, über dem genauso gut in Leuchtbuchstaben KULTURVERMITTLUNG stehen könnte. Alles an ihm scheint irgendwie ein Zitat, auf dem nächsten Bild dann ein richtiges Zitat, nämlich Freud: »Die Stimme des Intellekts / Ist leise.«

Auch wenn es offensichtlich Quatsch ist, sich da jetzt in irgendwas reinzusteigern, weil uns mehrere Hundert Kilometer trennen, fangen wir an zu schreiben – einfach nur, weil es sehr lustig ist.

Mit der Mühelosigkeit, die nur Menschen gemein haben, die von Beruf *irgendwas mit Sprache* machen, stricken wir einen gemeinsamen Nicht-Ort mit abstrusen Details und Geschichten, kultivieren diese Parallelwelt mit Insiderwitzen und schrulligen Alltagssituationen.

Es ist halt alles so überraschend *einfach*, wenn man im Studium dieselben Texte gelesen hat. Wenn die Gedankentrampelpfade schon so vorgelatscht sind, dass einzelne Schlagworte reichen, um die Diskurslinie anzudeuten, die man jetzt wirklich nicht weiter ausführen muss, weil der andere ohnehin derselben Meinung sein wird. Ein Sich-hinein-Entspannen in ein sehr klar vorgegebenes intellektuelles Wertesystem. Akademikerkindernähe.

Mich rühren seine Gendersternchen auf WhatsApp, die viel zu langen Instagram-Bildunterschriften, diese unironische Begeisterungsfähigkeit von jemandem, der von Berufs wegen auf der Suche nach dem Großen, Wahren, Schönen ist. Er schickt mir Bücher, ganz analog. Ich schlage ein Date in der Mitte vor.

Am ersten richtig sonnigen Sonntagnachmittag im Frühling essen wir Eis in einer Stadt, die wir beide nicht kennen. Natürlich ist es merkwürdig, aber irgendwie reizt uns wohl beide genau diese Merkwürdigkeit. Wir machen *Daytime Drinking*, weil Sonntag ist und weil die Merkwürdigkeit so in Mut verwandelt wird. Küssen uns lange und stolpern durch die Straßen, bis die letzten Züge abgefahren sind, und fallen lachend mit einer Flasche Champagner in ein Viersternehotel ein.

»Ich weiß noch gar nicht genau, ob ich jetzt schon mit dir Sex haben will«, sage ich, als ich zwischen zwei kichernden Kingsizebettküssen kurz Luft hole. »Jetzt haben wir so viel Quatsch geschrieben und lernen uns grade erst richtig kennen, ich glaube, ich brauche noch ein bisschen, bis ich vom Kopf im Körper ankomme mit dir.«

»Also, wenn gar nichts passiert, wäre ich schon enttäuscht«, antwortet er. »Aber mach dir keine Gedanken. Wir haben noch so viel Zeit miteinander, das kannst du dir gar nicht vorstellen.«

Das ist natürlich genau der Satz, den ich brauche, um mich doch kopfüber hineinfallen lassen zu können. Das Bildungsbürgerwertesystem, da ist es wieder. So ein korrekter Typ, toll. Also haben wir viermal Sex.

Am nächsten Morgen beim Viersternebiofrühstück plant er aufgeregt, mich besuchen zu kommen. Seine Firma hätte in meiner Stadt eine Filiale, das sollte ja alles überhaupt kein Problem sein.

Wieder rührt mich sein aufrichtiger Enthusiasmus, es ist fast zu viel, gleichzeitig will ich nicht zynisch werden. Warum sollte nicht auch einfach mal alles nur schön sein? Anscheinend bin wirklich ich die Abgefuckte in diesem Szenario, die, die immer alles zerdenken muss und nicht einfach genießen und sich freuen kann.

Wir haben noch so viel Zeit miteinander, das kannst du dir gar nicht vorstellen – zwei Tage später stelle ich fest, dass ich das anscheinend wirklich nicht konnte.

Tut mir leid, wenn das falsch rübergekommen sein sollte, schreibt er, als ich ihm die Daten meiner zwei freien Wochenenden in den kommenden Wochen schicke. Das mit mir sei ja alles toll und aufregend gewesen, ein echtes Abenteuer, aber er sei leider noch längst nicht über seine Ex hinweg, und jetzt, wo ich offensichtlich *mehr* erwarten würde, sei es wahrscheinlich wirklich Zeit, die Notbremse zu ziehen, bevor jemand verletzt wird.

Ach so.

Luftschlösser bauen ist ja die eine Sache. Jemandem vorschnell einen Bindungswunsch unterstellen, auch. Was ich dafür aber wirklich überhaupt nicht packe, ist dieses implizite *Ich dachte, du wärst cooler. So eine aufregende Frau. Ein wildes Ding.*

Schon wieder fühle ich mich wie im ganz falschen Film, nur dass ich von einem Berufsklugscheißer tatsächlich ein differenzierteres Frauenbild erwartet hätte als dieses uraltverstaubte Hure-Heiligen-Bildchen.

Ich hatte ja wirklich schon mit sehr vielen Menschen sehr unter-

schiedlichen Sex, antworte ich. *Aber ich hatte noch nie so sehr das Gefühl, dass mir beim Sex etwas genommen worden ist, wie mit dir. Dass es so wenig zu meinen Bedingungen passiert ist.*

Das ist schlimm, was du da sagst, antwortet er, und wir diskutieren es am Telefon aus. Immerhin.

Trotzdem laufe ich die darauffolgenden Wochen wie betäubt durch die Welt und frage mich wieder und wieder, warum mir so eine dumme Scheiße passiert. Wie ich immer wieder an so wahnsinnig merkwürdige Typen gerate und ob meine Menschenkenntnis in genau dieser einen Hinsicht echt so danebenliegen kann. Was an mir sagt, *Hey, es ist total okay, so mit mir umzugehen.*

Kopfschüttelnd frage ich das meinen neuen Therapeuten.

Ein gemütlicher Typ um die fünfzig, dessen Tattoos unter den Ärmeln seines Hoodies auf eine angemessene Punkvergangenheit schließen lassen.

»Wie findet man denn bitte heraus, wer einen an der Waffel hat und wer nicht?«, frage ich ihn.

»Indem man sich Zeit lässt«, antwortet er.

Ach so, okay. War im Reisemodus natürlich nicht so drin. Da hat man meist genau dreieinhalb Sekunden, um zu entscheiden, ob zum Beispiel der Taxifahrer einen umbringen wird oder nicht.

Er setzt noch einen drauf.

»Vielleicht ...« – ich bemerke, wie er sich windet, weil er will, dass ich das jetzt nicht in den falschen Hals bekomme – »wäre es ja tatsächlich mal eine gute Idee, *nicht immer sofort Sex zu haben.*«

Ich muss laut lachen, so absurd kommt mir dieser Gedanke vor. Überhaupt noch über so was reden zu müssen, diese Fünfziger-Jahre-»Warum die Kuh kaufen, wenn er die Milch so haben kann«-Rhetorik. Es ist 2017, inzwischen können wir Milch aus Hafer und Sojabohnen machen, und manchmal ist sie laktosefrei, und außerdem stinken Kühe sowieso ziemlich und werden immer von tausend Fliegen umschwirrt.

Kenne kaum jemanden, der so was daheim haben will.

Auch sonst hat der Therapeut ein paar ziemlich steile Thesen auf Lager und versucht permanent abzuklopfen, *wieso genau* ich eigentlich von Beruf über Sex schreibe. Nö, nicht als Kind missbraucht worden, danke. Fragen Sie jemanden, der über Fußball schreibt, eigentlich auch, ob er als Kind mal einen Ball an den Kopf bekommen hat?

Ich merke ziemlich schnell, dass der Typ und ich auf keinen grünen Zweig miteinander mehr kommen werden, aber zum Glück eben auch trotzdem, wozu Therapie gut sein kann: Dass man zumindest ein bisschen besser zu differenzieren lernt, was man an sich heranlässt und was nicht.

Ich entfolge allen Instagram-Accounts, die mir das Gefühl geben, ich müsste irgendwie *anders* sein. Sage der Yogalehrerin, die meine Weigerung, mich am Kopfstand zu versuchen, als Anlass für eine Lehrstunde in spirituellem Wachstum nimmt, dass ich einen ausgerenkten Nackenwirbel habe und keine Lust, ihre Glückskeksweisheiten mit einer Querschnittslähmung zu bezahlen.

Und fange an, gut damit zu leben, mich zwischendurch auch mal *nicht* total zu lieben und einfach auch mal gepflegt scheiße drauf sein zu dürfen, ohne mich gleich dafür totcoachen lassen zu müssen.

Als ich um die dreißig war und mit dem Trinken aufhörte, bin ich zu Psychoanalytikern, Heilpraktikern und Magiern gerannt, die alle nicht viel miteinander gemein hatten. Bis auf die Tatsache, dass sie immer diesen einen Punkt angesprochen haben: »Sie sollten versuchen, sich mit ihrer Weiblichkeit zu versöhnen.« Dazu fiel mir spontan jedes Mal dieselbe Antwort ein: »Ja, ich habe zwar keine Kinder, aber ...«, und jedes Mal fiel man mir ins Wort, dass doch von Mutterschaft gar nicht die Rede sei. Hier gehe es um Weiblichkeit. Aber was genau meinen sie denn damit? Ich erhielt keine klare Antwort.

VIRGINIE DESPENTES

BEAST MODE

Und dann ist meine Pillenpackung leer.

Pflichtbewusst rufe ich bei meiner Frauenärztin an, hole mir ein neues Rezept, so wie immer seit fünfzehn Jahren. Zwei Wochen nachdem ich meinen ersten Freund kennengelernt hatte, war sie mir verschrieben worden. Nach einer Trennung mit Anfang zwanzig hatte ich es mal gewagt, das Ganze infrage zu stellen, als mich mein steinalter Frauenarzt fragte: »Wieso, wollen Sie schwanger werden? Sonst nehmen Sie's bitte weiter. Das ist sonst ganz schlecht für den Körper, wenn Sie die Pille jetzt absetzen und dann doch wieder anfangen zu nehmen.«

Es kamen danach natürlich Männer, aber keiner, mit dem ich ohne Kondom hätte verhüten wollen. Ich habe also unterm Strich sieben Jahre lang grundlos Medikamente im Gegenwert eines Round-the-World-Tickets genommen – aufgrund einer medizinischen Information, die, wie ich in meiner Ausbildung lerne, längst veraltet ist.

Genau wie die »Pillenpause«, die aus einer Zeit stammt, als es noch keine Ultraschallbilder gab und Ärzte halt Pi mal Daumen davon ausgegangen sind, dass es halt bestimmt »gut« ist, wenn Frauen einmal im Monat bluten.

Ich merke: Medizin ist Alte-weiße-Männer-Medizin und die Bereitschaft zur Weiterentwicklung eher gering. Wenn ich also aktuelle Informationen möchte, sollte ich besser anfangen, selbst zu recherchieren. Und das tue ich jetzt.

»Recherchieren« heißt, dass ich mir vier Stunden lang Einträge in Onlineforen durchlese, von Frauen, denen plötzlich ein Schnurrbart wächst und die rattig werden wie pubertierende Vierzehnjährige – und beschließe, das Pillenrezept ins Altpapier zu schmeißen.

Jahrelang hatte ich hormonelle Verhütung mit Freiheit assoziiert.

Als Ausdruck meiner Selbstbestimmung, mit der ich schon seit Jahren auf diese medizinisch sinnlose Pillenpause verzichtet hatte. Periode, was ist das?

Es hat mir ein Gefühl der Überlegenheit gegeben, nicht zu bluten. Bitch please, da steh ich doch so was von drüber, habe ich sinngemäß jedem Typen geantwortet, der mich gefragt hat, ob ich gerade meine Tage habe. Ich fand es gut, theoretisch *immer* zu können. Nicht Teil dieses Girls Club zu sein, die einmal im Monat rumjammern.

Jetzt frage ich mich: Wessen Verwertungslogik habe ich mich da eigentlich unterworfen? Und war ich in dieser Logik all die Jahre am Ende gar inhärent misogyn?

Ich habe plötzlich einfach keine Lust mehr, ständig verfügbar zu sein, die Deutungshoheit über meinen Körper so sehr an dumme alte Männer abzugeben.

Die Pille abzusetzen macht mir trotzdem Angst.

Ich habe eine Freundin, deren Ehe daran zerbrochen ist, dass sie ihren Mann nicht mehr riechen konnte, nachdem sie die Pille abgesetzt hatte, um schwanger zu werden.

Als ich angefangen habe, Hormone zu nehmen, hing über meinem Bett ein Kurt-Cobain-Poster, dessen CDs ich mir mit D-Mark gekauft hatte. Wer bin ich überhaupt ohne das Zeug?

Die nächsten Wochen sind eine skurrile Zweitpubertät.

An dem Morgen, an dem die Hormone meinen Körper offenbar offiziell verlassen haben, werde ich von meinem eigenen Orgasmus geweckt. Ach so!

So fühlt sich das also an, wenn mein Uterus nicht mehr auf Tranquilizern ist. Wie Helen Walsh es in *Millie* beschreibt: »My cunt sommersaults« – meine Fotze schlägt einen Purzelbaum.

Das davor war im Vergleich dazu eher so ein mittelträges Sackhüpfen. Als ich das erste Mal komme, spüre ich eine Gier, die meinen Körper von den Zehenspitzen bis in die Haarwurzeln zum Kribbeln bringt. So fühlt sich Sex also eigentlich an.

Ich verbringe Stunden damit, es mir selbst zu besorgen, und trauere erst mal um all die richtig guten Orgasmen, die ich in den letzten fünfzehn Jahren verpasst habe.

Ich fühle nicht nur viel mehr, ich rieche und schmecke auch alles viel deutlicher.

Das Aftershave meines Nachbarn zwei Stockwerke unter mir, der vor einer halben Stunde vorbeigelaufen sein muss. Wie lange die Thunfischpizza da schon liegt, die ich reflexartig direkt wieder ausspucke. Die Aprikosen in meinem Birchermüsli.

Auf Pille war meine Libido ungefähr: *Oh, ein attraktiver Mann kommt mir auf der Straße entgegen. Hmm, ja, der ist wirklich ganz hübsch. Wer weiß, vielleicht wäre es eine prima Idee, eines Tages mit ihm unter ganz bestimmten Umständen zum Geschlechtsakt überzugehen.* Ohne Pille ist meine Libido eher so: *Oh, schöne Arme, FICKEN?*

Ich gehe anders durchs Leben. Wie jemand mit einem Trieb. Beast Mode.

Ein paar Tage später beim Yoga fangen meine Eierstöcke plötzlich zu ziepen an.

»Aha, der Mittelschmerz!«, sagen meine klugen Freundinnen, die derzeit einen WhatsApp-Liveticker zu meinen unterschiedlichen Ausflusskonsistenzen bekommen.

Echt, jetzt schon? Die Internetforumsfrauen hatten geklagt, dass es

Monate bei ihnen gedauert hätte, bis sie wieder einen normalen Zyklus hatten.

Doch meine Frauenärztin bestätigt es: Eisprung. Sogar die Eierstockseite habe ich richtig gespürt.

Mein Uterus ist so pünktlich deutsch aus fünfzehn Jahren Dornröschenschlaf aufgewacht, dass mir auf einmal ganz anders wird. Stolz, irgendwie. So fühlt sich das also an, wenn man auf einmal alles fühlt. »Wenn das so eine Bauchentscheidung war, dann war die sicherlich richtig!«, sagt auch meine Frauenärztin, während sie meine auf einmal ziemlich überempfindlichen Brüste abtastet.

»Und der Sex ist *wirklich* so viel besser!«, zwinkert sie noch hinterher.

Here's the amazing thing about sex: you get a whole person to yourself, for the first time since you were a baby. Someone who is looking at you – just you – and thinking about you, and wanting you. And you are in a room with a closed door, and no one else can come through it. It seemed to me that this was the real reason people wanted to fuck so much. To get there. To get to this tiny, quiet place where there was nothing else to do but to be with each other. Just to be two humans who had – for a short while – stopped wanting. This is the beautiful, final destination. The end of things.

CAITLIN MORAN

TAKE ME TO CHURCH

»Tust du mir einen Gefallen?«, fragt er mich, nachdem er mich lachend auf sein Bett geschmissen hat. »Sagst du mir bitte sofort, wenn dir irgendwas nicht gefällt?« Unsere Blicke treffen sich in der Dunkelheit.

»Das ist kein Gefallen«, antworte ich leise.

Er nickt. It's on.

Alles, was jetzt zwischen uns passiert, fühlt sich heilig an. Nach Augenhöhe und Ehrlichkeit, nach Nichts-mehr-verhandeln-Müssen, nur nachschauen, kennenlernen, nachfragen und fühlen können.

Es fühlt sich so an, wie Sex wahrscheinlich eigentlich mal gedacht war, nach etwas, was man so sehr gemeinsam macht, dass es kein Richtig und Falsch mehr gibt, kein Entitlement, keine Ansprüche, nur immer wieder ein freundliches »Möchtest du das?« und darauf ein ehrliches, klares Ja oder Nein. Und sehr viele tiefenentspannte Orgasmen.

»Ich finde ja, Friends mit Benefits sollten genau das sein: Freunde«, hat er davor gesagt. Ich finde das auch und bin schockiert davon, wie viel besser sich das anfühlt, mit jemandem zu schlafen, der wirklich die richtige Einstellung hat, nichts kompensiert, nicht meint, irgendwas damit beweisen zu müssen, nichts zu überwinden. Der weiß, dass es vollkommen reicht, einfach nur da und präsent zu sein.

Während sich der Rest der Welt gerade immer noch zu fragen scheint, ob *#metoo* nicht »den Flirt zerstört« und den »Krieg der Geschlechter befeuert«, ist hier in diesem Raum alles schon sehr, sehr gut.

Ich wünsche mir eine Welt, in der das immer so sein kann.

Auch wenn ich für diesen Satzanfang gleichzeitig gern ein eigenes Trigger Warning hätte. »Ich wünsche mir eine Welt« ist immer ein bisschen der *easy way out*.

So etwas sagen alte weiße Leute auf Konferenzbühnen, die davor fünfzehn Minuten lang *engagiert Missstände angeprangert* haben; gesagt haben, dass man *da schon viel früher ansetzen müsste bei der Erziehung*, dass wir *ganz neue Bilder brauchen*.

Wünschen kann man halt immer viel, wenn der Tag lang ist. Und das ist praktisch, weil man dann ja eigentlich gar nicht mehr viel zu tun braucht, das Universum wird es schon richten.

Das mit mir und diesem »Wieder wo wohnen« klappt seit anderthalb Jahren hervorragend, was vermutlich auch daran liegt, dass ich immer noch alle paar Wochen irgendwohin abhaue.

Gerade bin ich beruflich in New York auf der Sexual Health Expo, und alle, die ich so kennenlerne, klingen beim Reden wie eine Pressemitteilung von Oprah Winfrey.

An ihren Sätzen lässt sich erahnen, welche Selbsthilfebücher sie so gelesen haben.

Sie sagen Sachen wie »I'm on a cash-positive path« oder »a self-love journey to attract a quality partner«.

Ich treffe eine portugiesische Menschenrechtsanwältin, die ihren Kräutergarten auf der Fensterbank mit dem eigenen Menstruationsblut düngt. »You have to think with your heart and feel with your brain«, sagt sie.

Meine Abende verbringe ich in einem Folterkeller mit einem Haufen bisexueller Künstler. Hier wird nicht mal umarmt, ohne vorher zu fragen »Darf ich?«.

Ich treffe in New York nur Kämpfernaturen, alle komplett drüber und tough und dabei gleichzeitig so menschlich.

»Why did you come here?«, frage ich meine Uber-Fahrerin, nachdem wir den Verkehr in Brooklyn mit dem ihrer Heimatstadt Delhi verglichen haben. »To survive«, antwortet sie schlicht.

Es ist die Woche, in der mich jeder fragt, ob ich auch gerade den Kavanaugh-Prozess im Livestream schaue. Auf einer Kreuzung in Midtown hängt eine riesige Fläche voll Post-its, auf denen Menschen unter dem Hashtag *#WhyIDidntReport* ihre Geschichten erzählen. Vergewaltigung fühlt sich hier auf einmal wie ein relativ normales Lunchthema an, etwas, worüber man halt einfach mal redet, seit *#metoo* endlich ans Tageslicht gebracht hat, dass uns sexualisierte Gewalt sowieso alle betrifft.

Sophia Hoffmann, die Berliner Köchin mit dem Edition-F-Artikel, ist inzwischen eine enge Freundin von mir. Wir stehen auf Konferenzbühnen zusammen und reden darüber und geben so anderen Menschen den Rahmen, dasselbe zu tun.

Es ist nicht lustig für uns, das zu tun, aber wichtig. Weil es hilft, Worte für das zu finden, was man mit sich selbst so schwer ausmachen und verstehen kann.

Und weil unsere Ehrlichkeit anderen Menschen erlaubt, ebenfalls endlich ehrlich sein zu können.

The only true currency in this bankrupt world is what you share with someone else when you're uncool.
ALMOST FAMOUS

THE TRICK IS TO KEEP BREATHING

Wenn man die eigenen Monster ans Tageslicht holt, verlieren sie ihre Macht.

Ich sitze mit meinen in Reih und Glied am Rockaway Beach in der Herbstsonne, und alles hier kommt der Welt, wie ich sie mir wünsche, schon wirklich verdammt nah. Trotzdem heule ich jetzt schon wieder, aber das ist okay.

Nichts relativiert zuverlässiger als der Tod, denn gegen den gibt es keine Gegenargumente. Dem Tod ist es manchmal eben leider egal, wie makrobiotisch man sich so ernährt, wie oft man zum Yoga oder in die Therapie rennt, wie gut man aussieht und wie viele Leute von einem denken, man hätte sein Leben echt krass im Griff.

So wie bei einer meiner engsten Freundinnen, die sich vor einem halben Jahr das Leben genommen hat. »Aber sie war doch so hübsch!«, haben die Leute an ihrem Grab gesagt. »Wusstest du, dass es ihr nicht gut ging?«

Klar wusste ich das, sie war schließlich meine Freundin. Ihre Depressionen hatten für mich ein knappes Jahrzehnt einfach zu ihr gehört.

Wie wenige andere Menschen davon gewusst zu haben schienen, wurde mir erst auf ihrer Beerdigung klar, als ich mir plötzlich vorkam wie eine Pressesprecherin der Deutschen Depressionshilfe.

Meine Freundin ist nicht gestorben, weil sie schwach war oder das mit dem Leben nicht versucht hätte. Sie hat es trotz allem einfach nicht mehr hinbekommen, weiterzuleben. Auf den Tod kann es nie eine befriedigende Antwort geben, auf Selbstmord noch viel weniger.

Auf Reisen nimmt man sich sowieso immer selbst mit, und jetzt nehme ich sie eben auch mit. Mit zu den Orten, an denen wir gemeinsam waren, und zu denen, die sie genauso geliebt hat wie ich.

Ich bin dann jedes Mal einen Moment lang wie vor den Kopf gestoßen, fassungslos darüber, dass sie das Reisestaunen nicht mehr erleben wollen konnte, nie wieder in Lissabon Galao trinken, nie mehr über den Chatuchak Weekend Market laufen, nie wieder brunchen in Brooklyn, nie wieder mit mir im Kino Blödsinn anschauen.

Es ist schwierig, Gefühle für jemanden zu empfinden, der einfach so nicht mehr da ist. Wenn es keinen Ort mehr gibt, an den diese Gefühle hinkönnen.

Für jemanden, der so gern effizient ist wie ich, ist das schon eine ziemlich bittere Erkenntnis, dass es leider nicht umsonst Trauerjahr heißt.

Trauer fühlt sich an, wie wieder und wieder den Kopf unter Wasser getaucht zu bekommen. Nach Luft zu ringen und zu kämpfen, bis man irgendwann bemerkt, dass das mehr Energie kostet, als sich einfach zu ergeben und die Wellen über sich zusammenschlagen zu lassen.

Ich habe so lange nach Fassung gerungen und um mich geschlagen, bis ich nicht mehr konnte und irgendwann kapituliert habe: Dann ist das halt jetzt kaputt. Dann wird das jetzt eben nicht mehr heil. Dann muss ich es wohl einfach fühlen.

Und das ist okay, weil es auch bedeutet, dass ich noch da bin.

Um mich die salzige Atlantikluft, Ein- und Ausatmen, das Meer, das so zuverlässig relativiert wie immer, mit seiner schieren Größe unbeeindruckt einfach immer weiter macht. Ebbe, Flut, Brandung, danke, Repeat.

Dann ist das jetzt halt einfach so. Eine neue Facette von mir, ein Teil, der nie wieder weggeht. Das bin alles ich, und es wird zwangsläufig immer mehr.

Ich bin jeder Ort und jeder Mensch, bei dem ich mich je zu Hause gefühlt habe. Die Wut, die Bewegung, die Resilienz. Ich bin die, die ich mit Mitte zwanzig gebraucht hätte, als ich heulend an einem anderen Strand saß und überhaupt nicht wusste, wohin mit mir und der ganzen Gewalt.

Es wird okay sein, würde ich ihr gerne sagen.

Du denkst, das hier ist dein schwächster Moment überhaupt, aber in Wirklichkeit wirst du gerade wahnsinnig stark. Du wirst, kein Scheiß, all diese Monster irgendwann für etwas Sinnvolles verwenden können.

Und du hast so viele gute Menschen um dich rum, zu denen du ehrlich sein kannst. Das ist das Allerwichtigste.

Es denkt nämlich echt jeder ab und zu, die abgefuckteste Person auf dieser Welt zu sein, aber sobald du darüber redest, wirst du feststellen, dass das Quatsch ist.

Das hier wird alles niemals perfekt sein, aber das muss es auch gar nicht. Denn es ist jetzt. Und das reicht.

All you have to write out is your own kinkiness, the idiosyncrasies of your personality, the special spectacles through which you view the world. If you censor those things out in deference to some fear of exposure, fear of what your family, your husband, your lover may think, then you're going to lose authenticity. When you write, you're not writing for an outer social world that approves or does not approve. Writing is for that inner place, that inner place in other people too. That's what I mean by authenticity. And it's very hard to get past this obsession with trying to please.

ERICA JONG

DANKE

First of all, I wanna thank the Internet. Außer ein paar mehr oder weniger mediokren Sexdates habe ich hier die großartigsten Menschen der Welt gefunden. Danke, dass ihr mich lest, euch mit mir oder auch über mich aufregt, meine Texte teilt und oft auch meine Meinung und dabei meine verhaltensoriginelle Kommasetzung und sämtliche Tippfehler toleriert.

Ich danke dem Aufbau Verlag, der sehr viel mehr getan hat, als dieses Internet auszudrucken und einen Pappkarton drumzubinden, besonders Anvar Čukoski und Dr. Constanze Neumann.

Ich chante Lobeshymnen auf Sophie Ewald, die lustigste, scharfsinnigste, empathischste und präziseste Lektorin, die ich mir hätte wünschen können.

Hinter jeder erfolgreichen Frau stehen andere erfolgreiche Frauen, die mitten in der Nacht panische E-Mails beantworten. Ich danke meiner Agentin Barbara Wenner und meiner weltbesten Seelenschwippschwester Anna-Zoë Schmidt. Ohne euch gäbe es dieses Buch nicht. Danke, dass ich bei euch uncool sein darf.

Ich danke meiner Gendersternchenpolizei Agi Malach, »True friends stab you in the front«-Anne Dombrowski und meiner Frau Kris Braun. Meiner Undercovercoversuperheldin Alessia Celentano und Sophia Hoffmann, die immer noch ein Vorbild für mich ist.

Meinem besten Freund Eser Orhan, der eine so unverrückbare Konstante in meinem Leben ist, dass er in diesem Buch gerade mal in einem Halbsatz vorkommt. Marion Maranitsch, Eva Glück und Lena Eisenmann, die wissen, wie man 'nen Schuh schmeißt. My Fake Everything Fabrizio Mifsud Soler.

Philipp Spiegel, Stephan Orth, Eef Lommelen, Bianca Jankovska, Dr. Jenny Meyer, Lisa Söhmisch, Bernhard Müllegger, Sabine Engelhardt, Alex Blecher, Heidi Krause, Ewa Weiss, Sandra Gathmann, Michèle Loetzner, Natalie Howard, Melanie Gleinser, Stephan Kardos, Agnes Hunyadi, Jeanne Drach, Sebastian Kühn, Tim Chimoy, Dennis Schneider, Jonas Breuer, Dennis Hessenbruch, Vera Ruttkowski, Carina Herrmann, Karin Ceballos-Betancur, Natalie Tenberg, Gertrude Blümenkohl, Wlada Kolosowa, Daniel Saynt, Melissa Vitale, Jeanette Hepp, Felix Wegener, Niall Gray, Niklas Strätker, Ann-Christin Gertzen, Unica Peters, Ingeborg Trampe, Osama Mekky, Maren Woiczyk, Monika Kanokova, Jule Müller, Markus Mündecke, Saralisa Volm, Sonja Steppan, Julia Pühringer, Nadine Binias, Judith Hagenhofer, Dr. Clemens Hammer, Katharina Kulak, Mariah Freya, Philipp Steinweber, Bernardo Brandão, beautiful Becca und allen anderen, die für mich da waren und mich mit ihrer Offenheit inspiriert und mir Mut gemacht haben.

Ich danke meiner Familie für ihre bedingungslose Liebe und Unterstützung.

Und Tine, für sechzehn Jahre, in denen ich deine Freundin sein durfte. Du fehlst hier sehr.

Die in diesem Buch geschilderten Ereignisse beruhen auf meinen Erinnerungen. Einzelheiten in der Chronologie der Ereignisse sowie einige der erwähnten Personen und Orte wurden entsprechend verändert und anonymisiert, um die Persönlichkeitsrechte der jeweiligen Personen zu wahren.

MIX
Papier aus verantwortungsvollen Quellen
FSC® C083411
www.fsc.org

ISBN 978-3-351-05059-7

1. Auflage 2019

Einbandgestaltung zero-media.net, München
Satz Greiner & Reichel, Köln
Druck und Binden CPI books GmbH, Leck, Germany
Printed in Germany

www.aufbau-verlag.de
www.blumenbar.de